COLEÇÃO
**BIBLIOTECA
ESSENCIAL DO
PROFESSOR**

Referências para a prática em sala de au...

LIVRO
**RODADAS PEDAGÓGICAS – COMO O TRABALHO EM
REDE PODE MELHORAR O ENSINO E A APRENDIZAGEM**

Realização
Fundação Lemann e Associação Nova Escola
Supervisão
Leandro Beguoci, Alice Vasconcellos e Soraia Yoshida
Projeto Gráfico e design
Gabriela Gennari e Thiago Rocha Ribeiro
Edição
Beatriz Vichessi
Texto
Silvana Tamassia e Claudia Zuppini (Elos Educacional)
Coordenação
Isadora Caiuby e Bruna Barletta
Revisão
Sidney Cerchiaro

CARTA AO LEITOR

A sala de aula é um lugar privilegiado para construir conhecimento pedagógico. O livro que você tem em mãos é o reconhecimento desse fato simples, poderoso e, infelizmente, ainda pouco discutido no Brasil. A *Biblioteca Essencial,* da qual esta obra faz parte, é a contribuição da Fundação Lemann e da Nova Escola para devolver o protagonismo ao chão da escola.

O que isso quer dizer, na prática? Este livro faz parte de um conjunto maior, chamado *Biblioteca Essencial do Professor: referências para práticas em sala de aula*. Cada obra reúne conhecimento de ponta, produzido e pensado dentro e fora do Brasil por quem conhece a realidade de educadores das escolas públicas. Cada obra pode ser lida separadamente, é claro. Mas nós acreditamos que, juntas, podem ter um efeito muito maior na sua prática.

A *Biblioteca Essencial* foi pensada como uma coleção para educadores interessados em mudar a Educação pública no Brasil. Acreditamos que ela será especialmente útil para formadores, orientadores e coordenadores pedagógicos. São profissionais que tanto precisam de referências didáticas, mas que raramente encontram esse conteúdo em livros ricos em prática e teoria. Também pode ser muito útil para quem está disposto a renovar sua atuação docente.

Os livros contemplam uma diversidade de visões pedagógicas, mas todos têm dois pontos em comum: sistematizam a prática docente em sala de aula e propõem novas análises para ela. Alguns são muito práticos e podem ser indicados amanhã no seu momento de formação. Outros, mais teóricos, são ideais para um conjunto de formações com os educadores.

Nós acreditamos que há muito conhecimento na sua prática. Por isso, além de apoiar a sua formação, essa coleção também tem mais um objetivo: reconhecer seu protagonismo, professor, como intelectual da Educação.

Um abraço,
Leandro Beguoci
Diretor editorial de Nova Escola

BIBLIOTECA ESSENCIAL DO PROFESSOR

RESENHA

TRABALHO EM CONJUNTO PARA MELHORAR O ENSINO

O que é essencial em uma rede de ensino? Se você pensou na aprendizagem dos alunos, acertou. Muitos livros na área de Educação se propõem a discorrer e analisar essa questão, porém *Rodadas Pedagógicas – Como o Trabalho em Redes Pode Melhorar o Ensino e a Aprendizagem* (Editora Penso) explora um ponto específico: por meio da prática e de fundamentação teórica, apresenta como melhorar o ensino em larga escala.

Os autores, professores e pesquisadores da Harvard Graduate School of Education (Estados Unidos), descrevem um percurso formativo que envolve a comunidade escolar e todos os agentes educacionais e técnicos pertencentes a ela em um trabalho colaborativo baseado em dados de observação de aulas e discussão dos processos que englobam o núcleo pedagógico. A obra apresenta experiências com quatro redes de ensino.

O processo de rodadas pedagógicas é uma prática explícita que visa apresentar as discussões sobre o ensino diretamente para o processo de melhoria da escola. E isso ocorre por meio de um conjunto de protocolos e processos de observação da sala de aula, da análise e discussão do que foi observado como objeto de estudo do grupo envolvido para que ele possa entender o ensino implementado e melhorar a aprendizagem dos alunos em larga escala.

Um dos eixos estruturantes do livro é o trabalho colaborativo: todo o percurso metodológico que constitui o fazer do *Rodadas Pedagógicas* envolve a comunidade de educadores, formada por alunos, professores, equipes diretivas, técnicos de secretaria de Educação e o próprio secretário de Educação. Outro princípio da obra é a tomada de decisões baseada em dados. Pode parecer algo muito lógico e comum. Entretanto, sabe-se que ainda é uma prática incipiente em nosso país a formulação de políticas públicas que levem em conta informações rigorosas.

O processo de rodadas pedagógicas é constituído por quatro estágios:
– Identificar um problema de prática.

- Observar.
- Fazer uma reunião de balanço e alinhamento.
- Focar no próximo passo.

Com base nisso, as rodadas pedagógicas buscam criar e modelar um conjunto específico de ideias sobre como as escolas e os sistemas podem aprender levando em conta suas práticas, desenvolver um entendimento mais estruturado do próximo problema que necessitam resolver e assumir o controle da própria aprendizagem, de forma que tenham mais probabilidade de obter uma melhora continuada.

De acordo com a obra, dois conceitos são estruturantes.

1 – Núcleo pedagógico: constitui a relação entre o aluno e o professor na presença do conteúdo. É o relacionamento desses três eixos que determina a natureza da tarefa pedagógica, e não as qualidades de qualquer um deles por si só. Sendo a "tarefa pedagógica o trabalho real que os alunos devem fazer no processo de ensino – não o que os professores pensam que os alunos devem fazer ou o que o currículo oficial diz que os alunos devem fazer, mas, sim, o que eles realmente são demandados a fazer" (pág.42).

Para que isso tenha sucesso é necessário "(...)engendrar uma linguagem comum na prática pedagógica, de construir dentro e entre as escolas o tecido conectivo pelo qual a cultura é propagada. De garantir que os recursos dentro das escolas e do sistema apoiem o trabalho das pessoas em torno do desenvolvimento da prática e de focar maior atenção nos requisitos de conhecimento e habilidade necessários para fazer o trabalho" (pág.58).

2 – A teoria de ação: funciona como um orientador para um grupo de trabalho. Muitas vezes, o que um líder de um grupo pensa está muito claro para si mesmo, mas será que está para todos, a ponto de guiá-los para seus objetivos? A teoria de ação explicita o que determinado grupo de trabalho acredita e como pretende alcançar seus objetivos. Portanto, "Uma teoria de ação pode ser concebida como a sinopse que torna uma visão e uma estratégia concretas. Ela dá ao líder uma linha narrativa que orienta as pessoas em relação a complexidade e distrações diárias que competem com o trabalho principal do núcleo pedagógico. Fornece também o mapa que conduz a visão da organização, bem como fornece uma forma de testar as premissas e as suposições da visão contra as realidades do trabalho que se desenrolam em uma organização real com pessoas reais." (pág. 61). Vejamos a teoria de ação dos secretários de Educação que fizeram parte das experiências narradas nesta obra: "Se participarmos coletivamente de uma comunidade de prática baseada em observação da sala de aula no local e focada na melhoria do ensino em larga escala, então os secretários de Educação participantes serão líderes pedagógicos mais efetivos, conforme demonstrado por mudanças em sua prática e, finalmente, na melhoria do aprendizado dos alunos" (pág.16).

BIBLIOTECA ESSENCIAL DO PROFESSOR

GLOSSÁRIO

PALAVRAS QUE FAZEM A DIFERENÇA
—

• APRENDIZAGEM DO ALUNO
Aprendizagem como um processo de crescimento e desenvolvimento de uma pessoa em sua totalidade, abarcando minimamente quatro grandes áreas: conhecimento, afetivo-emocional, habilidades humanas e profissionais e atitudes e valores, sendo que:
– Conhecimento é o desenvolvimento intelectual e suas operações mentais (pensar, refletir, justificar, analisar, comparar e mais).
– Afetivo-emocional tem a ver com metacognição, autoestima e relacionamento interpessoal.
– Habilidades humanas e profissionais têm relações com aprender o que podemos fazer com os conhecimentos adquiridos.
– Atitudes e valores têm a ver com a responsabilidade social. **No livro, veja a pág. 16.**

• DECISÃO BASEADAS EM DADOS
Aquela tomada por meio da análise de evidências obtidas da circunstância estudada, por exemplo, o resultado das avaliações de aprendizagem dos alunos. **No livro, veja a pág. 16.**

• GRUPO COLABORATIVO
Aquele em que todos os componentes compartilham as decisões tomadas e são responsáveis pela qualidade do que é produzido em conjunto, conforme suas possibilidades e interesses, segundo Harry Daniels e Angeles Parrilla, no livro *Criação e Desenvolvimento de Grupos de Apoio para Professores*. **No livro, veja a pág. 75.**

• MODELAGEM DA APRENDIZAGEM
Essencialmente, uma atividade de processamento de informação, permitindo que condutas e eventos ambientais sejam transformados em representações simbólicas que servem como guias de ação, de acordo com Albert Bandura em *Social Foundations of Thought & Action: A Social Cognitive Theory*. **No livro, veja a pág. 17.**

• NÚCLEO PEDAGÓGICO
Constitui a relação entre o aluno e o pro-

fessor na presença do conteúdo, não sendo as qualidades de qualquer um deles que determinam a natureza da prática pedagógica. Cada um apresenta seu próprio papel e recursos particulares no processo pedagógico. **No livro, veja a pág. 41.**

```
        ALUNO
          |
        TAREFA
      PEDAGÓGICA
       /        \
  CONTEÚDO    PROFESSOR
```

- **RODADAS PEDAGÓGICAS**
Processo organizacional em que educadores trabalham sistematicamente juntos, como colegas, para construir conhecimento e habilidades para a melhoria do ensino. **No livro, veja a pág. 21.**

- **TEORIA DE AÇÃO**
Pode ser concebida como a sinopse que torna uma visão e uma estratégia concretas. Ela dá ao líder uma linha narrativa que orienta as pessoas em relação a complexidade e distrações diárias que competem com o trabalho principal do núcleo pedagógico. Fornece também o mapa que conduz a visão da organização, bem como uma forma de testar as premissas e as suposições da visão contra as realidades do trabalho que se desenrolam em uma organização real com pessoas reais. Por exemplo: teoria de ação baseada na escola. Se acompanharmos os resultados das avaliações de aprendizagem dos alunos ao longo do tempo, então seremos capazes de avaliar a efetividade pedagógica e de desenvolvimento de estratégias de intervenções focada. Neste exemplo, a narrativa diz que, ao avaliar os alunos ao longo de um tempo, é possível ter certeza se o trabalho pedagógico está caminhando na direção adequada. Isso indica que, ao escrever essa teoria de ação, a escola acredita que a avaliação da aprendizagem serve para corrigir o percurso pedagógico do professor, portanto descreve isso como uma premissa e algo a se alcançar. No mesmo exemplo, é possível perceber a possibilidade de testar a premissa "avaliação mede o fazer pedagógico". **No livro, veja a pág. 61.**

CONTEXTO

EM CENA, UMA ESTRATÉGIA DE OBSERVAÇÃO SEM JULGAMENTOS
—

O livro *Rodadas Pedagógicas* chegou ao Brasil em 2014, com o apoio da Fundação Lemann, que liderou o processo de tradução e revisão técnica da edição brasileira, e logo encontrou sinergia com algumas práticas de observação já utilizadas pela Elos Educacional nos programas de formação realizados em parceria com a própria Fundação Lemann.

No Brasil, a prática de observação de aula ainda sofre certa resistência. Geralmente, os professores têm receio de ser monitorados e julgados pelos observadores (na maioria dos casos, o papel é desempenhado pelo coordenador pedagógico da escola). O temor reflete uma questão histórico-cultural. Com a redemocratização do país, a sensação de que estamos livres de qualquer julgamento fez com que a maioria das pessoas rejeitasse a ideia de ter alguém observando seu trabalho em classe, pois acaba associando a ação a práticas pouco democráticas. O capítulo 4, *Aprendendo a ver, desaprendendo a julgar*, tem grande afinidade conceitual com essa mentalidade.

A obra é parte da bibliografia de trabalho da formação que a Elos Educacional promove com as equipes técnicas de secretarias de Educação que fazem acompanhamento pedagógico nas escolas no Programa Formar.

Em todas as etapas de formação que o tema observação de aula é abordado, manter foco em evidências e não em julgamentos é um ponto trabalhado de maneira intensa, ajudando a quebrar resistências e melhorar o processo do ponto de vista pedagógico. A observação de aula é um tema nevrálgico para equipes técnicas e da gestão escolar. Além de saberem que esse é o maior receio dos professores brasileiros, técnicos e gestores o encaram como seu desafio maior, pois não existe ainda uma formação específica que os prepare para a ação. Eles fazem a observação de modo intuitivo, o que acaba promovendo equívocos que, por sua vez, podem afastar os professores. Outras duas questões exploradas sobre observação de aulas são a necessidade de manter a humildade (pois ninguém sabe tudo e todos precisam estar abertos para o novo, aceitando pontos de vista diferentes) e a importância de estabelecer uma relação de confiança entre as partes envolvidas no processo.

Ponta Grossa (PR) é um dos municípios em que a observação de sala de aula já acontece na rede municipal de Educação. A equipe gestora que faz o acompanhamento pedagógico nas escolas se inspirou nos princípios dos autores do livro para qualificar as visitas. Outro exemplo é Santo André (SP). Uma equipe de Educação Inclusiva da rede municipal utilizou a estratégia de rodadas pedagógicas para o desenvolvimento profissional das agentes de inclusão que atuavam com salas de recurso da secretaria. Para iniciar o trabalho, uma das formadoras da Elos organizou um seminário em que, durante uma semana, foram estudados todos os capítulos do livro e, ao final do trabalho, foi realizada uma grande plenária sobre as aprendizagens e desenhado um plano de ação para o desenvolvimento do projeto de formação envolvendo a professora da sala regular, a professora da sala de recursos, a professora de apoio à Educação Inclusiva (PAEI) e a coordenadora pedagógica da escola. Como resultado prático, no dia da visita à unidade escolar, as quatro profissionais têm como tarefa observar o aluno na sala de recursos e depois usar o restante do tempo para discutir o que tinham presenciado, como poderiam avançar e analisar a documentação pedagógica do estudante, além de registrar novos encaminhamentos. O projeto aconteceu entre 2013 e 2016, impactando positivamente dezenas de estudantes que frequentavam as salas de recursos no contraturno escolar.

INSTITUCIONAL

ELOS EDUCACIONAL
—

A Elos Educacional nasceu da experiência acumulada de duas educadoras que atuaram como professoras e gestoras de escolas públicas e privadas da grande São Paulo e decidiram compartilhar suas experiências com profissionais que desejam ser agentes de transformação da Educação brasileira. Tem como missão contribuir para a melhoria da Educação por meio de consultoria, formação de educadores, produção de conteúdos, pesquisa e acompanhamento de práticas educacionais com vistas ao fortalecimento do ensino e da aprendizagem, das políticas educacionais e da gestão das escolas.

Desde 2011, a Elos já formou mais de 26 mil educadores em 24 estados do Brasil e no Distrito Federal, atuando com professores, coordenadores com pedagógicos, diretores escolares, supervisores de ensino e demais técnicos e lideranças pedagógicas das secretarias de Educação.

Diversos temas são trabalhados em cursos presenciais, semipresenciais e online, entre eles:
– Educação inclusiva.
– Planejamento de aula.
– O brincar na Educação Infantil.
– Implementação da Base Nacional Comum Curricular (BNCC).
– Oficinas de Matemática, Língua Portuguesa e Alfabetização.
– Gestão de sala de aula.
– Gestão pedagógica e formação de professores.
– Metodologias ativas.
– Observação de sala de aula e feedback formativo aos professores.
– Gestão de pessoas e liderança.
– Gestão de pessoas e clima escolar.
– Prevenção e bullying nas escolas.
– Gestão de resultados.

A Elos Educacional trabalha ainda com outros temas e cursos personalizados de acordo com a demanda de cada instituição, além da formação de novos formadores que queiram aprender mais sobre o trabalho presencial e a distância. Uma equipe altamente qualificada em sua área de atuação e com grande experiência na gestão da escola e da sala de aula, que tem compromisso com a qualidade do trabalho realizado, buscando mantê-la em todas as frentes de atuação.

NOVA ESCOLA

A Associação Nova Escola (ANE) é a maior organização de mídia e apoio a professores e gestores escolares do Brasil. A ANE tem a missão de fortalecer educadores para transformar o Brasil. Para isso, desenvolve produtos e serviços de excelência que valorizam professores, facilitam seu dia a dia e apoiam sua carreira. A associação publica as revistas e os sites NOVA ESCOLA e GESTÃO ESCOLAR, as maiores e mais tradicionais publicações para educadores do país. Hoje, cerca de 2,2 milhões de pessoas visitam os sites por mês e cerca de 1,5 milhão de fãs interagem com nossos conteúdos no Facebook.

FUNDAÇÃO LEMANN

A Fundação Lemann acredita que um Brasil feito por todos e para todos é um Brasil em que é possível sonhar, realizar e chegar longe. Tudo isso começa pela Educação pública de qualidade e com pessoas que querem resolver grandes desafios sociais. Desde 2002, colabora com iniciativas que ajudam a construir um país mais justo, inclusivo e avançado. Escolhemos trabalhar com a Educação pública para que alunos do norte ao sul tenham as mesmas oportunidades e trabalhamos lado a lado de professores, gestores, secretarias e governos. Queremos que você faça parte dessa transformação com a gente!

Realização

FUNDAÇÃO Lemann

nova escola

RODADAS PEDAGÓGICAS

Elizabeth A. City – Ajuda os educadores a melhorar o ensino e a aprendizagem por meio do desenvolvimento da liderança, do uso estratégico de dados e recursos e das redes de rodadas pedagógicas. É diretora do Executive Leadership Program for Educators na Harvard University e é membro do corpo docente do Boston's School Leadership Institute. Atuou como professora, instrutora pedagógica e diretora. Possui doutorado em Administração, Planejamento e Política Social pela Harvard Graduate School of Education.

Richard F. Elmore – Professor de Liderança Educacional na Harvard University. Codiretor da Connecticut Superintendents' Networks, uma comunidade de prática para secretários de educação envolvidos na melhoria do ensino, patrocinada pelo Connecticut Center for School Change. Membro do corpo docente do Executive Leadership Program for Educators, que se baseia em diversas iniciativas anteriores na Graduate School of Education de Harvard, Business School e Kennedy School of Government, e trabalha com secretários estaduais de educação e diretores escolares, suas equipes de liderança e principais interessados. Bacharel em Ciência Política pela Whitman College, Walla Walla, Washington; mestre em Ciência Política pela Claremont Graduate School, Claremont, Califórnia; doutor em Política Educacional pela Harvard Graduate School of Education.

Sarah E. Fiarman – É diretora em exercício do Martin Luther King, Jr. School em Cambridge, Massachusetts. Ajuda os educadores a construir comunidades de aprendizagem eficazes por meio de exame de dados, participando das rodadas pedagógicas e usando a abordagem ao ensino Responsive Classroom. Ex-professora do ensino fundamental e professora certificada pelo Conselho Nacional, Sarah está completando seu doutorado em Administração, Planejamento e Política Social na Harvard Graduate School of Education.

Lee Teitel – Ajuda escolas e sistemas escolares a melhorar o ensino e a aumentar a capacidade organizacional por meio do desenvolvimento de liderança e parceria e do uso das redes. Ministra cursos nessas áreas como membro do corpo docente da Harvard Graduate School of Education. Foi diretor fundador e atualmente atua como professor associado sênior do Executive Leadership Program for Educators. Como consultor, trabalhou com inúmeros distritos, parceiros individuais, redes e com um esforço de melhoria estadual professor-escola. Estabeleceu redes de aprendizagem para diretores e secretários de educação em diversos estados.

R685   Rodadas pedagógicas : como o trabalho em redes pode melhorar o ensino e a aprendizagem / Elizabeth A. City ... [et al.] ; tradução: Maria Cristina Monteiro ; revisão técnica: Mila Freitas Lourenço Sanches Molina, Isabel Farah Schwartzman. – Porto Alegre : Penso, 2014.
240 p. : il. ; 23 cm.

ISBN 978-85-65848-79-4

1. Educação. 2. Métodos de estudo da educação. 3. Rodadas pedagógicas. I. City, Elizabeth A.

CDU 37.012

Catalogação na publicação: Ana Paula M. Magnus – CRB10/2052

Elizabeth A. City
Richard F. Elmore
Sarah E. Fiarman
Lee Teitel

RODADAS PEDAGÓGICAS

como o trabalho em redes pode
melhorar o ensino e a aprendizagem

Tradução
Maria Cristina Monteiro

Revisão técnica desta edição
Mila Freitas Lourenço Sanches Molina
Graduada em Relações Internacionais.
Coordenadora de Projetos da Fundação Lemann.
Isabel Farah Schwartzman
Mestre em Educação e Gestão de Políticas de Desenvolvimento.

penso

2014

Obra originalmente publicada sob o título
Instructional Rounds in Education: A Network Approach to Improving Teaching and Learning

ISBN 9781934742167

© 2009 by the President and Fellows of Harvard College.
All rights reserved. No part of this publication may be reproduced in any form or by any means, electronic or mechanical, including photocopy, recording, or any information storage and retrieval systems, without permission in writing from the publisher.

Gerente editorial: *Letícia Bispo de Lima*

Colaboraram nesta edição

Editora: *Lívia Allgayer Freitag*

Capa sobre arte original: *Márcio Monticelli*

Preparação de original: *Lisandra Picon*

Leitura final: *Mônica Ballejo Canto*

Editoração eletrônica: *Formato Artes Gráficas*

Reservados todos os direitos de publicação, em língua portuguesa, à
PENSO EDITORA LTDA., uma empresa do GRUPO A EDUCAÇÃO S.A.
Av. Jerônimo de Ornelas, 670 – Santana
90040-340 Porto Alegre RS
Fone (51) 3027-7000 Fax (51) 3027-7070

É proibida a duplicação ou reprodução deste volume, no todo ou em parte, sob quaisquer formas ou por quaisquer meios (eletrônico, mecânico, gravação, fotocópia, distribuição na Web e outros), sem permissão expressa da Editora.

SÃO PAULO
Av. Embaixador Macedo Soares, 10.735 – Pavilhão 5 – Cond. Espace Center
Vila Anastácio – 05095-035 – São Paulo – SP
Fone (11) 3665-1100 Fax (11) 3667-1333

SAC 0800 703-3444
IMPRESSO NO BRASIL
PRINTED IN BRAZIL

Aos membros da Cambridge Leadership Network,
da Connecticut Superintendents' Network, da
Iowa Leadership Academy Superintendents' Network
e da Ohio Leadership Collaborative, que buscam
propositadamente sua própria aprendizagem para
serem melhores líderes em suas salas de aula,
em suas escolas e em seus distritos.

Agradecimentos

Somos profundamente agradecidos às redes de líderes das escolas e dos distritos* com os quais trabalhamos e cujas boas ideias temperam estas páginas: a Cambridge Leadership Network, a Connecticut Superintendents' Network, a Iowa Leadership Academy Superintendents' Network e a Ohio Leadership Collaborative. Sua participação e seu envolvimento foram fundamentais para ajudar a desenvolver as ideias que compartilhamos neste livro. Toda vez que um membro da rede investia no processo fazendo uma pergunta, expressando uma preocupação ou compartilhando uma sugestão (sugestões muito importantes), aprendíamos formas de melhorar o processo. Agradecemos sinceramente a todos os participantes da rede por seu compromisso com a aprendizagem – com a sua própria, bem como com a das crianças e dos adultos em suas escolas e seus sistemas.

Embora os nomes dos educadores da rede sejam numerosos demais para incluir aqui, alguns foram além para apoiar a aprendizagem de seus colegas e a nossa. Tais educadores incluem aqueles que corajosamente lideraram os esforços das rodadas em cada local, encontrando tempo e meios para apoiar um compromisso significativo com a capacitação profissional; são eles: Andrew Lachman, Jane Tedder e Steven Wlodarczyk em Connecticut; Tom Fowler-Finn e Carolyn Turk em Cambridge; Marilyn Troyer e Adrian Allison em Ohio; e Glenn Pelecky e Bonnie Boothroy em Iowa. Sua visão para o que as redes poderiam trazer a seus contextos nos manteve, e aos participantes, continuamente em um alto padrão.

Além disso, agradecemos aos membros do *"think tank"*, de Cambridge e Ohio. Todos os meses, eles dedicavam seu tempo precioso para ajudar a modelar a rede para seus pares. As conversas com esses líderes engajados e inteligentes

---

* N. de R.T. Nos Estados Unidos, os distritos são responsáveis pelas redes de escolas, assim como os municípios ou estados no Brasil. Um distrito pode ser equivalente a uma cidade ou a um território específico dentro de uma cidade.

ajudaram a melhorar nossa própria prática e a levar adiante o trabalho em cada uma dessas redes. São eles: Bernie Burchett, Marcia Cussen, Michele Evans--Gardell, Christine Fowler-Mack, Mike Grote, Rob Kearns, Tom Milord, Sally Oldham, Jim Salzman e Debbie Tully em Ohio; Barbara Boyle, Carole Learned--Miller, Maryann MacDonald, Nancy McLaughlin, Joe Petner, Damon Smith e Carolyn Turk em Cambridge.

Agradecemos aos nossos colegas que reservaram um tempo em suas agendas lotadas para ler os primeiros rascunhos dos capítulos. Eles forneceram um retorno valioso e um estímulo igualmente útil para o término desta obra a fim de poderem usá-la em suas próprias redes. São eles: Jennifer Bennett, Bonnie Boothroy, Tom DelPrete, Tom Fowler-Finn, Andrew Lachman, Joe Micheller, Glenn Pelecky, Stefanie Reinhorn, Jim Salzman e Carolyn Turk.

A maravilhosa equipe da Harvard Education Press mostra que é possível ter ao mesmo tempo eficiência, qualidade, entusiasmo e foco em influenciar as vidas das crianças. Agradecimentos especiais à Caroline Chauncey e aos revisores anônimos, cujos comentários pertinentes nos ajudaram a dar forma e remodelar o livro.

Gostaríamos também de agradecer uns aos outros. Cremos sinceramente que se aprende a fazer um trabalho executando-o e, sem dúvida, aprendemos o que significa colaborar, contestar ideias e aprofundar o relacionamento entre colegas fundamentados na prática por meio do processo contínuo de desenvolver, refinar e escrever sobre as rodadas pedagógicas. Somos gratos por termos tido a oportunidade de trabalhar e aprender uns com os outros.

Finalmente, agradecemos às nossas famílias, que suportaram tantas viagens e tantas horas de trabalho e nos fornecem o amor e o apoio que nos fazem sempre ansiar pela volta para casa.

Sumário

Apresentação à edição brasileira 11

Prefácio 15

Introdução
Por que redes profissionais? Por que rodadas? Por que prática? 19

Parte I
Componentes básicos

1 O núcleo pedagógico 40

2 Teorias da ação 60

Parte II
As rodadas

3 Iniciando uma rede 82

4 Aprendendo a ver, desaprendendo a julgar 105

5 Fazendo as rodadas – Parte 1: problemas de prática e observação... 122

6 Fazendo as rodadas – Parte 2: reunião de balanço e
próximo nível de trabalho 140

7 Facilitando as rodadas 158

Parte III
As rodadas e a melhoria sistêmica

8 Aprendendo com as rodadas 182

9 Passando das rodadas para melhorias na prática em larga escala 198

Epílogo
Uma profissão em busca da prática 217

Apêndice
Exemplos de documentos das redes 221

Leituras e recursos adicionais 235

Índice 237

Apresentação à edição brasileira

As rodadas pedagógicas (também conhecidas por *rodadas*, apenas) são grupos de professores e outros profissionais da educação escolar que, tanto na própria escola como nos demais níveis dos sistemas educacionais, visitam salas de aula, observam e sugerem intervenções para melhorar o ensino e a aprendizagem. Elas se inspiram no modelo clínico de formação do médico, mais especificamente nas rodadas* que os médicos experientes fazem pelos leitos hospitalares, atentamente acompanhados por internos e recém-formados.

As rodadas pedagógicas partem da construção de uma visão compartilhada da rede sobre o que é o ensino eficaz e da construção conjunta de uma linha de ação que torna concretas a visão e a estratégia. As rodadas deixam clara a importância de se construir uma linguagem comum, ou seja, um consenso a respeito do que cada conceito significa para se poder intervir de forma objetiva e concreta.

O que confere um caráter inovador às rodadas é a proposta de alinhamento coerente entre fundamentação teórica, rigor metodológico e compromisso político com a melhoria da aprendizagem dos alunos. Para isso, elas se sustentam em alguns pressupostos, reafirmam o foco na sala de aula, estabelecem orientações de trabalho para os participantes da rodada e, transversalmente a todos esses tópicos, fazem indicações metodológicas que, se adotadas, podem melhorar o estatuto epistemológico da ciência pedagógica. Selecionei, em cada uma dessas

---
* N. de R. Também conhecidas pela expressão "*rounds* clínicos".

rubricas, os pontos que me pareceram mais relevantes para a pedagogia no Brasil atual.

Dentre os pressupostos, destaco aquele segundo o qual a prática não é um estilo pessoal, inerente ao profissional que a exerce e que, por respeito ou zelo corporativo, não é adequado questionar. Ao contrário, a prática é aprendida, sustentada por uma cultura pedagógica. Sendo aprendida, ela pode e deve ser questionada, bem como a cultura que a gerou, se isso for necessário à melhoria da aprendizagem dos alunos.

Desse pressuposto decorre uma orientação que os autores definem do seguinte modo: *aprendendo a ver, desaprendendo a julgar.* Isso visa garantir que o questionamento da prática não seja uma avaliação ou juízo, mas parte integrante do processo de aprendizagem coletiva que se dá no interior do grupo da rodada pedagógica, em um ambiente de confiança mútua.

A mesma orientação, expressa em termos mais procedimentais, afirma que é preciso garantir sempre a sequência: *descrição, análise, previsão* e *próximo nível de trabalho.* Em suma, as rodadas não se destinam a avaliar o desempenho de quem quer que seja, mas a melhorar o ensino e a aprendizagem.

Esse compromisso com a melhoria da aprendizagem se concretiza na identificação e definição do núcleo pedagógico formado pelo trio professor, aluno e conteúdo. Esse núcleo é a referência, o ponto de partida e o de chegada. A finalidade última das rodadas pedagógicas é aprimorar o núcleo pedagógico, se possível em larga escala. A largura dessa escala será tanto maior quanto mais a aprendizagem propiciada pela rodada pedagógica for organizacional, e não apenas individual.

Nesse sentido, afirmam os autores, é a escola que deve ser considerada uma unidade de melhoria, não os professores ou gestores individualmente. Essa era uma tese cara a vários educadores que questionaram os programas de capacitação dos anos de 1980, que colocavam fora de seu contexto grandes grupos de professores e outros profissionais. Eles afirmavam que a unidade de capacitação deveria ser a escola, não as pessoas que nela trabalhavam.

A fundamentação teórica tem na teoria da ação seu ponto forte, uma linha condutora que pode ligar o que está acontecendo dentro da sala de aula com as atividades do sistema como um todo. Isso pode ser um bom antídoto para o vício, existente na educação, de formular propostas de cunho geral sem indicações do que fazer para implementá-las.

Mas talvez a principal contribuição das rodadas pedagógicas seja no que se refere ao estatuto epistemológico da pedagogia. Se a prática pedagógica não é estilo pessoal, tampouco é arte, portanto, foi aprendida e pode ser transformada. É factível dessacralizá-la, tirá-la do anonimato e da reclusão da sala de aula para que seja objeto de observação, descrição, sistematização. Podemos construir conhecimento aplicando, às situações do ensino, protocolos similares aos utilizados para a descrição e análise da prática médica.

O que nos falta para isso, entre outras competências, é construir uma linguagem própria dessa ciência do ensino e da sala de aula. A cacofonia hoje existente na educação escolar, devido à ausência de uma linguagem comum, agrava nossa debilidade conceitual e tem efeito desastroso sobre a comunicação entre os educadores e entre a educação e a mídia.

Ao traduzir e editar este livro, a Fundação Lemann dá um passo importante na direção de uma prática menos arredia ao escrutínio público e mais aberta à transformação.

Guiomar Namo de Mello
Pedagoga. Doutora em Educação pela Pontifícia
Universidade Católica de São Paulo (PUC-SP).
Presidente do Conselho Estadual de Educação de São Paulo.

Prefácio

Ler um livro no qual seu trabalho profissional é objeto de estudo é uma experiência extracorpórea. *Rodadas pedagógicas* conta a história de quatro redes – incluindo aquela à qual sou afiliado – que usam rodadas pedagógicas para melhorar o ensino e a aprendizagem.

Meu envolvimento com as rodadas e com Richard Elmore remonta ao meu mandato como assistente executivo dos secretários de educação Tony Alvarado e Elaine Fink no Community School District 2 da Cidade de Nova York durante a década de 1990. Quando me tornei diretor executivo do Connecticut Center for School Change, uma organização de apoio à escola em âmbito estadual, cuja missão é melhorar o ensino e a aprendizagem, recrutei Elmore para desenvolver no Centro um programa de liderança executiva para secretários de educação que abrangesse o que ele e eu tínhamos aprendido sobre capacitação profissional e melhoria pedagógica em larga escala.

Inicialmente, a Connecticut Superintendents' Network envolveu oito encontros em seminários quinzenais, de três horas de duração, para discutir os pontos de alavancagem que os secretários de educação devem melhorar em seus distritos e criar as condições para promover o aproveitamento escolar dos alunos. Após seis meses de estímulos sobre a necessidade de sair do conforto de uma sala de reuniões e observar o ensino e a aprendizagem em salas de aula, um membro corajosamente se ofereceu como voluntário para sediar uma visita escolar. A visita demonstrou a força da rodada, e a configuração atual da rede tomou forma. Hoje, a rede é uma comunidade de prática verdadeira, um grupo de 26 secretários de educação engajados nas rodadas. Eles compartilham um interesse comum em aprender como promover e manter as melhorias na qualidade do ensino e da aprendizagem dos alunos.

O Centro criou e alimentou a rede, pois temos uma visão de sistemas escolares de alto desempenho, nos quais todos os alunos estão atuando em altos níveis e todos os componentes da organização – pessoal, finanças, currículo e avaliação – estão focados na melhoria do ensino. Tal visão é resumida em nosso lema: "sucesso do sistema = sucesso do aluno". Como é descrito neste livro, as rodadas – com foco no núcleo pedagógico, em uma cultura colaborativa que valoriza a reflexão e a aprendizagem do adulto, em uma teoria de ação coerente e uma estratégia de implementação para todo o sistema – podem ser um instrumento eficaz para alcançar a melhoria do ensino em larga escala.

O Centro patrocinou a rede durante oito anos. Os objetivos da Connecticut Superintendents' Network são: primeiro, desenvolver o conhecimento e as habilidades dos secretários de educação para conduzir a melhoria do ensino em larga escala; e, segundo, ajudar os secretários a focar suas organizações e sistemas no propósito central: a aprendizagem do aluno. Os participantes sentem claramente que a rede tem um valor agregado, conforme evidenciado por seu recorde de 90% de comparecimento, seu compromisso permanente em participar e seu apoio financeiro (as taxas de inscrição vão de 2.700 a 4.000 dólares anuais e cobrem metade do custo dos gastos com o programa). Embora isso seja um testemunho da qualidade da capacitação profissional que o Centro proporciona, é justo perguntar, como fazemos o tempo todo: "E daí?". Qual é o impacto das rodadas pedagógicas na prática dos secretários de educação, em seus distritos e no ensino e na aprendizagem? Nossa teoria de ação é: se participarmos coletivamente de uma comunidade de prática baseada em observação da sala de aula *no local* e focada na melhoria do ensino em larga escala, *então* os secretários de educação participantes serão líderes pedagógicos mais efetivos, conforme demonstrado por mudanças em sua prática, e, finalmente, na melhoria do aprendizado dos alunos.

Nossos avaliadores dizem que a rede e as rodadas levaram a mudanças nas crenças e nas práticas. Os secretários de educação reconhecem que o ensino e a aprendizagem são a tarefa número um e que ela simplesmente não pode ser delegada a um representante ou aos diretores. Os secretários estão passando mais tempo nas salas de aula, ajustando o orçamento e os recursos humanos a suas teorias de ação, e usando alguns dos instrumentos e protocolos em seus distritos para estender a aprendizagem a outros gestores. Em seus distritos, os diretores enfatizam consistentemente a importância das decisões pedagógicas baseadas em dados. A análise das transcrições das sessões da rede indica que, com o passar do tempo, os membros melhoraram sua capacidade de observar a prática de sala de aula e permanecer na voz descritiva, para desenvolver a linha de conversação da discussão, e de analisar os dados da observação e recomendar o próximo nível de trabalho. As questões principais que a rede precisa tratar de forma consistente, independentemente da condição socioeconômica do distrito, são: Os professores ou os alunos estão fazendo seu trabalho? Qual é o nível de rigor e desafio das tarefas exigidas dos alunos? O professor consegue ouvir a voz do aluno no discurso de sala de aula? Que papel as equipes de liderança têm na melhoria do ensino?

Como uma rede, aprendemos sobre vários aspectos:

- O ensino é o que mais importa.
- Uma teoria de ação efetiva conecta a secretaria de educação e a sala de aula.
- A melhoria sistêmica não é linear.
- Os distritos necessitam medir o progresso continuamente.
- As soluções devem ser adaptadas aos contextos locais.
- A modelagem por si só não é suficiente; a responsabilização conta.
- As comunidades de prática aceleram a aprendizagem.
- A assistência externa é útil.

A leitura de *Rodadas pedagógicas: como o trabalho em redes pode melhorar o ensino e a aprendizagem* dá acesso à aprendizagem combinada de todas as quatro redes, sem experimentar os caminhos errados e os becos sem saída que nós, os autores, em Connecticut, e nossos colegas em Cambridge, Iowa e Ohio vivenciamos ao longo do caminho. As rodadas pedagógicas, conforme apresentadas nos capítulos deste livro, parecem muito lógicas, objetivas e refinadas. Entretanto, não foram assim na execução, que foi carregada de ansiedade e muito mais confusa do que a apresentada nestas páginas. Por ter estado nos bastidores, sei que não há mágica.

Ao contrário de outros manuais de educação atualmente nas prateleiras das livrarias, este não é um livro de receitas para transformar escolas e distritos em cinco, seis ou sete passos. Como os autores reconhecem, as rodadas em si e por si não elevam as notas dos alunos e não ajudam os distritos a fazer o progresso anual adequado para atender às disposições da lei No Child Left Behind (Nenhuma Criança Deixada para Trás[*]). Se quisermos que as rodadas produzam mudanças no ensino e na aprendizagem, isso não pode ser mais uma iniciativa, uma atividade ou um programa imposto aos secretários de educação, diretores e professores. A força das rodadas somen-

---

[*] N. de R.T. No Child Left Behind é uma lei editada pelo congresso norte-americano em 2001 que regulamenta algumas ações relativas ao aprendizado dos alunos do ensino fundamental, como avaliações padronizadas de todos os alunos e alocação de recursos federais para programas prioritários.

te será percebida quando e se elas forem incorporadas ao trabalho real do distrito. Apenas quando as rodadas servirem para desenvolver uma cultura colaborativa, baseada em uma indagação que quebre as normas de isolamento e autonomia, e se levarem ao estabelecimento de uma "prática educativa" que proclame a noção de ensino como uma arte, uma habilidade ou um estilo, haverá uma transformação no ensino e na aprendizagem.

Embora as rodadas como um instrumento para o aprimoramento pedagógico sistêmico possam parecer uma perspectiva assustadora, Liz City, Richard Elmore, Sarah Fiarman e Lee Teitel nos conduzem sistematicamente ao longo do processo de planejamento, organização, facilitação, implementação e reflexão a respeito delas. *Rodadas pedagógicas* é repleto de exemplos das quatro redes que serviram como placas de Petri para este trabalho. A prática das rodadas pedagógicas é desmistificada e tornada pública, de modo que os profissionais em todos os níveis, de diretores de escolas estaduais a professores de sala de aula e instrutores em organizações de apoio à escola possam entender o processo e os protocolos, avaliar sua utilidade e adaptá-los às suas circunstâncias únicas.

Se os estudantes norte-americanos forem competir neste mundo econômico cada vez mais nivelado e global, os profissionais da educação devem desenvolver uma prática e melhorá-la significativamente. Nossas escolas devem ser lugares onde tanto os estudantes quanto todos os demais envolvidos estejam continuamente aprendendo. O livro *Rodadas pedagógicas* pode ajudar os profissionais da educação a estabelecer e conduzir rodadas que exemplifiquem uma comunidade de prática real, na qual professores, diretores e secretários de educação colaborem visando o desenvolvimento do aluno, trabalhem juntos para resolver questões pedagógicas e criem intervenções para estudantes com necessidade de atenção extra. Devemos esse tipo fundamental de mudança ao ensino e à aprendizagem de todas as crianças de nossas escolas.

Para encerrar, seria negligente de minha parte se não reconhecesse as contribuições de meus colegas do Connecticut Center for School Change, cujas perguntas pertinentes e sugestões valiosas nos permitem melhorar continuamente nossa prática. Meu agradecimento mais profundo vai para todos os secretários de educação que participaram da rede durante os últimos oito anos. Eles são os líderes pedagógicos nas linhas de frente, e seu compromisso com a melhoria do ensino e da aprendizagem continua a me inspirar e a dar esperança para o futuro da educação pública. É uma honra ter trabalhado com eles e para eles.

Andrew Lachman
Diretor executivo do Connecticut Center for School Change

Introdução

Por que redes profissionais? Por que rodadas? Por que prática?

A Pierce Middle School está emperrada. A despeito dos melhores esforços de sua liderança e equipe de professores, os resultados da Pierce no teste estadual ficaram no mesmo patamar ou diminuíram ligeiramente após dois anos de melhora mais ou menos regular. A equipe da Pierce sente a urgência da situação. Não há dúvidas sobre seu compromisso em melhorar a aprendizagem dos alunos. Eles percebem que estão trabalhando no limite de seu conhecimento e sua habilidade atuais. A liderança do distrito escolar está igualmente preocupada, uma vez que estava contando com a Pierce para servir de modelo a sua estratégia de melhoria em todo o sistema. Agora não está claro o que será feito. Talvez seja apenas uma falha temporária nas notas das provas. Mas talvez seja algo mais profundo. A equipe de liderança da Pierce e a de liderança distrital se reuniram em uma sala de conferência na secretaria de educação tentando descobrir o que fazer a seguir.[1]

Esta cena, ou algo parecido, ocorre regularmente nos sistemas escolares nos Estados Unidos – educadores com a melhor das intenções se juntam em salas de conferência para examinar dados de desempenho dos alunos e tentar descobrir o que fazer a seguir em uma escola que parece ter ultrapassado seu conhecimento de como melhorar o ensino e a aprendizagem. Em nosso trabalho de consultoria a distritos e escolas sobre melhoria, vemos rotineiramente esses problemas e outros semelhantes. Comumente, os professores estão trabalhando contra os limites de seu conhecimento atual sobre como se conectar com os alunos em relação ao conteúdo. Os líderes escolares estão fazendo o que eles sabem fazer. Os gestores distritais estão tentando enviar as combinações certas de sinais de pressão e apoio aos professores e aos gestores, na esperança de que eles encontrem a solução adequada.

Geralmente, em situações como esta, nenhuma das partes na discussão sobre o que fazer na Pierce *tem alguma ideia do que resolveria o problema de desempenho*. Cada um dos educadores vem para a reunião com um conjunto de impressões sobre como é a prática pedagógica da Pierce. Cada um tem um diagnóstico em formação sobre o que poderia estar acontecendo na Pierce que explique seu problema, mas, com igual probabilidade, cada um tem sua própria ideia sobre como é o ensino na Pierce e como ele deveria ser a fim de vencer tal obstáculo.

As escolas norte-americanas estão sob pressão crescente para produzir resultados melhores do que jamais apresentaram. A lei No Child Left Behind (Nenhuma Criança Deixada para Trás) estabeleceu uma meta de 100% de proficiência em 2014, e a legislação não é a única fonte de pressão. Em uma era de computadores e acesso instantâneo à informação, solução de problemas, trabalho de equipe e habilidades de comunicação são fundamentais para o sucesso pessoal e nacional. A maioria das escolas está aquém da meta de 100% de proficiência, e as avaliações internacionais mostram que as escolas norte-americanas estão, na melhor das hipóteses, no meio do pelotão entre seus pares em nível de aprendizado. O problema não é que as escolas sejam piores do que costumavam ser. Na verdade, de acordo com a Avaliação Nacional do Progresso Educacional (NAEP), os escores médios em leitura e matemática são mais altos do que eram 30 anos atrás. O problema não é que os educadores não estejam trabalhando arduamente. Ao visitar qualquer escola na América do Norte, você verá profissionais que se preocupam profundamente com seus alunos e estão fazendo o melhor que podem todos os dias para ajudá-los a aprender. O desafio é que estamos pedindo que as escolas executem algo que elas nunca executaram antes – educar todos os alunos em altos níveis de aprendizagem – e não sabemos como fazê-lo em cada sala de aula para cada criança.

Há bolsões de excelência por todas as nossas escolas e sistemas escolares. Os estudantes que têm a sorte de estar nesses bolsões estão bem preparados para construir uma boa vida para si mesmos e sua comunidade; contudo, aqueles que ficam fora dos bolsões não são tão afortunados. O fato de esses estudantes pertencerem a outras cores e etnias que não a branca e viverem na pobreza é uma descrição triste e inaceitável do passado e do presente, mas não precisa descrever o futuro. Nosso desafio é aumentar os bolsões de excelência, proporcionando para todos o que os nossos sistemas atualmente disponibilizam para alguns.

Nos Estados Unidos, há mais variação nos resultados dos alunos do que em quase todos os pares internacionais e a sala de aula na qual os estudantes estão é determinante. Isso não surpreende, considerando as normas pedagógicas tradicionais de autonomia e isolamento. É evidente que portas de sala de aula fechadas não ajudam a educar todos os estudantes em altos níveis de aprendizagem. Também é claro que o que acontece nas salas de aula importa para a aprendizagem do estudante e podemos realizar mais juntos do que individualmente para melhorar a aprendizagem e o ensino. Entretanto, nem todas as formas de capacitação e colaboração profissional são criadas de modo igual. Lentamente, a imagem do professor atrás da porta fechada da sala de aula está dando lugar à imagem de uma porta aberta, mas muitos educadores não têm certeza do que procurar quando a abrem e o que fazer com o que veem.

Repetidamente, os profissionais dos distritos e das escolas relatam que uma das maiores barreiras à melhoria da escola é a falta de uma definição consensual do que é um ensino de alto nível. Sem a compreensão sobre o que de fato é o ensino na Pierce e algum consenso sobre como ele teria de ser para alcançar o tipo de aprendizagem que ela está tentando alcançar, a reunião na secretaria de educação provavelmente não produzirá muito. Contudo, repetidamente, os educadores se reúnem para tentar resolver problemas pedagógicos sem um entendimento comum a respeito do que estão tentando alcançar na sala de aula.

Nosso trabalho nas escolas diz respeito a preencher essa lacuna de conhecimento entre os educadores e a sua prática. O *processo de rodadas* é uma prática explícita que visa a trazer as discussões sobre ensino diretamente para o processo de melhoria da escola. Por *prática*, queremos dizer algo bastante específico, ou seja, um conjunto de protocolos e processos para observar, analisar, discutir e entender o ensino que pode ser usado para melhorar a aprendizagem do estudante em larga escala. A prática funciona porque cria uma disciplina e um foco comuns entre profissionais com um propósito e um conjunto de problemas comuns.

O processo de rodadas é uma adaptação e uma extensão do modelo de rodadas médicas, que é usado rotineiramente em faculdades de medicina e hospitais universitários para desenvolver nos médicos a prática de diagnóstico e de tratamento. Há diversas versões de rodadas médicas, mas naquelas mais comumente usadas, grupos de médicos estagiários, residentes e supervisores ou assistentes visitam os pacientes, observam e discutem a evidência para os diagnósticos, e, após uma análise completa, debatem possíveis tratamentos. O processo de rodadas é a forma principal pela qual os médicos desenvolvem seu conhecimento da prática e, mais importante, o modo primordial pelo qual a profissão constrói e propaga suas normas de prática.[2] O modelo de rodadas incorpora um conjunto específico de ideias sobre como os profissionais trabalham juntos para resolver problemas comuns e melhorar sua prática. No contexto educativo, chamamos essa prática de *rodadas pedagógicas* ou, abreviadamente, *rodadas*.

Os educadores, naturalmente, têm práticas, ou seja, cada professor, diretor, instrutor de currículo e gestor no nível do sistema têm, de modo implícito ou explícito, algum conjunto de formas "costumeiras, habituais ou esperadas" de trabalhar. O que os educadores não possuem são práticas explicitamente *compartilhadas*, que é o que diferencia os educadores de outros profissionais. É essa ideia da prática compartilhada que está no cerne das rodadas pedagógicas. O tópico básico é colocar todos os educadores – diretores e gestores, bem como professores – em uma prática comum disciplinada por protocolos e rotinas e organizada em torno das funções centrais de educação escolar a fim de criar uma linguagem e modos de ver comuns e também uma prática de melhoria compartilhada.

O QUE SÃO – E NÃO SÃO – AS RODADAS

As rodadas pedagógicas situam-se na intersecção de três abordagens populares atuais à melhoria do ensino e da aprendizagem: inspeções (*walkthroughs*), redes e estratégias de aprimoramento distrital.

Uma vez que o que acontece na sala de aula está no centro da melhoria do ensino, uma parte fundamental para desenvolver um aperfeiçoamento na prática é a observação. Não somos os únicos interessados nisso. Dezenas de outras abordagens usam várias formas de observação de salas de aula e são chamadas de inspeções (*walkthroughs*), caminhadas de aprendizagem, visitações de salas de aula, observação de pares (ou administrativas), entre outras. Uma ampla variedade de atividades está incluída no conceito geral de *inspeções* – algumas atividades apoiadoras do bom ensino, outras punitivas e não informadas. Algumas focam a atenção no ensino e congregam educadores de formas que levam à melhoria; outras são técnicas, dirigidas por acordos, superficiais (referidas de modo debochado pelos professores como "feitas às pressas") e duramente avaliativas.

Infelizmente, a prática das inspeções tornou-se corrompida de muitas maneiras por ser confundida com a supervisão e a avaliação de professores. O propósito de algumas inspeções tem sido identificar deficiências na prática de sala de aula e "corrigir" os professores que manifestam essas deficiências. Em muitos casos, os julgamentos sobre o que necessita ser corrigido são feitos a partir de listas de verificação simplistas, que têm pouco ou nada a ver com a experiência direta dos professores em suas salas de aula. Grupos de gestores dirigem-se às salas de aula com pranchetas e listas de verificação, reúnem-se no corredor e, então, distribuem um conjunto de mensagens simplistas sobre o que necessita ser corrigido. Esse tipo de prática é tanto antiética aos propósitos das rodadas pedagógicas quanto profundamente antiprofissional. A ideia subjacente às rodadas pedagógicas é que *todos* os envolvidos estão ocupados com sua prática, *todos* são obrigados a estar bem informados sobre a tarefa comum de melhoria do ensino, e a prática *de todos* deve estar sujeita a exame minucioso, crítica e aperfeiçoamento.

As redes também são uma ideia comum nos círculos de melhoria do ensino. Parece que você não pode dar uma volta por uma escola ou distrito com uma agenda de melhoria sem topar com algum tipo de rede – uma comunidade de aprendizagem profissional, um grupo de amigos críticos ou um grupo de estudo de professores ou diretores. Algumas estão dentro de distritos ou de escolas e outras cruzam os distritos, talvez organizadas para professores de determinadas matérias ou um tipo particular de gestores. Certas abordagens na categoria de redes são bem-ponderadas, bem-implementadas e ligadas à melhoria da prática, mas muitas não. Em determinados contextos, elas são simplesmente rótulos novos para reuniões disfuncionais ou sem conexão com a melhoria do ensino, ou ambos. Nas redes das rodadas, colegas (possivelmente compartilhando o mesmo papel, como os secretários de educação, ou em papéis diferentes como os funcionários do distrito, os dirigentes do sindicato dos professores, os formadores de professores, os diretores e os professores) se reúnem regularmente para se engajar e desenvolver juntos a prática de rodadas, engendrando com o passar do tempo uma comunidade de prática que apoia seu trabalho de melhoria.

Nossa meta é apoiar os sistemas de melhoria do ensino em larga escala, não apenas bolsões isolados de bom ensino no meio da mediocridade. Consequentemente, uma parte fundamental da prática das rodadas pedagógicas conecta as observações de sala de aula do modelo de rodadas com o contexto mais amplo da estratégia de melhoria dos sistemas. É raro encontrar um sistema escolar que não possua um plano de melhoria, mas tais planos variam amplamente em qualidade, foco e utilidade. Alguns são dinâmicos e usados para conduzir o ensino e alinhar as operações; outros são exercícios que acabam resumidos em diversos volumes reunidos nas prateleiras das secretarias de educação. Certos planos são coleções de atividades e não se mostram estruturados em torno de uma ideia ou um foco central, ou mesmo uma hipótese sobre que ações levarão logicamente às melhorias desejadas.

Ter uma estratégia de melhoria, em algum estágio de desenvolvimento, é uma precondição para o uso efetivo das rodadas pedagógicas. O processo de rodadas requer que os participantes foquem um problema comum da prática que transponha todos os níveis do sistema. É difícil focar de forma produtiva em qual problema resolver se não houver uma estratégia para começar. Quanto mais desenvolvida a estratégia, maior a probabilidade da pessoa se beneficiar da prática das rodadas. As rodadas baseiam-se em uma estratégia do sistema e contribuem para ela. Praticamente todos os distritos com os quais trabalhamos mudaram de modo significativo suas estratégias de melhoria no decorrer de seu trabalho conosco, com base no conhecimento e na visão compartilhada de ensino e aprendizagem que desenvolveram por meio do uso das rodadas pedagógicas. Nossa experiência com as rodadas foi primariamente no nível distrital, desenvolvendo uma prática entre equipes de liderança no nível de sistema e em torno da melhoria do ensino no nível de escola. A mesma prática pode ser usada em uma única escola, um departamento de uma escola de ensino médio ou uma rede de escolas autônomas com interesse mútuo na melhoria.

As rodadas são um tipo especial de inspeção (*walkthrough*), de rede e de estratégia de melhoria integrado em uma única prática.

Um retrato das rodadas

As rodadas constituem um processo de quatro estágios: identificar um problema de prática, observar, fazer a reunião de balanço (*debriefing*) e focar o próximo nível de trabalho. Embora esse processo seja descrito em muito mais detalhes posteriormente neste livro (ver Capítulos 5 e 6), aqui oferecemos um resumo para ilustrar o que ele é.

Uma rede reúne-se em uma escola para uma rodada de visitas guiadas por um membro ou membros da rede (p. ex., diretor ou secretário de educação). O foco da visita é um *problema de prática*, ou seja, o problema específico de melhoria do ensino que a escola e o sistema escolar estão enfrentando e sobre o qual gostariam de ter um parecer. O problema de prática poderia ser algo assim: e*m leitura e escrita, os alunos parecem estar indo relativamente bem no que diz respeito a codificação, vocabulário e tarefas de escrita simples, mas não estão indo tão bem quanto esperávamos em relação à compreensão e às tarefas de resposta aberta*. Os professores começaram usando um método de grupo de discussão ou seminário para trabalhar com grupos menores de alunos, mas não há consistência no que acontece naqueles grupos pequenos.

A rede divide-se em grupos menores que visitam em *rodízio* de 4 ou 5 salas de aula por aproximadamente 20 minutos cada. Nas salas de aula, os participantes da rede anotam o que viram e ouviram, obtendo evidências descritivas relacionadas ao problema de prática. Após completar as observações de sala de aula, o grupo inteiro se reúne em um local comum para fazer um balanço (*debriefing*). Na reunião de balanço, os participantes elaboram um processo de descrição, análise e previsão. Cada participante compartilha suas observações nos grupos, construindo um conjunto de evidências sobre o que todos viram nas salas de aula e como isso parecia ter relação com o problema de prática. A evidência poderia ser visível na forma de quadros pregados nas paredes da biblioteca da escola e cobertos com anotações coladas que captassem os aspectos observados pelos indivíduos. Então, os grupos analisam a evidência em busca de padrões e examinam como o que eles viram explica, ou não, o desempenho observável do aluno na escola. Finalmente, a rede discute o *próximo nível de trabalho*, as recomendações para a escola e o sistema fazerem progresso em relação ao problema de prática.

A reunião de balanço (*debriefing*) da Pierce, por exemplo, poderia ter trazido à tona um problema comum que vemos rotineiramente nas escolas: os propósitos mais amplos da estratégia de alfabetização não são evidentes no trabalho real proposto aos alunos. Assim, por exemplo, poderíamos ver uma orientação curricular que pressupõe que os alunos devem produzir quantidades significativas de texto nas salas de aula, mas a observação do trabalho real executado pelos alunos poderia ter respostas relativamente curtas a perguntas fechadas. Desse conjunto de observações, poderia vir uma sugestão para o próximo nível de trabalho. Por exemplo, gestores e instrutores poderiam se familiarizar com as práticas associadas ao trabalho de nível mais alto e aumentar seu foco dessas práticas na formação continuada. Outra sugestão poderia ser que em suas sessões de grupo, as equipes de professores considerassem mais especificamente a evidência do trabalho do estudante que representa a alfabetização em um nível mais alto.

Uma reunião de rede também pode incluir formação continuada para aprofundar o conhecimento e a habilidade dos membros da rede relativos ao problema de prática (p. ex., ler um artigo sobre alfabetização). Algumas redes escolhem um foco comum por um período contínuo, como habilidades de pensamento ou matemática de ordem superior, examinando os problemas de prática e desenvolvendo sua *expertise* na área em foco. Com o tempo, a rede percorre as escolas ou os sistemas de todos os membros, desenvolvendo um entendimento compartilhado de ensino e aprendizagem, bem como uma prática comum satisfazendo, assim, ambos os propósitos das rodadas: construir o conhecimento e as habilidades do grupo e fornecer *feedback* e sugestões de apoio úteis para a escola anfitriã.

AS RODADAS COMO PROCESSO ORGANIZACIONAL

Como ilustra o exemplo da Pierce, o advento de maior responsabilização[*] das escolas pelo desempenho dos alunos resultou em maior pressão para o envolvimento delas no planejamento escolar estruturado. A maioria das escolas recebeu e entendeu a mensagem de que deveriam estar preocupadas com a aprendizagem e o desempenho dos alunos, e a maioria dos educadores aceitou que faz parte de sua responsabilidade prestar atenção nos resultados mensuráveis dos estudantes. Mas o processo exato pelo qual se supõe que isso ocorra com frequência é confuso. Agora é relativamente comum que diretores, instrutores e formadores de professores entrem de modo periódico nas salas de aula para vários propósitos. Não é comum que essas várias partes tenham uma definição única do que estão procurando. Na ausência de tal consenso, os professores recebem sinais conflitantes sobre o que deveriam estar fazendo e são forçados a escolher entre ideias concorrentes sobre o que constitui a boa prática, isso se eles receberem algum *feedback*.

Nesse contexto, o modelo de rodadas traz um conjunto de práticas que pode ser usado pelas escolas e pelos sistemas escolares para desenvolver um entendimento comum do trabalho da prática pedagógica. Ele força

---

[*] N. de R.T. No Brasil, a responsabilização e pressão social em cima dos sistemas se intensificou com as avaliações padronizadas censitárias (Prova Brasil), a partir de 2005.

múltiplos atores, frequentemente com interesses e ideias diferentes, a iniciar o difícil processo de formar uma visão coerente do que constitui ensino e aprendizagem eficazes nas salas de aula. Ele também promove uma certa disciplina em torno do relacionamento entre os professores e aqueles cujo trabalho é apoiá-los e supervisioná-los. O processo de rodadas diz, na realidade, que os professores devem ser capazes de operar sob orientação coerente e apoio para seu ensino, e que aqueles que se propõem a supervisionar e apoiar os professores têm obrigação de resolver suas diferenças de forma que produzam um resultado coerente na sala de aula.

O processo de rodadas também leva a sério as normas tradicionais em relação à privacidade do ensino. Escolas efetivas são ambientes de aprendizagem coerentes para os profissionais e os estudantes. Coerência significa que os profissionais concordam com o que estão tentando realizar com os estudantes e que são consistentes de uma sala de aula para outra em suas expectativas em relação àquilo que os estudantes devem aprender. Ambientes de aprendizagem coerentes não existem em organizações incoerentes. Portanto, o modelo de rodadas pressupõe que uma condição para melhoria da escola é abrir a sala de aula para a interação mais ou menos rotineira entre professores, gestores e pessoal de apoio, e o desenvolvimento de uma linguagem comum para realizar o trabalho. Os professores são, com frequência, justificadamente céticos sobre abrir suas salas de aula para estranhos, porque isso muitas vezes resulta em conselhos conflitantes e vagos que têm pouco valor prático para eles ou seus alunos. Consequentemente, o processo de rodadas opera com base no princípio de que os desafios da norma de privacidade no ensino devem ser acompanhados por uma obrigação recíproca de fornecer orientação coerente e útil e apoio para a prática pedagógica.

AS RODADAS COMO PROCESSO DE APRENDIZAGEM

A melhoria da escola é, essencialmente, uma atividade intensiva em conhecimento. Os professores e os gestores não têm suas melhores ideias presas dentro de armários, esperando que o sistema de responsabilização os martelem com más notícias e os façam trazer essas ideias para a luz do dia. A maioria dos educadores está trabalhando, para o melhor ou para o pior, no limite de seu conhecimento e suas habilidades existentes, ou muito próximo dele. Você não melhora as escolas dando más notícias sobre o desempenho delas, você aprimora as escolas usando informações sobre aprendizagem do aluno, de múltiplas fontes, para encontrar os problemas pedagógicos mais promissores para serem corrigidos, e então desenvolver sistematicamente com professores e gestores o conhecimento e a habilidade necessários para resolver tais desafios. Geralmente, o que está acontecendo em uma escola como a Pierce é que ela está se saindo razoavelmente bem no trabalho que está realizando, apenas continuando a tratar um problema que já foi resolvido, e não passando para a próxima dificuldade, que é que está no caminho impedindo a melhora de seu desempenho. Para usar a analogia médica, a Pierce está fazendo um bom trabalho em curar uma doença que já está curada e necessita diagnosticar e responder à próxima enfermidade para melhorar o desempenho da escola. A fim de fazer essa transição do problema que já resolvemos para o *próximo* problema que necessitamos resolver, precisamos de um conhecimento muito mais detalhado sobre o que está acontecendo na Pierce do que temos atualmente, bem como um entendimento comum de qual problema precisa ser resolvido a seguir.

O advento da responsabilização fez com que muitos sistemas escolares aumentassem seu apoio pedagógico e sua capacitação profissional. Hoje é raro o sistema escolar que não forneça pelo menos algum apoio, organizado em torno das prioridades pedagógicas atuais do sistema, para os professores. Além disso, a responsabilização gerou uma pressão crescente sobre os gestores para pelo menos parecer que estão gerenciando ativamente o ensino em suas escolas. Com frequência, isso resulta na expectativa de que os diretores passem uma certa quantidade de tempo nas salas de aula.

Em muitos casos, como o da Pierce, em que o sistema apostou uma quantidade substancial de seus recursos na expectativa de melhora, estamos propensos a ver uma série de grupos de trabalho em uma escola. Por isso, os profissionais da escola estão propensos a serem expostos às visões de vários especialistas sobre o que eles devem fazer. É importante entender que essas atividades bem-intencionadas raramente levam à melhoria sistemática na prática pedagógica e na aprendizagem do aluno. Praticamente todas as escolas de baixo desempenho com as quais trabalhamos são sufocadas por pessoas de diversos setores e níveis de governo dizendo o que fazer. O problema não é que as escolas não tenham acesso ao conhecimento, mas que elas não têm um processo para traduzir o conhecimento sistematicamente em prática. O conhecimento e o apoio que a maioria das escolas recebe cai sobre uma organização fracamente equipada para usar essas ofertas, porque não tem as *estruturas, os processos e as normas inter-*

nas necessários para captar o conhecimento e implantá-lo nas salas de aula. O conhecimento não adere nessas escolas, uma vez que elas não possuem receptores na organização para captá-lo e usá-lo.

O modelo de aprendizagem incorporado no processo de rodadas, que desenvolvemos mais completamente no Capítulo 8, coloca os educadores na posição de ter de construir de modo ativo seu próprio conhecimento da prática pedagógica efetiva e de desenvolver, entre colegas que devem trabalhar juntos para a melhoria da escola, um entendimento compartilhado sobre o que eles entendem por ensino efetivo. O processo de construção ativa ajuda os educadores a articular e refinar suas próprias teorias sobre como apoiar a aprendizagem e construir sua capacidade de usar e gerar conhecimento. Há, assumidamente, um certo viés "construtivista" no processo de rodadas. Quando trabalhamos com pessoas, evitamos especificamente dar "respostas" aos problemas mais prementes que elas enfrentam, porque dar "respostas" seria transferir a responsabilidade pela aprendizagem delas para nós.

O processo de rodadas, então, busca criar e modelar um conjunto específico de ideias sobre como as escolas e os sistemas podem aprender a partir de suas próprias práticas, desenvolver um entendimento mais agudo do *próximo* problema que eles necessitam resolver e assumir o controle de sua própria aprendizagem de forma que tenham mais probabilidade de obter uma melhoria continuada com o passar do tempo.

AS RODADAS COMO PROCESSO DE CONSTRUÇÃO DE CULTURA

Linguagem é cultura. Cultura é linguagem. Uma das coisas que aprendemos com os médicos sobre a melhoria da prática é que a maneira como as pessoas falam umas com as outras sobre o que estão fazendo é um determinante importante do que elas são capazes de aprender com sua prática. Ou seja, a linguagem que os médicos usam para falar sobre sua prática incorpora um conjunto de expectativas culturais sobre o relacionamento entre a evidência que eles observam no processo de diagnóstico, os protocolos que usam para descobrir o significado da informação diagnóstica e as formas pelas quais eles desenvolvem um entendimento compartilhado sobre o que fazer para os pacientes.[3] A cultura de isolamento das escolas trabalha contra as concepções de compartilhamento de problemas e práticas. O processo de rodadas visa a desenvolver uma linguagem e uma cultura para romper o isolamento da prática dos professores.

O processo de rodadas requer que os educadores envolvam-se em comportamentos desconhecidos. Os participantes devem usar a linguagem de forma diferente da que estão acostumados a empregar. As pessoas devem interagir umas com as outras de formas que com frequência estão em desacordo com a cultura predominante das escolas. E as rodadas requerem interação continuada em relação aos detalhes da prática pedagógica de formas que raramente fazem parte das rotinas da educação escolar. O estranhamento e o desconforto iniciais que essas práticas geram devem-se aos desafios que o processo de rodadas impõe sobre a cultura estabelecida da prática pedagógica, usando linguagem e interação como meio de troca. Se o processo não resultasse em estranhamento e desequilíbrio, ele não efetuaria transformação cultural significativa.

Um exemplo de tal desconforto vem de um padrão comum nos primeiros estágios de nosso trabalho com os profissionais. Não surpreendentemente, os participantes ficam muitas vezes voltados para o "envolvimento dos alunos" em suas primeiras observações. Portanto, é comum ouvir os participantes dizerem nas sessões de balanço e análise que eles conheceram estudantes que eram "altamente envolvidos" ou "não envolvidos". Quando são pressionados a mostrar evidências do que chamariam de envolvimento do aluno, ou seja, o que realmente viram que os levou a julgar que os estudantes estavam envolvidos ou não envolvidos, verifica-se que os participantes focam cinco ou seis tipos de evidência, em geral com definições contraditórias de envolvimento. Alguns profissionais dirigem o foco para se os alunos estão prestando atenção ao professor, alguns em se os alunos parecem entender o que se espera que entendam, outros em se os estudantes parecem gostar do que estão fazendo, e assim por diante. No discurso trivial dentro das escolas, o termo *envolvimento do aluno* poderia transcorrer na discussão sem a expectativa de uma definição comum. Portanto, se a conclusão da observação fosse de que os professores devem estimular o envolvimento do aluno, aqueles poderiam considerar qualquer uma de cinco ou seis ideias sobre o que isso significava e provavelmente escolheriam a definição que fosse mais próxima do que eles estão fazendo. O conselho que os participantes dariam aos professores sobre envolvimento teria uma qualidade similarmente difusa e contraditória. Quando chamamos a atenção dos participantes para as possíveis contradições e ambiguidades de como eles estão usando a linguagem em torno do envolvimento do aluno, criamos uma quantidade considerável de desconforto, mas com o passar do tempo, eles aprendem que a linguagem que usam tem um impacto importante sobre a cultura que estão criando.

AS RODADAS COMO PROCESSO POLÍTICO

Neste momento crítico na história da educação norte-americana, é controverso argumentar que o ensino é uma profissão que requer altos níveis de conhecimento e habilidade e que, como qualquer profissão, é necessário que os professores continuem a desenvolver seu conhecimento e sua habilidade ativamente ao longo de suas carreiras. A ideia do século XIX de que o ensino é um trabalho pouco qualificado que pode ser realizado por qualquer um com mínima familiaridade com conteúdo e afinidade por crianças está muito viva no discurso político no atual período de reforma. A simples sugestão de que ensino e liderança escolar requerem um conhecimento profundo da prática pedagógica e uma fundamentação nos protocolos profissionais para levar o conhecimento para a prática provavelmente produzirá certo assombro por parte de muitos críticos da educação norte-americana. Atualmente, falta aos legisladores e aos críticos a compreensão real dos requisitos de conhecimento e habilidade que eles estão pedindo que os educadores apliquem. Os educadores são relativamente impotentes nessa discussão, pois eles, como grupo, são coconspiradores ativos na trivialização da experiência educacional. A organização e a cultura escolares, na maior parte das vezes, não exemplificam um ambiente de trabalho profissional como a sociedade mais ampla o entende.

Neste contexto, então, é provavelmente controverso argumentar que os educadores devem ter uma *prática* de melhoria da escola, que tal prática deve ser estruturada em torno de protocolos e normas de discurso profissional e que deve ser exigido que as pessoas demonstrem conhecimento e proficiência na prática a fim de continuar em seus empregos como educadoras. Também provavelmente controversa, tanto dentro como fora do setor educacional, é a observação de que a cultura tradicional de ensino atomizado é antiética tanto para a melhoria da escola como para a profissionalização do ensino. A ideia de que professores bem-sucedidos nascem prontos, não são feitos, e que o "bom ensino" é um dom, não uma habilidade adquirida por esforço e persistência ao longo de toda uma carreira, está muito viva na sociedade e na cultura norte-americana.

Qualquer prática que tente consolidar a experiência profissional em torno do ensino e das condições organizacionais que a apoiam está propensa a gerar controvérsia política. Quaisquer tentativas de elevar a estatura profissional do ensino, e da educação em geral, estão propensas a ativar estereótipos culturais tradicionais dos professores e do ensino e a incitar desconforto entre pessoas que resistem a elevar o *status* ocupacional dos educadores por razões práticas e ideológicas. Como qualquer ideia que tenta alterar a distribuição de conhecimento e autoridade na sociedade, o processo de rodadas não é uma concepção politicamente neutra. Ele carrega consigo determinado conjunto de suposições sobre o valor do conhecimento que os educadores trazem para seu trabalho e consolida tal conhecimento de modo a aumentar a autoridade profissional dos educadores.

À medida que este livro avança, ficará evidente que a prática aqui resumida é, na realidade, de ação bastante complexa e requer atenção e esforço permanentes para ser bem-feita. O nível de conhecimento e habilidade que os participantes demonstram nos primeiros estágios dessa prática em geral não é propriamente uma maravilha. Mas sabemos por experiência própria que as pessoas melhoram no trabalho ao longo do tempo. Os educadores relatam que o trabalho em rodadas aumenta sua acuidade e sofisticação em relação às questões pedagógicas e constrói um conjunto forte de relacionamentos entre colegas com uma linguagem e um conjunto de preocupações comuns.

ALGUMAS INFORMAÇÕES SOBRE NÓS E NOSSAS REDES

Cada um de nós chegou ao processo de rodadas partindo de um ponto diferente, estimulados pelo interesse comum de dar aos educadores mais influência e controle sobre as condições de seu trabalho e uma prática mais eficaz em relação à aprendizagem do aluno nas salas de aula. Richard Elmore veio vários anos atrás por intermédio de uma parceria estimulante com Penelope Peterson e Sarah McCarthey decorrente de um livro sobre o relacionamento entre a prática de ensino e a organização escolar.[4] Tal interesse inicial promoveu um foco de longo prazo maior sobre como as escolas tomam decisões pedagógicas e como elas definem para quem e para o que são responsáveis no atual ambiente de reforma. Subsequentemente, ele ajudou a lançar a primeira rede de rodadas em Connecticut e atraiu o resto dos autores para a prática.

Sarah Fiarman chegou como uma professora do ensino fundamental com um intenso interesse em desenvolver comunidades de prática e experiência como consultora e desenvolvedora profissional em torno do ensino de qualidade. Lee Teitel possui um interesse de longo prazo em prática de liderança nas escolas e nos sistemas escolares e foi consultor e desenvolvedor profissional em programas de desenvolvimento de liderança nos níveis local, estadual e nacional. Elizabeth City é professora, diretora e consultora experiente com interesse em apoiar os educadores para melhorar a aprendizagem para cada estudante.

Nosso trabalho com as rodadas pedagógicas tem sido realizado em quatro tipos de redes, e compartilhamos exemplos das redes ao longo do livro. Elmore e Teitel trabalharam no desenvolvimento do modelo de rodadas na Connecticut Superintendents' Network, organizada pelo Connecticut Center for School Change. A primeira turma desta rede teve início em 2001, com uma segunda turma acrescentada em 2005. Cada turma inclui em torno de 20 secretários de educação representando geográfica e demograficamente diferentes distritos.

Elmore, Fiarman e City trabalharam juntos no desenvolvimento de um modelo de rodadas para gestores no nível de escola e de sistema em Cambridge, Massachusetts. A Cambridge Leadership Network teve início em 2005 e envolve cerca de 30 pessoas – todos os diretores nos distritos, os diretores de ensino de escolas de ensino médio, o presidente do sindicato dos professores e vários funcionários de Estado, incluindo o secretário de educação e o vice-secretário. Isso foi planejado e implementado como uma iniciativa "chave na mão", um modelo de melhoria que diretores e gestores no nível do sistema poderiam assumir e construir sem auxílio externo no final de um ciclo de dois anos.

Juntos, Elmore, Fiarman, Teitel e City estão atualmente apoiando o desenvolvimento dos modelos de rodadas em Ohio e Iowa nos níveis estadual e regional.[5] A Ohio Leadership Collaborative é uma rede em equipe iniciada em 2007. Ela combina os aspectos transdistritais do modelo de Connecticut e diversos aspectos distritais específicos fundamentais de Cambridge. A rede começou com cinco distritos urbanos, cada um com uma equipe de cinco pessoas – na maioria dos casos composta pelo secretário de educação, pelo diretor acadêmico, pela liderança sindical, por um diretor e por um professor. Hoje, há quatro distritos participantes (um distrito saiu da rede como resultado de rotatividade significativa da secretaria de educação) com equipes de aproximadamente 10 pessoas. O pessoal do departamento estadual de educação também participa, assim como facilitadores que estão aprendendo a prática a fim de apoiar cada distrito no lançamento de seu modelo de rodadas interno subsequente. Durante o primeiro ano, o foco principal recaiu na aprendizagem da prática das rodadas e conduziu visitas em cada um dos cinco distritos participantes. Durante o segundo ano, cada distrito começou a desenvolver e implementar seu próprio processo de rodadas com equipes escolares. A rede Iowa Leardership Academy Superintendents' Network baseia-se em uma estrutura organizacional de grupos regionais de secretários de educação. A primeira rede teve início em 2008 na Area Educational Agency 9 (AEA 9) com uma agenda crescente explícita de lançar redes de secretários de educação por todo o estado no início de 2009. As redes devem ser apoiadas por facilitadores e secretários de educação que aprenderam a prática com a AEA 9.

Em outras palavras, este é um livro sobre prática escrito a partir da experiência do trabalho com profissionais e de um conjunto inicial de ideias, por meio de estágios sucessivos de desenvolvimento, esclarecimento, experimentação e documentação. No livro, descrevemos a abordagem de rodadas para a melhoria do ensino em larga escala que ajudamos a lançar em quatro estados, afetando mais de uma centena de distritos e mais de mil escolas.

UM BREVE RESUMO DO LIVRO

Este livro visa ajudar educadores em todos os níveis dos sistemas escolares, bem como os parceiros e legisladores que os apoiam, a melhorar o ensino e a aprendizagem em cada sala de aula. Dividimos o livro em três seções que explicam tanto a teoria quanto a prática das rodadas: "Componentes básicos"; "As rodadas"; e "As rodadas e a melhoria sistêmica". Cada capítulo começa com uma vinheta baseada em nossas experiências das rodadas e termina com algumas dicas e pontos importantes.

Componentes básicos

Embora grande parte do entendimento que chega por meio das rodadas seja desenvolvido pelo envolvimento na prática, há duas porções de conhecimento que formam a base a partir da qual os participantes constroem seu entendimento ao longo do tempo: (1) o núcleo pedagógico e (2) a teoria da ação. O Capítulo 1 inclui uma descrição do núcleo pedagógico (professores e alunos trabalhando juntos na presença de conteúdo) e sete princípios que conectam o núcleo pedagógico à melhoria em larga escala. Focar a atenção dos educadores no núcleo pedagógico e em seu papel nesse núcleo é uma função primordial das rodadas pedagógicas.

O Capítulo 2 define a teoria da ação como uma hipótese claramente articulada e testável sobre causa e efeito. Essa hipótese embasa a estratégia de melhoria de um distrito – "se fizermos a atividade ou abordagem X, então provavelmente obteremos o resultado Y". O entendimento da teoria da ação ajuda os educadores a articular tanto como eles acham que as rodadas levarão a resultados pretendidos quanto como as rodadas se conectam com a estratégia mais ampla da rede. Em nosso trabalho, verificamos que associar explicitamente a ação com os resultados pretendidos é um componente crítico de uma estratégia de melhoria coerente.

Esses capítulos servem como uma preparação para o desenvolvimento de uma rede de rodadas. Eles ajudam um grupo a desenvolver um entendimento comum dos termos e conceitos básicos centrais à prática das rodadas.

As rodadas

Essa parte mostra todo o processo das rodadas, do movimento inicial dentro das salas de aula à reunião de balanço (*debriefing*) pós-observação. O Capítulo 3 responde muitas das perguntas que surgem quando os educadores estão formando redes de rodadas pedagógicas; são elas: Quem deve estar envolvido? Qual deve ser o tamanho da rede? Que tipos de recursos, incluindo tempo, são necessários? Que tipos de compromissos e normas a rede deve ter? Como conseguir a adesão dos participantes? O que necessita ser estabelecido desde o início e o que a rede define ao longo do tempo? O capítulo também compartilha exemplos de nossa experiência com as redes que manifestaram respostas diferentes a essas perguntas.

Visto que o que acontece nas salas de aula está no âmago da melhoria do ensino, uma parte fundamental do desenvolvimento de uma prática de melhoria é a observação – aprender a ver o que acontece nas salas de aula. O Capítulo 4 descreve como se preparar para as rodadas pedagógicas, incluindo desenvolvimento da disciplina de ver e descrever de modo refinado o que está acontecendo nas salas de aula. Em nossa experiência, os educadores tendem a saltar rapidamente para a inferência e o julgamento (p. ex., "Os alunos estão realmente envolvidos" ou "Foi uma ótima aula!"), os quais impedem a capacidade deles de reunir e analisar uma série de evidências como um fundamento da melhoria. Esse capítulo mostra por que a descrição é importante e como desaprender hábitos de julgamento e aprender hábitos descritivos.

Os Capítulos 5 e 6 ilustram os quatro passos do processo de rodadas: definir um problema de prática, observar a prática, prestar contas e focar no próximo nível de trabalho. O Capítulo 5 descreve como definir um problema de prática útil e inclui aspectos essenciais, como quantas salas de aula visitar por quanto tempo e o que fazer e não fazer nas salas de aula. O Capítulo 6 traz protocolos para fazer a reunião de balanço (*debriefing*) das observações de sala de aula e para passar de pilhas de evidências para um foco estreito sobre o que a escola e o distrito anfitriões poderiam realizar para melhorar o ensino e a aprendizagem.

O Capítulo 7 examina os bastidores do processo de rodadas, com particular atenção ao papel dos facilitadores. Embora leve algum tempo para desenvolver a habilidade dos participantes da rede em observação, análise e próximo nível de trabalho, é possível acelerar o ritmo da aprendizagem da rede e a aplicação dessa aprendizagem. O capítulo examina como os facilitadores podem apoiar e acelerar a aprendizagem do grupo modelando o trabalho, respondendo às circunstâncias locais, avançando com uma agenda coerente e cultivando a rede. Ainda que esse capítulo esteja voltado diretamente para os facilitadores, recomendamos que todos o leiam, pois acreditamos na natureza coletiva das rodadas. Entender todo o processo ajuda todos a assumir a responsabilidade por melhorá-lo ao longo do caminho.

As rodadas e a melhoria sistêmica

A Parte III do livro descreve as suposições e as ações que levam as rodadas de meramente uma atividade interessante para uma prática com impacto sistêmico. O Capítulo 8 aborda a teoria da aprendizagem que embasa o processo de rodadas, incluindo nossa teoria da ação sobre como as rodadas produzem a melhoria sistêmica. Tal discussão aparece neste ponto no livro por que verificamos que a teoria faz mais sentido quando há um quadro da prática. Portanto, a teoria da aprendizagem oferece uma ponte entre a prática apresentada em "As rodadas" e a melhoria sistêmica, discutida no Capítulo 9.

O Capítulo 9 ilustra como a prática das rodadas inspira e é inspirada por uma estratégia de melhoria do sistema. Mostra também o que acontece do outro lado de uma rodada de visitas, incluindo exemplos de nossa experiência em escolas e distritos envolvidos em um processo repetitivo: os problemas de prática são tirados das estratégias de melhoria; o processo de rodadas foca esses problemas de prática; e, então, a evidência, a análise e o diálogo do processo de rodadas estimulam planos de curto e longo prazos para melhoria em larga escala.

O Apêndice inclui materiais de amostra de nosso trabalho de rodadas pedagógicas. Também oferecemos a seção "Leituras e recursos adicionais" no final do livro para sugerir textos como apoio à aprendizagem pelo processo de rodadas.

Recomendamos a leitura do livro em sequência e a releitura dos capítulos uma vez que você comece a se envolver no trabalho de rodadas. A experiência das rodadas ajudará você a saber quais capítulos deseja reler. (Necessita de ideias de como permanecer no modo descritivo? Ver o Capítulo 4. Pronto para começar a elaborar uma teoria da ação? Ver o Capítulo 2. Quer saber como os facilitadores cultivam a confiança? Ver o Capítulo 7.) Você pode ficar tentado a pular direto para os Capítulos 5 e 6, ler os detalhes da prática das rodadas, e, então, mergulhar nas rodadas pedagógicas. Embora haja muito material para realizar o trabalho, garantimos que você terá mais sucesso em associar as rodadas à melhoria sistêmica se ler todos os capítulos antes de iniciar as rodadas. Aí, sim, pode começar a mergulhar nelas.

NOTAS

1 Todos os nomes de distritos, escolas e educadores nas vinhetas em todo o livro são ficcionais. Embora baseadas em nossa experiência real de rodadas, as vinhetas servem como ilustrações, não como relatos textuais.
2 Para uma descrição do papel que as rodadas médicas desempenham na educação dos médicos, ver, por exemplo, HUNT, G. J.; SOBAL, J. Teaching medical sociology in medical schools. *Teaching Sociology*, v. 18, n. 3, p. 319-328, Jul. 1990.
3 Para um exemplo de como os médicos falam uns com os outros sobre sua prática, ver COOPER, G. *Hospital survival*: lessons learned from medical training. Baltimore: Lippincott, Williams and Wilkins, 2008.
4 ELMORE, R.; PETERSON, P.; MCCARTHEY, S. *Restructuring in the classroom*: teaching, learning, and school organization. San Francisco: Jossey-Bass, 1996.
5 A colega Stefanie Reinhorn recentemente se uniu a nós para trabalhar com a Ohio Leadership Collaborative.

PARTE I
Componentes básicos

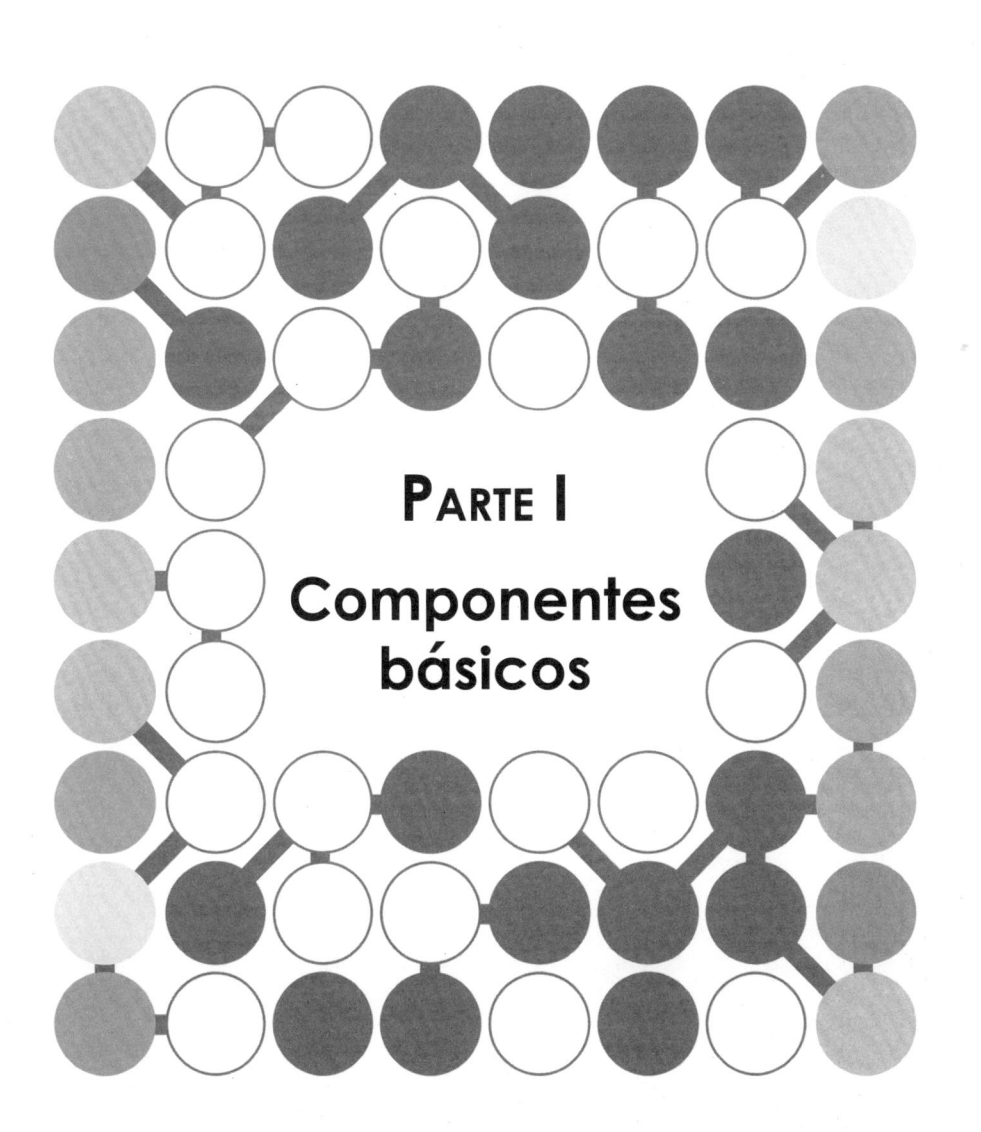

1
O núcleo pedagógico

A Escola Kendall, uma escola que atende da educação infantil até o nono ano em um bairro do subúrbio, está com problemas em seu currículo de matemática. O distrito adotou um novo currículo de matemática afinado com os padrões estaduais de conteúdo e desempenho, e a Escola Kendall está em seu segundo ano de implementação integral. É evidente que não é apenas o currículo que não está melhorando o desempenho em matemática – as notas na verdade caíram em algumas salas de aula – mas que os professores têm dificuldade com o novo conteúdo. Os pais estão começando a expressar frustração porque não entendem a lição de casa passada aos alunos e os problemas de matemática na tarefa de casa não se parecem em nada com o que eles estudaram. Pat Granger, a diretora da Kendall, está começando a interceptar queixas tanto dos professores como dos pais sobre a situação do ensino da matemática.

O coordenador distrital de matemática e o consultor de capacitação profissional contratado pelo distrito têm uma visão diferente. Diz o coordenador de matemática:"O problema, no que me diz respeito, é que isto não é apenas uma mudança de conteúdo – é uma mudança em toda nossa forma de pensar sobre a matemática na sala de aula. Requer que os professores coloquem muito mais controle nas mãos dos alunos; requer que os alunos pensem sobre as ideias matemáticas, não apenas sobre os procedimentos, e requer um nível de conhecimento matemático significativamente mais alto do que se esperava que os professores tivessem".

Granger diz: "Achamos que estávamos adotando um currículo e acabou que adotamos um monstro. A coisa desencadeou uma série de questões com as quais não estávamos muito bem preparados para lidar."

O que está ocorrendo na Escola Kendall é uma versão do que acontece sempre que uma escola ou sistema realiza uma mudança pedagógica fora do conjunto de conhecimento e habilidades existente entre alunos, professores e gestores. Os alunos não estão familiarizados com as novas demandas da sala de aula e, em sua maioria, não entendem por que o conteúdo que era familiar a eles no passado agora parece estranho e desconhecido. Os professores consideram seus modos de ensino estabelecidos interrompidos e se deparam com questões de gestão da sala de aula e de pedagogia para as quais podem ter tido apenas uma preparação mínima. Os gestores são confrontados não apenas com a necessidade de responder às expressões de incerteza dos professores, mas também com as repercussões dessa incerteza entre os alunos e seus pais. O que está acontecendo aqui é que o sistema adotou uma *tecnologia disruptiva* – um currículo e um conjunto de práticas pedagógicas que requerem que as pessoas pensem e ajam diferentemente do passado.[1] As fontes de incerteza nessa tecnologia disruptiva estão enraizadas na relação entre o professor e o aluno na presença de conteúdo – o núcleo pedagógico (Figura 1.1). Fazer mudanças significativas e produtivas na prática pedagógica exige o conhecimento de como elas transformam e, de certo modo, reprogramam nossas formas passadas de fazer as coisas. O sucesso do novo currículo de matemática da Kendall depende de entender exatamente o que tem de mudar no núcleo pedagógico para que o novo currículo cumpra sua promessa de melhor aprendizagem da matemática. O núcleo pedagógico é o esteio da prática das rodadas e de qualquer outro processo de melhoria do ensino no nível escolar ou distrital.

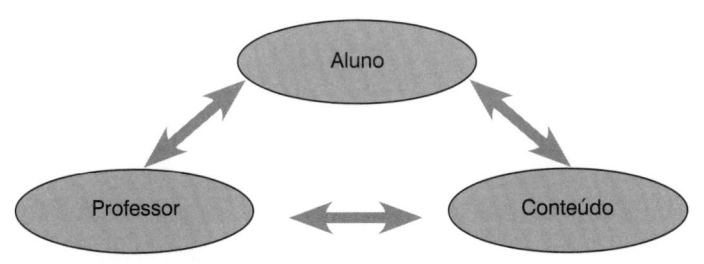

Figura 1.1 O núcleo pedagógico.
Fonte: Os autores.

Em seus termos mais simples, o núcleo pedagógico é composto pelo professor e pelo aluno na presença de conteúdo. Na obra do filósofo da educação, David Hawkins, isto é: o "eu" (o professor), o "tu" (o aluno) e o "ele" (o conteúdo).[2] Da maneira como a estrutura de Hawkins foi desenvolvida e elaborada por David Cohen e Deborah Ball, é o *relacionamento* entre o professor, o aluno e o conteúdo – não as qualidades de qualquer um deles por si só – que determina a natureza da prática pedagógica, e cada canto do núcleo pedagógico apresenta seu próprio papel e recursos particulares no processo pedagógico.[3] Em seu trabalho inspirador sobre a prática pedagógica, Walter Doyle localiza a *tarefa pedagógica* no centro do núcleo pedagógico.[4] De modo elementar, a tarefa pedagógica é o trabalho real que os alunos devem fazer no processo de ensino – *não* o que os professores *pensam* que os alunos devem fazer, ou o que o currículo oficial *diz* que os alunos devem fazer, mas sim, o que eles *realmente* são demandados a fazer. Portanto, por exemplo, em uma aula de ciência "avançada", se precisam memorizar os elementos e suas estruturas atômicas, a tarefa real que os alunos devem fazer é de memorização, ainda que o professor possa pensar que, em razão de o material ser difícil e o trabalho estar além do que é solicitado que os alunos façam na aula de ciência "regular", ela seja uma tarefa de nível avançado.

O modelo do núcleo pedagógico fornece a estrutura básica para intervir no processo pedagógico a fim de melhorar a qualidade e o nível da aprendizagem do aluno. Sete princípios orientam nosso trabalho com o núcleo pedagógico (Quadro 1.1).

Quadro 1.1 Os sete princípios do núcleo pedagógico

1. A melhoria na aprendizagem do aluno ocorre apenas como consequência do aprimoramento no nível do conteúdo, no conhecimento e na habilidade dos professores e no envolvimento dos alunos.
2. Se mudar um elemento do núcleo pedagógico, você terá que alterar os outros dois para afetar a aprendizagem do aluno.
3. Se você não conseguir vê-lo no núcleo, ele não está lá.
4. A tarefa prediz o aprendizado.
5. O sistema de responsabilização real está nas tarefas solicitadas aos alunos.
6. Aprendemos a fazer o trabalho realizando o trabalho, *não* pedindo a outras pessoas para fazê-lo, *não* por já o termos feito em algum momento no passado e *não* contratando especialistas que podem atuar como representantes de nosso conhecimento sobre como fazê-lo.
7. Descrição antes da análise, análise antes da previsão, previsão antes da avaliação.

Fonte: Os autores.

PRIMEIRO PRINCÍPIO: *A melhoria na aprendizagem do aluno ocorre apenas como consequência do aprimoramento no nível do conteúdo, no conhecimento e na habilidade dos professores e no envolvimento dos alunos*

Há apenas três formas de melhorar a aprendizagem dos alunos em larga escala. A primeira é aumentar o nível de conhecimento e habilidade que o professor traz para o processo pedagógico. A segunda é elevar o nível e a complexidade do conteúdo que os alunos devem aprender. E a terceira é mudar o papel do aluno no processo pedagógico. É isso. Se não estiver fazendo uma dessas três coisas, você não está melhorando o ensino e a aprendizagem. Todo o resto é instrumental. Ou seja, tudo o que *não* está no núcleo pedagógico pode apenas afetar a aprendizagem e o desempenho do aluno de alguma forma influenciando o que acontece *dentro* do núcleo.

Quando os educadores pensam sobre "mudar" o ensino, eles geralmente focam não o núcleo pedagógico, mas as várias estruturas e processos em torno do núcleo. Eles podem preferir, por exemplo, agrupar os alunos de determinada forma com base em uma teoria sobre como o agrupamento afeta o relacionamento do aluno e do professor na presença de conteúdo. Mas não é a prática do agrupamento que produz a aprendizagem do aluno. Antes, é a mudança no conhecimento e na habilidade que os professores trazem para a prática, o tipo de conteúdo ao qual os alunos obtêm acesso e o papel que os alunos desempenham em sua própria aprendizagem que determinam o que os estudantes saberão e serão capazes de fazer. Se as mudanças nas práticas de agrupamento não alterarem o núcleo, então a probabilidade de que elas afetem a aprendizagem do aluno é remota.

E quanto ao conteúdo e aos padrões de desempenho? Os padrões apenas operam influenciando o nível do conteúdo que está sendo realmente ensinado. Seu efeito nas salas de aula reais depende da existência de materiais que reflitam os padrões, se os professores sabem como ensinar o que os materiais e padrões requerem e se os alunos consideram interessante e envolvente o trabalho que está sendo solicitado.

E quanto à capacitação profissional? A capacitação profissional funciona influenciando o que os professores *fazem*, não interferindo no que eles acham que devem fazer ou o que os desenvolvedores profissionais acreditam que os professores devem fazer. A qualidade e o impacto da capacitação dependem do que está sendo requerido que os professores aprendam, como eles estão aprendendo e se eles podem fazer funcionar em suas salas de aula as práticas solicitadas.

E quanto a supervisão, avaliação e liderança pedagógica forte? A influência dos gestores sobre a qualidade e a efetividade do ensino de sala de aula é determinada *não* pelas práticas de liderança que eles manifestam, mas pela forma como aquelas práticas interferem no conhecimento e na habilidade dos professores, no nível do trabalho nas salas de aula e no nível de aprendizagem ativa dos alunos. Muito do que legisladores e gestores bem-intencionados fazem em nome da melhoria da escola na verdade nunca chega ao núcleo pedagógico. Grande parte nem mesmo chega à sala de aula. Nossas melhores ideias sobre política e gerenciamento *não aprimoram* a aprendizagem do aluno. No máximo, quando estão funcionando bem, elas *criam condições* que influenciam o que acontece dentro do núcleo pedagógico. O trabalho primário da educação escolar ocorre dentro das salas de aula, *não* nas organizações e instituições que cercam a sala de aula. As escolas não melhoram por meio de magia política e gerencial; elas são aprimoradas pelo trabalho complexo e exigente do ensino e da aprendizagem.

SEGUNDO PRINCÍPIO: *Se mudar um elemento do núcleo pedagógico, você terá de mudar os outros dois para afetar a aprendizagem do aluno*

O segundo princípio decorre do primeiro. Assim, por exemplo, se sua estratégia de melhoria começa com uma solução de currículo e se espera que ele contribua para a nova aprendizagem do aluno – digamos, como na Escola Kendall, a adoção de um novo currículo de matemática –, então você deve investir no novo conhecimento e na habilidade requeridos dos professores para ensinar aquele currículo. Uma falha em tratar o conhecimento e a habilidade dos professores como parte de uma estratégia de melhoria baseada no currículo geral produz ensino de baixo nível de conteúdo de alto nível, uma situação que vemos com considerável frequência nas salas de aula norte-americanas. Chamamos isso de "serrar os cantos do piano de cauda para fazê-lo passar pela porta". Os professores indicam textos de alto nível e problemas complexos e então estruturam a aprendizagem do aluno em torno de exercícios de preencher lacunas. Ou os professores dão aos alunos uma explicação processual direta de como encontrar a resposta, deixando para os estudantes o papel de registrar o que o professor diz, em vez do de raciocinar ativamente sobre os problemas por si mesmos. Investir na capacitação profissional do professor sem uma compreensão clara de onde ele deve chegar, em termos de conteúdo real que se espera que os alunos dominem, é uma inovação aleatória, que não exercerá impacto sistêmico ou escolar sobre a aprendizagem do aluno.

Se elevar o nível do conteúdo *e* do conhecimento e da habilidade dos professores sem mudar o papel do aluno no processo pedagógico, você terá outra situação, que é bem comum nas salas de aula norte-americanas: os professores estão fazendo todo o trabalho, ou a maior parte dele, exercendo considerável talento e controle na sala de aula, enquanto os alunos estão sentados passivamente, assistindo à atuação do professor. Uma pergunta comum do aluno nessas salas de aula é: "Professor, devo anotar isso?". Se aumentar o nível de conhecimento e habilidade dos professores em pedagogia geral sem ancorá-lo no conteúdo, você obterá uma prática de alto nível desconexa de uma compreensão clara do que os alunos estão realmente aprendendo e dos problemas específicos que eles têm com tarefas cognitivas específicas. Isso é o que David Hawkins quer dizer quando afirma que "sem ele, não há conteúdo para o contexto, não há imagem, não há calor, mas apenas uma relação entre espelhos que se confrontam mutuamente.".[5]

Com frequência ouvimos educadores falar sobre como a aula foi bem, sem referência ao que os alunos estavam de fato fazendo e a evidência visível do que os alunos sabiam como consequência do ensino. A maior parte das vezes, a aula "foi bem" quando transcorreu de acordo com o plano, sem qualquer referência específica ao que os alunos sabem ou não como consequência do ensino. Intervir em qualquer eixo do núcleo pedagógico significa intervir nos outros dois para ter um efeito previsível sobre a aprendizagem do aluno.

Se investir em conteúdo de alto nível *e* no conhecimento e na habilidade do professor, mas negligenciar o papel do aluno no processo pedagógico, você terá alunos (e pais) que, como na Escola Kendall, não entendem os novos papéis e demandas que lhes são requeridos. Os norte-americanos sentem-se muito mais à vontade falando sobre mudança de conteúdo e de ensino do que sobre alteração do papel do aluno no ensino. Focamos nossa atenção muito mais nas adoções de livros e no alinhamento do currículo, por exemplo, do que em analisar as respostas reais dos alunos ao conteúdo que os motiva a altos níveis de envolvimento com o conteúdo e o papel real deles no processo pedagógico. Nas estratégias de melhoria mais avançadas, dispensamos nossa atenção em ajudar os professores a se familiarizar com o novo conteúdo e a pedagogia, mas damos relativamente pouca atenção ao que os alunos estão fazendo quando se encontram envolvidos de modo ativo na aprendizagem do que achamos que devem aprender.

Essa é uma grande diferença entre as escolas norte-americanas e as escolas em outros países. Aqui, gastamos muito tempo nos preocupando com *o que* estamos ensinando e *como* está sendo ensinado. Em outros lugares, as pessoas também passam uma grande quantidade de tempo se preocupando com *se* os alunos estão realmente interessados, se estão envolvidos de modo ativo e são capazes de explicar o que pensam sobre o que os adultos estão tentando lhes ensinar. Há diferenças entre escolas de ensino fundamental e escolas de ensino médio nos Estados Unidos em tais aspectos. É muito mais comum, embora ainda não seja a prática dominante, nas escolas de ensino fundamental os professores prestarem atenção se os alunos estão realmente interessados e envolvidos na aprendizagem. A maioria do ensino observado nas escolas de ensino médio versa sobre "transmitir" o conteúdo e, mais importante, sobre decidir quais alunos são inteligentes e quais são "merecedores" de mais conhecimento. A cultura das escolas norte-americanas, em sua estrutura profunda, está muito centrada no professor. E só é possível ver a magnitude disso fora da cultura. Tendemos a focar mais o que o professor está fazendo na frente da sala de aula do que o trabalho que está efetivamente em cima da carteira do aluno. Mais sobre esse assunto será apresentado posteriormente.

O núcleo pedagógico fornece uma heurística para avaliar a probabilidade de que qualquer estratégia de melhoria sistêmica, ou qualquer mudança particular na política ou na prática, resultará em algum aprimoramento real na aprendizagem do aluno:

- Como isso afeta o conhecimento e as habilidades dos professores?
- Como isso afeta o nível do conteúdo nas salas de aula?
- Como isso afeta o papel do aluno no processo pedagógico?
- Como isso afeta o relacionamento entre o professor, o aluno e o conteúdo?

Em um contexto mais específico, as questões podem soar um pouco como: "Estamos fazendo uma avaliação formativa" – sim, mas como seu investimento na tecnologia da avaliação influencia o conhecimento e a habilidade dos professores, o nível de conteúdo esperado na sala de aula e o papel do aluno no processo pedagógico? "Estamos focados no desenvolvimento de líderes pedagógicos fortes" – sim, mas que prática real produzirá melhorias no conteúdo, no conhecimento e na habilidade, e no envolvimento do aluno que você está pedindo que os líderes empreendam? "Estamos adotando um currículo de matemática novo, mais desafiador" – sim, mas como você saberá se a prática pedagógica sobre a qual o currículo se encontra fundamentado está realmente ocorrendo nas salas de aula e com que nível de profundidade e consistência?

TERCEIRO PRINCÍPIO: *Se você não conseguir vê-lo no núcleo, ele não está lá*

O terceiro princípio é, em geral, uma boa regra para o projeto de estratégias de melhoria em larga escala. Não importa quanto dinheiro gastou, tampouco se todos pensam que é uma ideia fantástica (visto que muitas pessoas gostam mais das mudanças que são menos disruptivas) e, acima de tudo, se todo mundo está fazendo. O que importa é se você pode vê-lo no núcleo. Se você não puder, ele não está lá.

O núcleo pedagógico também ajuda a prever o que se espera ver na aprendizagem do aluno ao longo do tempo. Aqui, a ideia central é *a tarefa acadêmica*. Como exemplo, uma de nossas redes de secretários de educação estava visitando uma escola no distrito de um membro da rede. O secretário anfitrião particularmente atencioso e ativo tinha conseguido fazer muita coisa acontecer em termos pedagógicos em seu distrito em um período curto. Na visita, em grupos de três ou quatro, fizemos uma série de rodízios pelas salas de aula, com dois grupos observando cada uma das quatro salas de aula de determinado ano por um período de tempo. Assistimos então à reunião de equipe dos professores do ano cujas salas de aula tínhamos observado. Portanto, essencialmente, observamos o ensino em cada sala de aula e, então, apreciamos os professores discutindo sobre o ensino em sua reunião. Visto que o distrito e a escola tinham trabalhado arduamente no alinhamento do currículo, os professores eram capazes de falar sobre uma sequência de lições comuns que estavam ensinando e sobre o trabalho que os alunos estavam produzindo naquela sequência, de acordo com uma avaliação também comum que todos os professores estavam utilizando. Esse é um sistema bastante sofisticado.

Na reunião da equipe, surgiu um problema. O trabalho dos alunos era obviamente muito variável de uma sala de aula para outra. Em uma sala de aula em particular, havia alguns alunos cujos resultados da avaliação sugeriam que eles aparentemente não tinham entendido o conteúdo. A líder da equipe perguntou aos professores o que eles achavam que poderia explicar as diferenças entre as salas de aula. Cada professor ofereceu uma explicação. As explicações tinham a ver principalmente com as interpretações dos professores em relação aos níveis de habilidades dos alunos no início da unidade. Ou seja, os professores sentiam que os alunos com dificuldade no conteúdo tinham aprendizagem anterior fraca. Assim, a discussão rapidamente mudou para que tipo de estratégias reparadoras poderia ser usado para trazer aqueles alunos ao nível desejado.

O que os professores não sabiam – porque eles nunca tinham vislumbrado o ensino uns dos outros – era que o *trabalho real* que observamos os alunos fazendo, dentro de uma estrutura curricular nominalmente comum, era bastante diferente em cada uma das quatro salas de aula. E o nível do trabalho dos alunos apresentado na reunião das turmas era bastante próximo do trabalho real que estava sendo solicitado em cada sala de aula. Em outras palavras, a variação no desempenho dos alunos era resultado do ensino que estava acontecendo e das tarefas reais que eram solicitadas, e *não* como os professores hipotetizaram, fruto do conhecimento prévio dos alunos. Isso foi mais uma evidência de uma lição simples, mas eficaz: *ensino causa aprendizagem*. Na ausência de evidência direta do que seus colegas estavam fazendo, a líder da equipe, cujos alunos produziram o trabalho de nível consistentemente mais alto, estava projetando sua própria prática na prática dos outros professores. Isso a levou a sugerir que a variação não poderia ser resultado de diferenças no ensino, visto que "estamos todos ensinando a mesma coisa". Na verdade, eles não estavam.

A diferença presente nas quatro salas de aula era exatamente o que estava sendo solicitado que os alunos fizessem e o grau com que a professora envolvia os estudantes no trabalho elevando a aprendizagem deles ao nível da complexidade da tarefa. O currículo era o mesmo, contudo as tarefas eram diferentes.

Em uma sala de aula, a professora levou 20 minutos do período de 55 minutos explicando a tarefa e direcionando os alunos por meio de um treinamento processual detalhado sobre o que fazer. As instruções eram tão complexas que a maioria dos alunos (e observadores) não conseguiu repeti-las quando foram liberados para trabalhar por conta própria. Em outra sala de aula, a professora reservou muito pouco tempo para configurar a tarefa, distribuiu os materiais e pediu aos alunos que trabalhassem individualmente e consultassem outros membros de seu grupo se tivessem dificuldade. Ainda em outra sala de aula, a professora passou a tarefa, atribuiu papéis aos estudantes nas mesas e, então, circulou pela sala respondendo individualmente as perguntas de alunos.

Na sala de aula da líder da equipe, ela gastou menos de cinco minutos lembrando os alunos de como a tarefa que iam fazer estava associada ao trabalho do dia anterior, perguntou-lhes o que tinham aprendido com aquele trabalho e, então, levou cerca de cinco minutos repassando com os estudantes um modelo de tarefa que era semelhante à que tinha sido solicitada que fizessem. Depois disso, ela dividiu os alunos em grupos, atribuiu papéis e circulou pela sala de aula. Quando perguntamos aos alunos nas três primeiras salas de aula em que eles estavam trabalhando, nenhum pôde descrever a tarefa com segurança. Quando perguntamos aos alunos na quarta sala de aula, eles puderam nos dizer com segurança o que era esperado que fizessem e relatar como a tarefa estava associada com o que tinham feito anteriormente.

É importante acrescentar aqui que os alunos em todas as quatro salas de aula estavam "envolvidos", por definições convencionais, ou seja, estavam atentos, comportados e obedientes. Se estivesse fazendo uma pesquisa observacional do clima da sala de aula nessa escola, com a lista de verificação de supervisão tradicional, você veria, sem exceção, salas de aula silenciosas e organizadas nas quais os professores tinham feito tudo o que o ambiente externo esperava deles. O "Faça agora" estava no canto superior esquerdo do quadro-negro; o objetivo específico do dia era exibido claramente, fazendo referência ao currículo estadual; o que "Alunos serão capazes de fazer" estava próximo do currículo. Se permanecesse no nível superficial das características da sala de aula, você poderia prever que todos os alunos teriam acesso ao mesmo trabalho.

Mas, na realidade, os alunos estavam envolvidos em níveis de trabalho muito distintos em diferentes salas de aula em torno de uma unidade curricular comum. Na sala de aula onde os alunos estavam explicitamente se baseando no conhecimento anterior sobre como fazer a tarefa e onde eles tinham experiência em trabalhar de modo individual e em grupos, de forma não surpreendente, eles eram competentes para fazer o que a professora esperava que fizessem, e eles realizaram sob um nível relativamente alto. A professora ficava livre para trabalhar com alunos individuais que tivessem dificuldade com a tarefa. Não surpreendentemente, as circunstâncias eram outras quando o professor era a fonte principal de informação sobre a tarefa e a prática do professor na configuração da tarefa estava desconexa da compreensão dos alunos. Estes ficavam confusos em relação à tarefa e mostravam diferentes níveis de envolvimento com ela. Na nossa experiência, a última situação é muito mais comum do que a primeira nas escolas norte-americanas. Uma de nossas perguntas favoritas a fazer aos alunos durante uma observação é: "O que está acontecendo aqui?". A resposta mais frequente é: "Eu não sei" ou "Pergunte para a professora – ela sabe".

QUARTO PRINCÍPIO: *A tarefa prediz o aprendizado*

O que determina o que os alunos sabem e são capazes de fazer não é aquilo que o currículo diz que eles devem fazer, ou mesmo o que o professor pensa que está pedindo que os alunos façam. O que prediz o aprendizado é *o que os alunos estão realmente fazendo*. As tarefas de memorização produzem fluência em memorização e lembrança, não necessariamente compreensão. Memorizar os elementos da tabela periódica não é o mesmo que entender as propriedades dos elementos. A maior disciplina observacional que temos que ensinar às pessoas em nossas redes é olhar em cima das carteiras dos alunos em vez de para o professor na frente da sala. A única forma de descobrir o que os alunos estão de fato fazendo é observar o que eles estão realizando – e não, infelizmente, perguntar aos professores o que os alunos fizeram após o fato ou olhar os resultados do trabalho dos alunos depois que se envolveram na tarefa. O interessante em relação a nossa observação com a rede de secretários de educação foi que por um breve momento, para esta tarefa em particular, nós, os observadores, na verdade sabíamos mais sobre o que estava acontecendo nessas salas de aula do que os próprios professores. Este é um comentário inquietante sobre a cultura pedagógica da educação escolar norte-americana.

Walter Doyle, de quem obtivemos a maior parte de nossa compreensão da natureza do trabalho acadêmico, faz um comentário interessante sobre a responsabilização:

> A responsabilização impulsiona o sistema de tarefas na sala de aula. Como resultado, os alunos são especialmente sensíveis a sugestões que sinalizam responsabilização ou definem como as tarefas devem ser realizadas. Além disso, os alunos tendem a levar a sério apenas aquele trabalho pelo qual eles são responsáveis.[6]

O problema da responsabilização na sala de aula é um microcosmo do problema de responsabilização no sistema mais amplo. Outros aspectos sendo iguais, as pessoas tendem a querer fazer o que se espera que façam em sistemas sociais complexos com expectativas entrelaçadas. Mas para fazer o que se espera, as pessoas devem saber não apenas *o que* se espera que elas façam, mas também *como* se espera que seja feito e que *conhecimentos e habilidades* elas necessitam para aprender como fazer. Essa é a diferença que o economista ganhador do prêmio Nobel Thomas Schelling faz entre fazer a coisa certa e saber a coisa certa a fazer. Quando colocamos professores e alunos em situações nas quais a tarefa é vaga e não especificada, mas as expectativas para o desempenho são específicas e altas, estamos esperando que eles façam a coisa certa sem saber a coisa certa a fazer. Os alunos em três das salas de aula que observamos naquele dia estavam obedientemente fazendo o que achavam que a professora esperava que eles fizessem, sem saber o que realmente deviam fazer ou, mais importante, *por que* deveriam *querer* fazê-lo. Frequentemente, vemos o mesmo padrão com os professores – eles estão fazendo o melhor possível para realizar de modo preciso o que acham que esperam deles sem que o *quê* ou o *porquê* estejam claros. Essa é uma falha do sistema, não dos professores. Os estudantes na quarta sala de aula tinham discutido como a tarefa estava relacionada ao trabalho do dia anterior e o que tinham aprendido com aquele trabalho; eles tinham visto e discutido uma versão da tarefa com a professora *antes* de ser solicitado que trabalhassem independentemente e em grupos. Também era evidente pela forma como trabalhavam que estavam familiarizados com tal rotina. Outrossim, a prática da líder da equipe não fluiu para as salas de aula dos outros professores do mesmo ano – a cultura da prática autônoma garantiu isso.

QUINTO PRINCÍPIO: *O sistema de responsabilização real está nas tarefas solicitadas aos alunos*

A associação entre fazer a coisa certa e saber a coisa certa a fazer leva ao quinto princípio. De um ponto de vista político e gerencial, tendemos a pensar na responsabilização como uma questão sistêmica. Responsabilização, nessa visão, é o modo como conduzimos o sistema na direção de um resultado coletivo bom, usando medidas de desempenho, padrões, recompensas e punições. Sob tal ponto de vista, tendemos a pensar que se simplesmente tivermos os incentivos e as estruturas certos, coisas boas se seguirão. De fato, essa visão de responsabilização baseia-se em uma suposição, em grande parte infundada, de que os alunos e os professores na verdade sabem o que fazer, que sabem como fazê-lo e, mais importante, que são capazes de extrair algum significado e satisfação pessoal de tê-lo feito. Se você puder resolver esse problema de responsabilização na sala de aula, então o trabalho sobre responsabilização no sistema diz respeito principalmente à manipulação dos símbolos políticos e administrativos, não à melhoria da aprendizagem.

Em nossa experiência trabalhando com professores, diretores e gestores no nível do sistema em torno de problemas de melhoria em larga escala, as pessoas tendem a ser muito específicas sobre o que esperam a título de desempenho dos alunos, mas não são tão específicas quando falam sobre o quê, nas salas de aula, levaria ao desempenho que desejam. As escolas norte-americanas tradicionalmente apresentam uma cultura pedagógica muito fraca, que levou, por sua vez, a alta variabilidade no desempenho dos alunos entre as salas de aula dentro das escolas e a uma baixíssima capacidade de afetar a prática pedagógica e a aprendizagem do aluno em larga escala. Tentar mudar o aprendizado em um sistema com uma cultura pedagógica fraca é como empurrar uma corda. Não faz nenhum bem saber que *há* um núcleo pedagógico e que as tarefas que se pede que os alunos façam dentro daquele núcleo realmente impulsionam a aprendizagem dos alunos, se o próprio núcleo difere de uma sala de aula para outra e se as pessoas não estão acostumadas a pensar sobre o ensino como uma prática coletiva.

É por isso que temos investido tanto de nossa energia profissional no desenvolvimento da competência de líderes nas escolas para observar, analisar e fazer intervenções na prática pedagógica. Deliberadamente nossa base, neste trabalho, encontra-se no modelo médico, não porque pensemos que os educadores devem agir mais como médicos, mas porque a medicina tem, em nossa opinião, a prática social mais eficaz para analisar e entender seu próprio trabalho – as rodadas médicas. Na maioria dos casos, diretores, professores líderes e gestores no nível do sistema estão tentando melhorar o desempenho de suas escolas sem saber como teria que ser a prática real para obter os resultados que desejam no nível de sala de aula e de escola. Trabalhamos com educadores na observação e análise da prática do ensino não porque achamos que é bom para suas almas (embora possa ser), mas porque acreditamos que não é possível mudar a aprendizagem e o desempenho em larga escala sem criar uma cultura da prática pedagógica comum forte, visível e transparente. E você não pode criar uma cultura da prática comum sem realmente *se envolver* na própria prática. Sabemos que isso é uma heresia, visto que a maioria dos gestores e do pessoal de apoio nas escolas escolhe fazer o que está fazendo precisamente por que considera o trabalho nas salas de aula muito limitante. E tal heresia leva ao sexto princípio.

SEXTO PRINCÍPIO: *Aprendemos a fazer o trabalho realizando o trabalho, não pedindo a outras pessoas para fazê-lo, não por já o termos feito em algum momento no passado e não contratando especialistas que podem atuar como representantes de nosso conhecimento sobre como fazê-lo*

O genial do modelo das rodadas médicas é que a profissão reproduz sua prática e a cultura que a cerca por meio de interações diretas, face a face, em torno do trabalho. De fato, há um amplo suprimento de conhecimento que provém de fontes externas para a prática dos médicos. E, certamente, há controles e incentivos externos intensos que conduzem a prática em determinada direção. E aninhado nessas estruturas e nos incentivos externos está um processo social para induzir as pessoas à prática, para manter e desenvolver as normas da prática e para fazer avaliações da prática face a face. O setor educativo, que não é menos intensivo em termos de conhecimento do que a medicina em seu núcleo, não tem tal prática de construção de cultura. Não deveria nos surpreender, então, que o empreendimento seja atomizado em seu núcleo. A educação é essencialmente uma ocupação tentando ser uma profissão sem uma prática profissional.

Quando trabalhamos com as pessoas para desenvolver seu conhecimento e sua prática em torno do núcleo pedagógico, elas geralmente fazem duas perguntas nos primeiros estágios do trabalho: "Pode nos dizer com o que se assemelha o ensino de alto nível?" e "Como eu consigo que as pessoas façam isso?". As pessoas querem uma estrutura imediata para julgar se os professores estão "fazendo isso", bem como saber levar as pessoas que não estão atualmente "fazendo isso" a "fazê-lo". Nosso papel é desapontar as pessoas. Somos bastante inflexíveis para resistir a responder essas perguntas, a ponto de isso ter se tornado uma piada constante em nossa prática. Por quê? Porque achamos que as pessoas têm de fazer uma descrição e uma análise continuada da prática pedagógica antes de adquirir a experiência ou a autoridade para julgá-la, muito menos para avaliar outros indivíduos fazendo isso. A maioria dos educadores com quem trabalhamos – compreensivelmente, dada a pressão sob a qual estão – querem um atalho imediato para a resposta. Você não constrói uma cultura tomando atalhos. Foi necessário mais de cem anos para construir a atual cultura pedagógica disfuncional das escolas norte-americanas; ela não será transformada com um curso de três dias ou de seis semanas em supervisão e avaliação.

SÉTIMO PRINCÍPIO: *Descrição antes da análise, análise antes da previsão, previsão antes da avaliação*

Você constrói uma cultura de ensino comum focando-se na linguagem que as pessoas usam para descrever o que veem e essencialmente forçando as pessoas a desenvolver uma linguagem comum ao longo do tempo. Língua *é* cultura e vice-versa. Quando salta direto da observação para a avaliação, você impede o já difícil processo de desenvolver uma linguagem comum para usar na descrição do que vê acontecer nas salas de aula. Na ausência dessa linguagem, o que pretende transmitir com algum termo-chave – *envolvimento do aluno*, por exemplo – poderia ser completamente diferente do que seu colega entende por isso, e você acaba concordando em discordar porque é muito difícil descobrir como negociar suas diferenças. Em nosso trabalho, insistimos que as pessoas desenvolvam uma linguagem descritiva forte e que passem por diversas repetições de um processo para desenvolver uma linguagem comum *antes* de analisar, prever e avaliar (ver Capítulo 4 para uma discussão mais profunda desse processo).

Análise é levar as pessoas a trabalhar agrupando o que veem em categorias mutuamente estabelecidas e a começar a fazer alguns julgamentos sobre como as categorias estão relacionadas entre si. *Previsão* é aprender a usar as evidências das observações e a análise para fazer argumentações causais sobre que tipo de aprendizagem esperaríamos ver como consequência do ensino que observamos. Geralmente, perguntamos às pessoas: "Se você fosse aluno nesta sala de aula e fizesse exatamente o que o professor espera que você faça, como saberia o que fazer?". Essa pergunta deriva diretamente do quarto princípio – a tarefa prediz o aprendizado.

Apenas depois de as pessoas terem desenvolvido as disciplinas de descrição, análise e previsão, é que levantamos a questão da avaliação, mas não da forma tradicional de "esse ensino foi bom ou não?". Pedimos que as pessoas tratem a questão: "Qual é o próximo nível de trabalho nesta sala de aula, escola ou neste sistema?". Colocamos a questão avaliativa dessa forma especificamente para evitar a classificação superficial da prática como "boa", "medíocre" e "ruim" porque queremos que os profissionais pensem sobre o processo de melhoria como uma *prática clínica*. Ou seja, nossa função é tornar a prática melhor ao longo do tempo, *não* distribuir recompensas e punições.

Também há uma questão de humildade envolvida aqui. A maioria das pessoas que, em virtude de sua posição de autoridade, está avaliando professores poderiam por elas próprias fazer o que estão pedindo que os professores façam. Os professores sabem disso. As demandas crescentes da prática do ensino são tais que o conhecimento e a habilidade requeridos para fazer o trabalho estão além tanto da experiência como do conhecimento prático das pessoas encarregadas da supervisão. Criar uma cultura da prática pedagógica eficaz nessa situação requer que os supervisores ajam como se *não* soubessem; desta forma, eles aprendem o que precisam saber. Nosso conselho mais comum aos diretores que entram nas reuniões de professores é: "Desliguem seus celulares, sentem-se, fiquem em silêncio e escutem por pelo menos 10 minutos. Então, as primeiras palavras a saírem de suas bocas devem ser uma pergunta para a qual vocês não sabem a resposta".

Apenas após as pessoas terem aprendido como descrever, analisar e prever é que são introduzidas estruturas específicas para avaliar se o que vemos é prática de "alto", "médio" ou "baixo nível".[7] A maioria das pessoas vivencia esse processo como uma perda de rumo, porque a maior parte de suas pré-concepções sobre prática "de alto nível" não pode, na verdade, ser baseada em uma linguagem descritiva forte. Ter que fazer afirmações causais sobre que tipo de ensino produziria um certo tipo de aprendizagem geralmente resulta em limitação considerável e revisão das concepções iniciais das pessoas de uma prática forte. Outro benefício dessa disciplina é que os gestores que têm de tomar decisões sobre quem vai dizer aos professores como ensinar – consultores, instrutores, desenvolvedores de currículo, etc. – acabam fazendo perguntas muito mais difíceis quando passaram pela disciplina da observação.

Eis um exemplo. Em nosso trabalho com uma rede de diretores, passamos cerca de metade do primeiro ano de um processo de dois anos focados na fase descritiva/analítica da prática. Ficou claro, desde o início, que os diretores estavam intrigados pela estrutura da sala de aula e o processo. Eles acreditavam que se pudesse simplesmente manter um padrão mais previsível do processo de sala de aula, então você obteria melhores resultados em larga escala.

Portanto, não surpreendentemente, o que ressaltou de nossas observações iniciais foi uma grande quantidade de descrição do trabalho de grupo nas salas de aula, no nível de "os alunos estavam sentados em grupos fazendo o trabalho designado". Quando forçamos as pessoas a serem mais específicas sobre o que viram e a prever que tipo de aprendizagem resultaria de tal observação, elas geralmente ficavam desorientadas. Elas não podiam dizer exatamente o que esperariam. Portanto, na vez seguinte, quando olharam com mais atenção o que os alunos estavam realmente fazendo nos grupos, os diretores descobriram (um achado agora muito substancial em nosso trabalho nas escolas) que eles estavam sobretudo fazendo tarefas *individuais*, mesmo sentados em grupos. A natureza da tarefa parecia ter nada a ver com os alunos estarem sentados em grupos, e a própria tarefa parecia que poderia facilmente ser feita pelos alunos sem muita orientação tanto do professor como de seus colegas. Em outras palavras, ela não demandava muito envolvimento cognitivo, individual ou coletivo.

Com tal descoberta, o foco da rede trocou da estrutura e organização das salas de aula para o trabalho real que os alunos estavam sendo instruídos a fazer, e a pergunta também mudou de "Como a sala de aula está organizada?" para "A organização da sala de aula apoia o tipo de trabalho que esperamos que os alunos façam?". Em vez de buscar uma estrutura em particular, os diretores começaram a buscar a tarefa e a hipotetizar sobre a estrutura que combinaria com o tipo de tarefa que estavam procurando. A partir de então, o trabalho dos diretores tornou-se muito mais focado no trabalho real que os alunos estavam fazendo e sua relação com o que os gestores e os professores achavam que estavam fazendo para apoiar a aprendizagem dos estudantes.

Portanto, como tudo isso se relaciona com a questão mais ampla de organizar para uma melhoria em larga escala? Os instrumentos comuns que o Estado ou a jurisdição local têm disponíveis para a melhoria da escola são bastante contundentes. Você pode tornar os padrões e os incentivos rigorosos, elevando o nível do aprendizado esperado. Você pode esclarecer o conteúdo que espera que seja abrangido em determinados anos e adotar materiais curriculares para apoiá-lo. Você pode encher o sistema com informações sobre desempenho dos alunos e criar a expectativa de que as pessoas as utilizarão para monitorar e mudar sua prática. Você pode fornecer treinamento e capacitação profissional para professores e gestores e apoiar as escolas que estão construindo uma prática pedagógica de nível mais alto. Você pode liberar o controle administrativo totalmente com base na teoria de que incentivos de desempenho fortes conduzem as escolas ao resultado certo sem orientação e apoio do centro. O efeito agregado dessas medidas é que algumas escolas se movem na direção desejada; outras, basicamente permanecem onde estão na distribuição, que no sistema de responsabilização atual significa se mover um pouco para a frente; e, em geral, há aquelas que realmente continuam a piorar em relação a um padrão cada vez mais desafiador. Tal padrão descreve o que está acontecendo atualmente na maioria dos grandes sistemas de educação.

Não achamos que seja exato dizer que as estratégias de melhoria nesses sistemas fracassaram porque elas produziram tal resultado. Antes, essas estratégias de melhoria alcançaram o limite do que podem produzir com suas teorias da ação existentes. Na maioria dos casos, quando as pessoas nos perguntam: "O que mais podemos fazer no nível do sistema para promover melhoria nas escolas e nas salas de aula?", nossa resposta é: "Não ampliem o trabalho com novas iniciativas: aprofundem o trabalho com um foco maior na construção de uma cultura da prática pedagógica forte". A maior parte das escolas de baixo desempenho nas quais trabalhamos não necessita mais programas ou mesmo, na maioria dos casos, mais recursos. De fato, parte do problema nessas escolas é que a presença de apoio externo aumentou a incoerência de uma cultura pedagógica já discrepante. Essas escolas não precisam de mais coisas para fazer. Na verdade, elas necessitam fazer *menos* com maior foco. Elas precisam de uma cultura da prática pedagógica mais eficaz e coerente.

O padrão de melhoria que vemos em conjunto com as estratégias de aprimoramento existentes é uma consequência direta de uma cultura pedagógica cronicamente fraca. Quando pressiona uma cultura essencialmente atomizada com um conjunto forte de forças externas, você tem uma cultura atomizada, não uma cultura mais coerente. As escolas que estão deixando de responder às melhores ideias sobre melhoria escolar fundamentalmente não têm capacidade de preparar uma resposta coerente à pressão externa, porque, para começar, elas não têm uma cultura pedagógica comum. Elas são organizações para a prática privada do ensino. As escolas que permanecem as mesmas geralmente descobriram como cumprir os requisitos do sistema sem mudar a cultura-padrão. Elas são capazes de permanecer em uma zona onde não têm que desafiar a prática pedagógica, em grande parte porque estão produzindo desempenho com capital social, não com ensino. E as escolas que estão melhorando geralmente têm conseguido criar, por seus próprios dispositivos, uma cultura pedagógica mais eficaz dentro de seus muros.

Em nenhum caso, a estratégia de melhoria tratou diretamente da questão de como construir uma cultura pedagógica forte no nível do sistema que transponha as fronteiras das salas de aula individuais e das escolas. Essa é uma tarefa mais complexa, que exige a criação de relacionamentos laterais fortes dentro e entre as escolas projetadas em torno do desenvolvimento de uma cultura pedagógica coerente. Em outras palavras, tal tarefa requer uma *prática de melhoria*.

A fim de que as estratégias de melhoria em todo o sistema funcionem, elas precisam tratar a ausência de um foco no núcleo pedagógico, no trabalho das pessoas, nas escolas e nos profissionais, cuja função nominal é supervisionar e apoiar as escolas. Isso significa realizar a difícil tarefa de engendrar uma linguagem comum da prática pedagógica, de construir dentro e entre as escolas o tecido conectivo pelo qual a cultura é propagada, de garantir que os recursos dentro das escolas e do sistema apoiem o trabalho das pessoas em torno do desenvolvimento da prática e de focar maior atenção nos requisitos de conhecimento e habilidade necessários para fazer o trabalho.

■ ■ ■

Dicas e pontos importantes

Em resumo, muitas forças em nome da "melhoria" frequentemente desviam o foco do núcleo pedagógico. Se esse foco for perdido, entretanto, a melhoria pedagógica genuína é improvável. Aqui estão alguns pontos-chave sobre o núcleo pedagógico:

- *Foco no núcleo.* Um foco no núcleo pedagógico fundamenta a melhoria da escola nas interações reais entre professores, alunos e conteúdo na sala de aula e fornece um foco comum na prática das rodadas pedagógicas.
- *A tarefa prediz o aprendizado.* A prática das rodadas pedagógicas fornece uma forma de observar as tarefas acadêmicas, predizendo o que os alunos saberão como consequência do que lhes está sendo solicitado, bem como a orientação sobre o próximo nível de trabalho fornecido aos alunos.
- *A responsabilização começa nas tarefas que os alunos têm de fazer.* Se as tarefas não refletem as expectativas do sistema de responsabilização externo, ou nossas melhores ideias sobre o que os alunos devem saber e serem capazes de fazer, então não devemos esperar os resultados refletidos em medidas externas de desempenho.

Aprendemos a fazer o trabalho fazendo o trabalho, não fazendo cada vez mais políticas sobre o trabalho, não gastando dinheiro na próxima nova ideia sobre o trabalho, não pedindo que as pessoas façam o que elas demonstradamente não sabem como fazer, mas fingindo que sabem. Além disso, não progredimos alegando que as coisas estão melhorando quando uma parcela das escolas e dos alunos evolui e outra permanece a mesma ou piora. As rodadas pedagógicas são uma prática que pode ser aprendida por meio de repetição, reflexão e análise sob níveis progressivamente mais altos de habilidade e conhecimento. As rodadas são uma forma de focar no núcleo pedagógico formado de professores e alunos na presença de conteúdo.

NOTAS

1 O termo *tecnologia disruptiva* vem do trabalho de Clayton Christensen, que o aplicou pela primeira vez no setor de negócios em *The innovator's dilemma*: when new technologies cause great firms to fail (Cambridge: Harvard Business School Press, 1997). Seu livro recente, *Disrupting class*: how disruptive innovation will change the way the world learns, em coautoria de Curtis W. Johnson e Michael B. Horn (New York: McGraw-Hill, 2008), aplica a teoria da inovação disruptiva à educação.
2 HAWKINS, D. I, Thou, and It. In: HAWKINS, D. *The informed vision*: essays on learning and human nature. New York: Algora, 2002. p. 51-64.
3 Ver COHEN, D. K.; RAUDENBUSH, S. W.; BALL, D. L. Resources, instruction, and research. *Educational Evaluation and Policy Analysis*, v. 25, n. 2, 119-142, Jun. 2003. NEWMANN, F. M. et al. Instructional program coherence: what it is and why it should guide school improvement policy. *Educational Evaluation and Policy Analysis*, v. 23, n. 4, p. 297-321, Winter 2001.
4 DOYLE, W. Academic work. *Review of Educational Research*, v. 53, n. 2, p. 159-199, Summer 1983.
5 HAWKINS, op. cit., p. 50.
6 DOYLE, op. cit., p. 185, 186.
7 Uma de nossas fontes favoritas atuais sobre este assunto é MARZANO, R. J.; KENDALL, J. S. *Designing and assessing educational objectives*: applying the new taxonomy. Thousand Oaks: Corwin, 2008. É uma formulação muito mais atual e eficaz da taxonomia de Bloom tradicional e é especialmente boa em sua abordagem ao autossistema, ou seja, à orientação do aluno com respeito ao significado e à significância da aprendizagem e do domínio metacognitivo, a capacidade do aluno de refletir e automonitorar a aprendizagem. Ela também lida bem com o domínio cognitivo tradicional.

2
Teorias da ação

Não há nada mais prático do que uma boa teoria.¹

Um ano em sua primeira superintendência, Helen Forsythe está confrontando a diferença entre sua visão para as escolas Pleasanton e os fatos consumados. Sua visão, declarada em um discurso convincente para a assembleia de professores e gestores da Pleasanton no início de seu primeiro ano, foi "fornecer a experiência de aprendizagem da mais alta qualidade para cada aluno, tornar a Pleasanton um farol para o ensino bem-sucedido em alfabetização e matemática, e fazê-lo com respeito ao julgamento e à competência de nossa equipe de profissionais. Juntos podemos conseguir. Juntos conseguiremos". Subjacentes a essas observações de abertura, estava a realidade de que o desempenho dos alunos na Pleasanton, medido pelo exame estadual de desempenho, tinha declinado significativamente em leitura e matemática, e a proporção de alunos do ensino médio frequentando instituições de dois e quatro anos após a formatura também tinha diminuído. A demografia do distrito também tinha mudado, com a proporção de alunos de baixa renda e que não tinham o inglês como língua materna aumentando significativamente.
Quando Helen fez um levantamento das tentativas anteriores do distrito de tratar as questões pedagógicas, encontrou uma miscelânea de programas especiais visando a diferentes populações-alvo e considerável confusão nos níveis de escola e de sala de aula sobre como o distrito estava lidando com os problemas de desempenho de seus alunos. Ela rapidamente estabeleceu uma estratégia focada na melhoria do conteúdo e do ensino em alfabetização e matemática entre todos os anos, a qual anunciou na abertura da escola. Agora, próximo ao início de seu segundo ano, Helen percebeu que os

diretores e professores não pareciam entender o novo foco. Eles referiam-se repetidamente aos programas que Helen tinha "desativado" e não à nova estratégia. Quando Helen visitou as escolas, viu pouca evidência do foco em alfabetização e matemática nas salas de aula. Sua visão, a princípio convincente, e sua estratégia, conceitualmente bem-elaborada, não pareciam uma realidade consumada.

Helen necessita de uma teoria. Seu problema é o que a maioria dos líderes enfrenta. A visão dos líderes é, pelo menos em suas próprias mentes, completa e convincente e, obviamente, funcionou para mantê-los em seus empregos. Mas quando confronta a desordem da organização real, a visão parece menos convincente. Os sistemas escolares e as escolas não são folhas em branco esperando para serem escritas pelos líderes. Frequentemente eles são compostos de coleções de "soluções" para os problemas que outras pessoas acreditavam ser convincentes em um momento no passado. As organizações incorporam crenças e práticas que estão profundamente enraizadas nas identidades das pessoas e que não podem ser apagadas ou deslocadas com uma visão alternativa convincente. As escolas e os sistemas escolares representam um estado de equilíbrio – embora disfuncional – que reflete precisamente a zona de conforto das pessoas que neles trabalham. As organizações resistem à "visão" não devido a algum instinto perverso por parte das pessoas que resistem à mudança, mas porque as estruturas e as práticas existentes fornecem uma sinopse (*storyline*) que os indivíduos entendem, e a visão com frequência falha em fornecer uma alternativa que eles considerem igualmente persuasiva e compreensível.

Uma teoria da ação pode ser concebida como a sinopse que torna uma visão e uma estratégia concretas. Ela dá ao líder uma linha de narrativa que orienta as pessoas em relação a complexidade e distrações diárias que competem com o trabalho principal do núcleo pedagógico. Fornece também o mapa que conduz a visão pela organização, bem como fornece uma forma de testar as premissas e as suposições da visão contra as realidades do trabalho que se desenrolam em uma organização real com pessoas reais.

O termo *teoria da ação* vem do trabalho de Chris Argyris e Donald Schön em seus estudos sobre a aprendizagem individual e organizacional.[2] Eles diferenciam entre as teorias da ação dos indivíduos, que descrevem modelos implícitos ou explícitos das pessoas de como elas *pretendem* agir no mundo, e suas "teorias em uso", que ilustram como as pessoas *realmente* agem. Argyris e Schön focaram principalmente os processos de aprendizagem pelos quais os indivíduos preenchem a lacuna entre suas teorias da ação e as em uso. Ao descrever esse processo de aprendizagem, Argyris e Schön diferenciam entre aprendizagem de ciclo simples e de ciclo duplo. A aprendizagem de ciclo simples descreve a situação na qual agimos no mundo, recebemos uma resposta sobre as consequências de nossas ações e adaptamos nosso comportamento à resposta. A aprendizagem de ciclo duplo é o processo da aprendizagem de ciclo simples com o estágio adicional de *reflexão* sobre o *processo* pelo qual entendemos e nos adaptamos às consequências de nossas ações, e tentamos melhorar *como* aprendemos com nossas ações. Conforme Argyris e Schön afirmam, esses processos podem ser feitos tanto nos níveis individual e coletivo como no nível organizacional. A capacidade de empreender a aprendizagem de ciclo duplo é o que diferencia indivíduos e organizações mais bem-sucedidos dos menos bem-sucedidos. Consequentemente, Argyris e Schön descrevem sua abordagem à aprendizagem individual e organizacional como "reflexão em ação".

Em nosso trabalho com as rodadas pedagógicas, focamos muito em levar os participantes a construir teorias da ação explícitas e a avaliar essas teorias em relação às realidades de seu trabalho. Este trabalho ocorre geralmente após as pessoas possuírem alguma experiência com o processo de rodadas. À medida que os participantes desenvolvem uma familiaridade com as rodadas, trabalhando em conjunto com seus colegas ao longo de vários ciclos de observação, descrição, análise e prescrição, eles criam algumas normas de coleguismo e apoio. Neste ponto, pedimos que cada um deles desenvolva sua própria teoria da ação sobre como seu trabalho se relaciona *concretamente* com o dos professores e dos alunos nas salas de aula. Solicitamos, então, que eles escrevam suas teorias da ação em termos simples e descritivos. A partir daí, eles discutem aquelas teorias da ação com seus colegas, geralmente em pares ou trios, e reformulam as teorias ao longo do tempo em resposta ao *feedback* de seus colegas e a sua própria experiência. Nesse processo, esperamos modelar o alinhamento da teoria *pretendida* à teoria *representada* por meio da reflexão em ação.

Em nossa estrutura, uma teoria da ação apresenta três requisitos principais:

1. Ela deve começar com uma *declaração de um relacionamento causal* entre o que faço – em meu papel como secretário de

educação, diretor, professor, instrutor, etc. – e o que constitui um bom resultado em sala de aula.
2. Ela deve ser *empiricamente falsificável*, ou seja, devo ser capaz de *des*qualificar toda ou partes da teoria como um guia útil para a ação que tenha como base a evidência do que ocorre como uma consequência de minhas ações.
3. Ela deve ser *aberta*, ou seja, deve me estimular a rever e a especificar os relacionamentos causais que inicialmente identifiquei à medida que aprendo mais sobre as consequências de minhas ações.

Encorajamos as pessoas a declarar suas teorias da ação como proposições *se-então*, em parte para enfatizar a natureza causal das declarações e em parte para reforçar que elas são proposições testáveis que *devem ser* submetidas à revisão se a meta for melhorar a aprendizagem. A forma parece um pouco afetada a princípio, mas, com o tempo, as pessoas ficam mais à vontade e fluentes com ela. Elas aprendem a desenvolver e elaborar suas declarações se-então em compromissos e ideias mais explanatórios e desafiadores.

UMA SINOPSE (*STORYLINE*) CAUSAL

Helen, a secretária de educação da vinheta de abertura, não é a única líder que necessita de uma teoria mais explícita para tornar sua visão e estratégia mais concretas. Tomemos, por exemplo, o caso de uma grande rede educacional, que decidiu que poderia afetar o futuro do aprendizado de seus alunos exigindo que todos completassem um curso de álgebra rigoroso antes do final do nono ano. Como a visão de Helen, isto era convincente, em grande parte porque os dados do distrito, e outras evidências em geral, sugeriam que se os alunos tivessem aulas de álgebra era um forte prognosticador de que eles avançariam para a educação pós--ensino médio. A visão era um longo caminho a partir dos fatos consumados. Muitos alunos no sistema – talvez até 40% – não tinham o pré--requisito de habilidades matemáticas para aprender álgebra. Parte da razão para o baixo desempenho era um currículo de matemática fortemente controlado antes e durante os anos intermediários que era um resquício de uma era anterior. Outra razão era que o ensino da matemática nos cursos destinados a preparar os alunos para a álgebra era altamente variável.

Havia apoio para a visão da álgebra-para-todos entre uma minoria significativa de professores de matemática do ensino médio, mas a maioria deles ainda precisava ser convencida de que a meta era possível. O distrito necessitava de uma sinopse.

Em uma sessão de estratégia com líderes ao nível do sistema, incluindo o secretário de educação, o diretor acadêmico e as pessoas na secretaria de educação responsáveis pela iniciativa da álgebra, perguntamos qual era a teoria da ação deles – como, exatamente, o sistema sairia de seu estado atual para o estado requerido pela visão? Por exemplo, quantas novas seções de matemática seriam necessárias para acomodar os novos alunos no curso de álgebra? Quantos professores seriam necessários para reforçar essas seções? Como os aumentos nas seções de álgebra afetariam outras ofertas de matemática? Qual seria a quantidade mínima de capacitação profissional exigida para professores e diretores para começar a adaptar o currículo de álgebra existente a uma nova clientela? Quantos instrutores e desenvolvedores profissionais seriam necessários para atender a esses requisitos? Quais seriam as expectativas de responsabilização para as escolas em torno da matrícula dos alunos e a conclusão dos cursos de álgebra? O que constituiria uma experiência de qualidade para os alunos no curso de álgebra, e como ela seria comunicada e monitorada pelos líderes nos níveis de sistema e de escola? Como as pessoas responsáveis pela iniciativa da álgebra saberiam se o ensino real satisfazia os requisitos para uma experiência de qualidade? O que aconteceria quando os colapsos inevitáveis de logística e de organização ocorressem? Quem seria responsável por corrigi-los?

À medida que as perguntas eram apresentadas, os gestores reunidos pareciam aturdidos. A teoria da ação implícita deles era algo como: "Se a visão de álgebra-para-todos for convincente e as pessoas tiverem bons motivos e se esforçarem, então os alunos terão aulas de álgebra e serão bem-sucedidos". Em nossa experiência, esse nível de otimismo sobre a relação direta entre uma política e a aprendizagem dos alunos é comum, e as pessoas mais afastadas das interações diárias do núcleo pedagógico são mais propensas a inconscientemente aceitar a teoria de melhoria "e, então, um milagre acontece". Muitos sistemas, como o distrito da álgebra-para-todos, necessitam de uma teoria mais explícita para transformar suas boas intenções em realidade.

Quanto mais concreta a teoria e quanto mais ela tiver relação com o contexto específico no qual os participantes trabalham, maior a probabilidade de ser útil. Com frequência, os participantes começam a desenvolver uma teoria da ação em um nível de abstração relativamente alto: "Se os gestores no nível do sistema e da escola monitorarem a prática do ensino de uma forma séria e visível, então os professores ensinarão habilidades de leitura e escrita de alto nível, e os alunos aprenderão a escrever mais fluente e intensamente". Isto pode ser um bom começo. Primeiro, sinaliza que o sistema está focado, pelo menos por enquanto, nas habilidades de leitura e de escrita e que se pode esperar que os professores mudem seu ensino sem o desafio e o apoio dos gestores. Mas a teoria não trata explicitamente de onde os professores obterão o novo conhecimento e a habilidade necessários para o tipo de ensino requerido pela iniciativa de leitura e de escrita.

Uma reciprocidade dos detalhes concretos pode aprofundar e refinar a teoria e torná-la mais praticável. Portanto, os colegas poderiam perguntar: "De onde virá o conhecimento e a habilidade para fazer este novo tipo de ensino andar?". Ao que o participante poderia responder: "Se os professores tiverem acesso a treinamento e formação continuada focados nas habilidades centrais de leitura e de escrita de alto nível, e se os gestores escolares monitorarem e apoiarem a aquisição dessas habilidades mediante suas visitas diárias às salas de aula, então os professores ensinarão habilidades de nível mais alto e os alunos demonstrarão sua aprendizagem produzindo trabalho de nível mais alto". Mas os colegas poderiam perguntar: "Quem vai dizer no que consiste o trabalho de nível mais alto e como vamos reconhecê-lo quando o virmos?". O participante poderia responder: "Se os professores tiverem conhecimento sobre o aprendizado que equivale a leitura e a escrita de alto nível e se eles participarem no desenvolvimento de avaliações que forneçam evidências de tal aprendizado, então eles saberão como testar seu próprio conhecimento e sua habilidade em relação aos requisitos do novo currículo". E assim por diante.

É importante que os indivíduos se comprometam com uma teoria da ação na forma escrita, pela simples razão de que é fácil falar em termos causais quando você não é realmente obrigado a escrever qualquer coisa. O ato de escrever em si força os indivíduos a confrontar as lacunas e os furos em suas teorias defendidas e a pensar sério sobre exatamente o que poderiam querer dizer quando falam algo como: "Eu monitoro regularmente o progresso dos diretores em seus planos de melhoria da escola". O que significa com exatidão monitorar o progresso de um plano? Onde isso ocorre? Ocorre no escritório do diretor após uma série de visitas à sala de aula ou acontece no escritório do secretário de educação, com o diretor relatando o que está acontecendo na escola? O que acontece como consequência de tal monitoramento? Qual é a evidência de que o monitoramento influencia a prática dos diretores e quais mudanças na prática dos diretores gerariam alterações nas práticas pedagógicas dos professores e na aprendizagem dos alunos? Como saberíamos quando determinada abordagem ao monitoramento dos planos de melhoria estariam funcionando? O que *você* e o diretor realmente estão aprendendo nesse processo? O que você tomaria como evidência disso?

A questão aqui não é desenvolver uma teoria definitiva que seja útil uma vez e para sempre. É, antes, colocar em palavras os passos e as contingências que devem ser dominados a fim de que uma visão ou estratégia ampla resulte em ação concreta que influencie a aprendizagem dos alunos. É mais importante ter tentado descobrir essas contingências do que encontrar exatamente a expressão certa para elas. As teorias da ação devem ser, e serão, revisadas à luz da experiência.

Uma das atividades que os participantes de nossas rodadas fazem é um inventário de todas as iniciativas no nível distrital nas quais estão envolvidos atualmente. Os participantes escrevem essas iniciativas em notas adesivas, que são coladas em um quadro com folhas destacáveis e ordenadas em relação à teoria da ação dos participantes, que foi desenvolvida anteriormente. O que se torna rapidamente evidente nesses exercícios é que o número de iniciativas diferentes é, para o distrito ou para a escola tradicionais, maior de modo considerável do que qualquer pessoa pode acompanhar de uma só vez. Isso não é realmente uma surpresa – a maioria das organizações não cresce por projeto; elas crescem por meio de respostas que sejam oportunistas a seus ambientes. E, na maioria dos sistemas escolares, as iniciativas proliferam rapidamente. A maioria dos projetos tem uma história profunda na organização – uma grande ideia que parecia fazer sentido na época, uma oportunidade de financiamento boa demais para deixar passar, um projeto especial de determinado membro do conselho que o usou como uma forma de se eleger, uma ordem estadual ou federal que precisa ser incluída no organograma, um eleitorado interno particularmente poderoso e bem-relacionado que conseguiu assumir uma posição no organograma ou o projeto ocasional que o tempo esqueceu. A função de uma boa teoria da ação é encontrar um caminho claro nesse conglomerado de iniciativas.

O princípio fundamental de uma teoria da ação é que ela forneça uma *linha condutora* ao núcleo pedagógico – quais são as atividades vitais que precisam acontecer para melhorar o ensino e a aprendizagem? Uma boa teoria da ação conecta uma parte importante da estratégia global às ações e aos relacionamentos críticos para o desempenho satisfatório. Quando tentam alinhar as iniciativas em relação a sua teoria da ação, as pessoas geralmente apresentam muita dificuldade em descobrir a que lugar algumas daquelas iniciativas pertencem, incluindo um certo número de "órfãs", que, na verdade, não se encaixam muito bem. De fato, quanto melhor a teoria da ação, mais órfãos ela tende a produzir. Ou seja, grande parte da confusão de programas, projetos e iniciativas que constituem o organograma tradicional de uma escola ou um sistema não está na linha condutora que conecta a visão e a estratégia da organização ao núcleo pedagógico. Como esclarecer a confusão organizacional, que é exposta por meio de uma boa teoria da ação, está além do âmbito deste livro, mas, em nossas redes, o desenvolvimento de teorias da ação tiveram um impacto sobre como os participantes redesenharam suas organizações.

Uma inferência do princípio da linha condutora é que *não* é função de uma boa teoria da ação dar sentido à desordem em uma organização. Há frequentemente a tentação nos primeiros estágios de criar uma teoria da ação para fazer uma lista de todas as iniciativas estimadas e protegidas em uma escola ou um sistema e, então, tentar incluí-las em uma teoria da ação. É o equivalente estratégico de limpar sua garagem ou seu depósito no porão – é uma atividade louvável e virtuosa, faz você se sentir melhor quando termina, mas não necessariamente o ajudará a encontrar um caminho claro para o núcleo pedagógico. Sejam quais forem os problemas específicos de disfunção em determinada organização, a melhoria do ensino requer uma linha condutora clara até o núcleo pedagógico, mesmo que envolva deixar de lado algumas iniciativas estimadas ou órfãs por enquanto.

Outra inferência do princípio da linha condutora é que boas teorias da ação tendem a tornar mais rigorosos os relacionamentos de responsabilização na organização, porque as teorias mostram como pessoas em diferentes papéis devem depender umas das outras para obter um resultado satisfatório. Em um distrito, a equipe de liderança pensou inicialmente que fornecendo um currículo de alta qualidade e introduzindo a expectativa de que os professores participariam na capacitação profissional, a equipe veria bons resultados na sala de aula. O que eles descobriram mediante visitas de rodadas foi que havia diversos equívocos naquele modelo – os diretores e os professores não estavam na mesma sintonia em relação à qualidade da capacitação profissional, as expectativas sobre que papel os diretores desempenhariam no desenrolar do currículo não eram claras e o relacionamento do distrito com o instrutor da capacitação era muito vago. Só após o aparecimento de tais contingências, foi possível apresentar algumas ideias sobre como fazer funcionar relacionamentos de responsabilização fundamentais e, mais importante, que apoio os diretores e os professores necessitavam para serem responsáveis.

As teorias da ação também podem servir como uma conexão aos relacionamentos de responsabilização, particularmente quando as teorias são tornadas públicas. Não é incomum que secretários de educação com quem lidamos tornem suas teorias da ação disponíveis para as pessoas que trabalham no sistema. As teorias são por natureza produtos inacabados, hipóteses que podem estar erradas – compartilhá-las é uma forma de tornar pública a prática que muitas pessoas inicialmente acham assustadora. Quanto mais as pessoas explicitam sobre sua teoria, mais fácil é para os outros responsabilizá-las por obter o resultado desejado – e por seguir a linha condutora. Não obstante, uma vez que os participantes superam sua hesitação inicial, as teorias da ação entram na linguagem e no fluxo da organização. Os participantes frequentemente começam a desenvolver teorias da ação com as pessoas em seus sistemas. Não é incomum entrar em uma escola em um desses sistemas e o diretor apresentar sua teoria da ação.

Os Quadros 2.1 e 2.2 ilustram como esse relacionamento entre teorias da ação no nível de distrito e de escola aconteceu em um distrito de Connecticut – Farmington – onde o secretário de educação, Robert Villanova, e a vice-secretária, Eileen Howley, trabalharam durante vários anos para unir os gestores no nível do sistema e no nível da escola em um relacionamento operacional em torno da melhoria do ensino. A teoria da ação no nível da escola é o resultado de Peter Cummings, diretor da West Woods Upper Elementary School. Ele é um diretor relativamente novo, mas um líder há longo tempo no distrito. A equipe de liderança de Farmington, composta por funcionários-chave da secretaria, diretores e diretores-assistentes, faz visitas escolares e rodadas pedagógicas como parte de suas reuniões regulares. Essas reuniões reforçam os temas comuns da estratégia e da teoria da ação do distrito e proporcionam aos diretores a oportunidade de desenvolver suas teorias da ação adaptadas às particularidades de sua escola.

Examinar os Quadros 2.1 e 2.2 pode ser mais do que assustador se você nunca desenvolveu uma teoria da ação. É importante entender que as teorias da Farmington originam-se de um sistema que trabalhou longa e intensamente em sua estratégia de melhoria com liderança estável e capacitação profissional profunda, com recrutamento criterioso e desenvolvimento de liderança escolar. As teorias resultantes são consequência de um processo repetitivo. A maioria das tentativas iniciais de desenvolver teorias da ação não se parece com isso. Elas se parecem mais com os exemplos anteriores das declarações se-então simples que tentam captar os relacionamentos cruciais se o objetivo for que as intenções embutidas nas declarações da visão e nas estratégias alcancem o núcleo pedagógico.

Quadro 2.1 Duas teorias da ação

Teoria da ação baseada no distrito

1. Se eu/nós criar/criarmos ambientes de colaboração mútua focados em melhorar os padrões, o currículo, o ensino e a avaliação, então a responsabilidade e a responsabilização mútuas gerarão uma urgência por mudança e apoiarão a melhoria continuada da aprendizagem para todos os alunos.

2. Se eu/nós cultivar/cultivarmos a *expertise* no ensino e na aprendizagem como o meio para melhorar o aprendizado dos alunos, então o ensino será fortalecido e mais alunos aprenderão de modo mais profundo que a melhor abordagem é a "compreensão essencial" das normas.

3. Se eu/nós usar/usarmos dados de formas sistêmicas como um veículo para examinar o progresso da escola, da sala de aula e do aluno individual, então as intervenções serão direcionadas de modo focado e o aprendizado melhorará.

4. Se eu/nós encorajar/encorajarmos um sistema de crença movido pelos princípios de eficácia, trabalho sério e persistência, então aumentaremos os esforços do aluno para aplicar-se ao trabalho de modo focado e promoveremos seu aprendizado, bem como atenuaremos as baixas expectativas por desempenho.

Teoria da ação baseada na escola

1. Se dedicarmos recursos e tempo para desenvolver a capacidade dos líderes dos professores para facilitar a melhoria pedagógica continuada, então o foco do trabalho coletivo regular dos professores juntos será fundamentado na melhoria das experiências de aprendizagem para todos os alunos.

2. Se desenvolvermos continuamente a *expertise* pedagógica dos professores, então o ensino será fortalecido e os alunos aprenderão e desenvolverão estratégias de intervenção focadas.

3. Se monitorarmos o progresso dos alunos por meio de diversos formatos ao longo do tempo, então seremos capazes de avaliar nossa efetividade pedagógica e de desenvolver estratégias de intervenção focadas.

4. Se desenvolvermos a aprendizagem dos alunos de modo que eles se tornem participantes ativos em sua aprendizagem, então se envolverão totalmente e desenvolverão os hábitos cognitivos que levam à aprendizagem bem-sucedida ao longo da vida.

5. Se desenvolvermos um clima e uma cultura escolares nos quais cada aluno e sua família tenham um sentido de pertencimento, então as famílias se unirão como parceiras para satisfazer as necessidades acadêmicas e sociais dos alunos.

Fonte: Adaptado, com permissão, de Peter J. Cummings, diretor, Farmington, Connecticut, distrito escolar.

Quadro 2.2 Detalhes do Ponto 2 da teoria da ação baseada na escola

2. Se desenvolvermos continuamente a *expertise* pedagógica dos professores, então o ensino será fortalecido e os alunos aprenderão de modo mais profundo e significativo.
   - Incorporaremos a capacitação profissional continuada em nossa programação regular (reuniões da área de conteúdo, reuniões de equipe, reunião de professores) e desenvolveremos especificamente o conhecimento do conteúdo pedagógico dos professores em leitura, escrita, matemática, ciências e estudos sociais.
     – Reuniões da área de conteúdo do sétimo ano em escrita e matemática.
     – Reuniões de professores dedicadas à prática pedagógica.
   - Trabalharemos com educadores especializados para desenvolver e implementar modelos de bom ensino de conteúdo específicos adaptados ao nível fundamental avançado.
     – Desenvolvimento de conceitos do Teaching for Understanding* por meio de treinamento colaborativo e implementação de novos currículos.
     – Criação e coordenação da capacitação profissional de modo a obter um foco comum nas "grandes ideias" do ensino fundamental avançado e, ao mesmo tempo, explorar como o ensino deve ser adaptado ao conteúdo em cada área.
   - Trabalharemos com líderes de equipe para desenvolver as habilidades de facilitação de seu grupo e a implementação de um modelo de planejamento colaborativo.

Fonte: Adaptado, com permissão, de Peter J. Cummings, diretor, Farmington, Connecticut, distrito escolar.

A TEORIA DA AÇÃO COMO UMA HIPÓTESE FALSIFICÁVEL

Ao trabalhar com os profissionais em suas teorias da ação individuais e coletivas, rapidamente se descobre que estratégias grandiosas de melhoria no nível do sistema e da escola em geral não possuem detalhes operacionais suficientes para ajudar as pessoas a entender qual é a sinopse subjacente à estratégia e se a estratégia está funcionando. Ao nos aprofundarmos no segundo componente-chave de uma teoria da ação – que ela seja falsificável – devemos diferenciar entre a visão que inspira a estratégia, a própria estratégia e as teorias da ação que operacionalizam a estratégia. A visão poderia estar em um nível de abstração muito alto: "Nossos alunos desenvolverão o conhecimento e as habilidades necessários para serem cidadãos autossuficientes, responsáveis e competentes no século XXI." A estratégia estabelece as linhas gerais de como a visão será alcançada: "Nosso foco para os próximos cinco anos é elevar o nível do conteúdo e da pedagogia em disciplinas centrais e a medida de de-

---
* N. de R.T. Teaching for Understanding é uma metodologia que tem como foco a compreensão do aluno. Foi desenvolvida pela equipe de professores da Harvard University juntamente com professores e pesquisadores.

sempenho de todos os alunos para os padrões mundiais, por meio de investimentos no conhecimento e na habilidade dos professores e do desenvolvimento da capacidade de liderança em todos os níveis do sistema". Enterradas nessa estratégia, estão uma série de contingências, como aquelas resumidas no exemplo anterior da álgebra-para-todos, que alguém precisará tratar para que o subterfúgio funcione.

Teorias da ação podem surgir ao tentar fazer a estratégia funcionar em contextos específicos. Assim, por exemplo, um problema que surge rotineiramente quando os sistemas realizam esforços de melhoria ambiciosos é que a capacidade dos sistemas de fornecer o conhecimento e a habilidade requeridos para melhorar o ensino no nível de sala de aula está aquém do que é necessário para fazer a estratégia funcionar. Às vezes, esse déficit é resultado de uma subestimativa da complexidade do trabalho real de ensinar. Às vezes, os relacionamentos entre as partes que têm de trabalhar juntas para alcançar os resultados desejados são instáveis. Os professores e os gestores podem ver esses problemas manifestados no desempenho dos alunos, na participação ou na falta dela, de professores e diretores na capacitação profissional ou na prática de sala de aula que não representa o que estavam esperando. As observações das salas de aula e reuniões de equipe de professores e gestores podem mostrar que embora a linguagem usada por eles para descrever o que estão fazendo corresponda às metas elevadas da visão e da estratégia, a prática real na sala de aula não. Mais uma vez, em nossa experiência, essa não é uma ocorrência incomum.

O processo de rodadas, então, pode resultar em uma revisão da teoria da ação dos secretários de educação para dar mais ênfase ao monitoramento da qualidade da capacitação profissional e ao nível de apoio que professores e diretores recebem para entender e implementar um ensino de melhor qualidade na sala de aula. "Se a capacitação profissional ocorre próxima ao local no qual o conhecimento e a habilidade são usados e se professores e gestores têm observação e apoio regulares e frequentes de instrutores capacitados, então o ensino começará a refletir o conhecimento e a habilidade que esperamos que os alunos dominem." Essa teoria da ação é, particularmente, sob medida para resolver uma questão central que surge no estabelecimento da estratégia. Ela permite que o secretário de educação, os diretores e os professores foquem em uma linha de causalidade específica que pode conectar o que o sistema está fazendo, com o que a escola está fazendo e com o que está acontecendo dentro da sala de aula. Além disso, a teoria da ação é falsificável, uma vez que podemos monitorar se a mudança na capacitação profissional para mais perto da sala de aula realmente faz diferença e se uma frequência de interação mais alta entre professores e gestores em torno da prática pedagógica tem maior impacto sobre a aprendizagem dos alunos. Se negativo, então precisamos passar para o próximo nível de detalhe ou retroceder e tentar outra teoria.

Aqui está um exemplo de nossa própria prática. No início de nosso trabalho com a Cambridge Leadership Network – que é composta por diretores e funcionários da secretaria, incluindo o secretário de educa-ção – os problemas de prática que os diretores estavam apresentando começaram a amontoar-se em torno de dificuldades relacionadas ao ensino da matemática. O distrito, sob a liderança de seu secretário de educação, Tom Fowler-Finn, tinha posto em prática uma estratégia ambiciosa para melhorar o ensino e a aprendizagem em alfabetização e matemática. A estratégia envolvia investimentos extensivos na capacitação profissional dos professores e a adoção de currículos muito ambiciosos e avançados. Durante nossas visitas de rodadas, percebemos que o ensino da alfabetização estava se desenvolvendo mais ou menos de acordo com o plano, mas que o da matemática não. O ensino da matemática era altamente variável de uma sala de aula para outra e, na melhor das hipóteses, não representava o que os arquitetos do currículo esperavam. Durante uma de nossas reu-niões de balanço (*debriefing*) com os participantes da rede, os diretores levantaram essa questão e uma discussão interessante ocorreu.

"Quantos diretores fizeram a capacitação profissional para a estratégia de alfabetização?", perguntamos. Todos levantaram as mãos. "Quantos diretores fizeram a capacitação profissional para a estratégia de matemática?" Dentre 12, dois levantaram as mãos. "Quais foram as taxas de participação dos professores na capacitação profissional?" Descobriu-se que muitos professores não estavam aparecendo para as sessões de capacitação profissional em que estavam inscritos, alegando que não podiam ficar fora de suas salas de aula nos dias designados.

À medida que a reunião de balanço (*debriefing*) se desenvolvia, diversos aspectos se tornaram evidentes. Os diretores estavam inquietos sobre seu próprio conhecimento a respeito do ensino da matemática. Os professores estavam preocupados sobre o novo currículo e as expectativas geradas por ele quanto a seu próprio conhecimento de matemática. Os pais estavam começando a se queixar da falta de foco nas habilidades de informática do novo currículo. Os professores estavam evitando a capacitação profissional, em parte porque diziam que a qualidade da capacitação era variável. A capacitação profissional e o treinamento na estratégia de alfabetização eram considerados exemplares pelos professores, entretanto, o trabalho de matemática era sofrível. Em algum ponto da reunião de balanço, ficou claro que a teoria da ação que tinha inspirado o trabalho de alfabetização não estava funcionando para a matemática – contexto diferente, conjunto de problemas e de condições básicas de conhecimento e habilidades dos professores distintos. Naquele ponto, o secretário de educação e os diretores começaram a elaborar uma nova abordagem para implementar a estratégia de matemática. Os diretores resolveram passar o ano seguinte trabalhando seu próprio conhecimento de matemática. Os funcionários da secretaria de educação renegociaram seu relacionamento com o instrutor de capacitação profissional em matemática para incluir um controle de qualidade mais rigoroso e maior possibilidade de resposta à agenda do distrito. Os diretores começaram a escutar mais cuidadosamente as opiniões dos professores sobre o currículo e a qualidade da capacitação profissional. E, após várias outras visitas de rodadas, a rede desenvolveu uma linguagem muito mais explícita sobre o que estava procurando como evidência de ensino da matemática de alto nível e de aprendizagem dos alunos.

O que estava acontecendo aqui era que a rede estava sintonizando sua teoria da ação, que foi derivada em parte do trabalho de alfabetização, a uma nova situação. A teoria da ação inicial poderia ter sido algo como: "Se adotarmos um currículo de leitura e escrita bem planejado e fornecermos capacitação profissional de alto nível e apoio para os professores aprenderem como usá-la, então veremos mudanças no ensino coerentes com nossas aspirações para a aprendizagem e para o aumento nas habilidades de leitura e escrita de nível avançado para os alunos". A teoria da ação ajustada devia permitir a possibilidade de que os problemas de responsabilização e conhecimento fossem melhores na estratégia de matemática do que na estratégia de alfabetização: "Se adotarmos um currículo de matemática e entendermos as lacunas de conhecimento e de habilidade que precisam ser preenchidas a fim de que professores e diretores dominem o currículo, bem como se fornecermos e monitorarmos cuidadosamente a qualidade da capacitação profissional e desenvolvermos expectativas de responsabilização claras em torno da participação na capacitação, então veremos mudanças na prática pedagógica coerentes com nossas aspirações para a aprendizagem e para o aumento nas habilidades de matemática de nível avançado para os alunos". Durante o ano seguinte, a rede de Cambridge elaborou todos os seus problemas de prática em torno do ensino da matemática, os diretores e os funcionários da secretaria de educação desenvolveram descrições detalhadas do que eles esperavam ver nas salas de aula como evidência de ensino da matemática de alto nível, e os especialistas em currículo do distrito ajudaram a criar várias sessões relacionadas ao conteúdo de matemática e à pedagogia.

O exemplo de Cambridge ilustra como uma visão ampla e uma estratégia bem-elaborada em uma esfera podem não funcionar igualmente bem em outra. Ele também demonstra como o processo de rodadas pode ser usado para ajustar uma estratégia às circunstâncias particulares de uma nova linha de trabalho e como rodadas podem criar uma cultura de solução de problemas colaborativa quando as discussões recaem sobre o ensino real nas salas de aula em oposição às projeções das pessoas, de suas próprias ideias, sobre o que está acontecendo nas salas de aula. Mas a lição principal do exemplo de Cambridge é que o ímpeto por especificidade e disciplina, que vem de um exame minucioso de se uma teoria da ação está funcionando (em outras palavras, de testar a hipótese), traz consigo a recompensa de aumentar a conexão da visão e da estratégia com a prática.

Em nossas rodadas, tentamos modelar o desenvolvimento de teorias da ação como um processo de aprendizagem em série ao longo do tempo. Pedimos que as pessoas façam uma simples declaração inicial de sua teoria e a compartilhe com um ou dois de seus colegas, usando um protocolo de apresentação e, então, escutar os colegas sobre o que eles veem na teoria – da mesma forma como tentamos permanecer na voz descritiva quando falamos sobre a prática pedagógica em nossas visitas de rodadas. Não temos regras rigorosas e inflexíveis sobre se os participantes devem tornar públicas suas teorias da ação, mas a maioria dos participantes faz isso em um estágio ou outro do desenvolvimento. Como observado anteriormente, na rede de Connecticut, todos os participantes usam suas teorias da ação com suas equipes de liderança sênior, e muitos participantes orientaram os diretores em seus distritos no processo de desenvolvimento de suas próprias teorias.

No exemplo de Cambridge, a descoberta de que uma teoria relativamente simples, que parecia funcionar para a alfabetização, mas não funcionava para a matemática, sublinha a importância da falsificabilidade. Devemos ser capazes de descobrir, como desvendamos agora em muitas observações, que colocar os professores em equipes para fazer o planejamento comum no nível do ano ou no de conteúdo, e outros aspectos iguais, não torna o ensino mais coerente nas salas de aula. Devemos ser capazes de descobrir que capacitar o profissional fora do local de trabalho, em uma esfera pedagógica-chave –, não importa o quanto seja boa –, não proporciona aos professores e diretores respostas às questões críticas da prática que enfrentam quando tentam colocar as ideias em ação nas salas de aula. Observe: *não* é que as teorias iniciais estejam necessariamente *erradas*. Na verdade, há razões convincentes para os distritos continuarem a investir na capacitação profissional, de alta qualidade, e a colocar os professores em equipes para o planejamento comum. O problema é que as teorias da ação, que inspiraram o uso da capacitação profissional e o tempo de planejamento comum, eram subdesenvolvidas. Apenas podemos saber que elas são subdesenvolvidas e o que fazer em relação a isso declarando inicialmente o que pensamos que estamos fazendo e, então, testando nossas teorias em relação à realidade do ambiente em que elas precisam funcionar. O princípio da falsificabilidade nos permite colocar nossas melhores ideias em prática, ver onde elas falham e modificá-las à luz da experiência.

REVISANDO A TEORIA DA AÇÃO E A APRENDIZAGEM DE CICLO DUPLO

Embora ter uma declaração causal se-então falsificável seja um bom começo, é o ato de rever repetidamente a teoria com participação de colegas que mais importa para a aprendizagem. No processo das revisões sucessivas, a versão escrita real torna-se um artefato ou um substituto para um processo de aprendizagem cognitivo e emocional mais complexo – um tipo de salva-vidas disponível para o profissional quando as águas ficam agitadas e a evidência de sucesso é escassa. As pessoas aprendem a tratar suas teorias da ação como alicerce para seu próprio desenvolvimento profissional e cognitivo, como trabalhos em andamento ao longo de um caminho que conduz a níveis de entendimento do trabalho sucessivamente maiores. Neste sentido, quando a pessoa cuida de sua teoria da ação ao longo do tempo, ela se torna um tipo de diário, um registro da progressão da aprendizagem em prática.

Os requisitos de discussão e de revisão abertas e sucessivas são importantes por duas razões: primeiro, essas normas modelam o processo de aprendizagem de ciclo duplo. Se os profissionais virem sua teoria da ação como um "produto acabado", apropriado para enquadramento e exibição pública, então ela deixa de funcionar como uma ferramenta de aprendizagem e torna-se um artefato simbólico, útil primariamente como um instrumento para legitimar a autoridade deles. "Esta é a minha teoria, e sou leal a ela." A norma de abertura sugere que o desenvolvimento da prática de cada um é um processo contínuo ao longo do tempo e que, não importa o quanto a pessoa se considere bem-sucedida, há algum conjunto de problemas que ela ainda não enfrentou. Segundo, abertura, discussão e revisão sucessivas são importantes, pois elas modelam o conhecimento e a habilidade na prática mais como um bem *coletivo* do que como um bem individual. Ou seja, se voltar a seus colegas regularmente para uma consulta, cria-se a expectativa de que você terá alguma coisa para dizer sobre sua aprendizagem. Também há a expectativa de que seus colegas estejam envolvidos em um processo de aprendizagem, e se *você* aparecer com algo interessante para dizer sobre sua aprendizagem, *eles* também terão alguma coisa para relatar sobre a deles. Com o tempo, as pessoas aprendem que é aceitável incorporar as ideias de outros à sua prática e pedir conselhos de colegas a respeito de problemas particularmente intratáveis que estejam enfrentando.

O propósito de desenvolver e usar teorias da ação, de acordo com Argyris e Schön, não é apenas testar teorias em relação à realidade do ambiente, mas também construir capacidade de refletir sobre o próprio processo de aprendizagem e começar a obter um entendimento de como cada um de nós desenvolve sua prática. Se fosse para a conversa e a ação ficarem no nível da resolução sucessiva de problemas, então teríamos o que Argyris e Schön chamam de uma prática robusta de aprendizagem de ciclo simples. Ou seja, cada episódio sucessivo de resolução de problema constituiria um evento de melhoria único, isolado, não necessariamente conectado aos outros. Segundo eles, a aprendizagem cumulativa ocorre quando os eventos estão conectados, individual e coletivamente pela reflexão não apenas sobre as soluções para problemas específicos, mas também sobre a melhoria da aprendizagem que permite que as soluções apareçam. Com a prática e repetições sucessivas, os participantes começam a refletir não apenas sobre as associações causais entre o que fazem e o que acontece nas salas de aula, mas também sobre como eles aprendem a adaptar sua prática aos desafios que se impõem. As boas teorias da ação, então, tornam-se destilações da aprendizagem individual e organizacional que surgem com as rodadas.

A aprendizagem de ciclo duplo deve ser repetitiva. Fazer algo "direito" na primeira vez não significa necessariamente que uma aprendizagem consistente está ocorrendo. Pode significar que não arriscamos o suficiente para expandir nossa própria capacidade de lidar com situações desconhecidas. A verdadeira aprendizagem ocorre por meio de um processo de tentativa e erro, trabalhando nas fronteiras de nosso conhecimento e de nossa competência ou próximo delas e prestando atenção à evidência de que nossas previsões sobre o que acontecerá em seguida sejam corretas. O mundo da cultura escolar, infelizmente, não recompensa ou reforça esse tipo de comportamento de risco. Cometer erros é, muito frequentemente, interpretado como um sinal de incompetência, não de aprendizagem. Seria útil se a cultura das escolas fosse mais clemente acerca da aprendizagem, mas, em curto prazo, não podemos esperar que a cultura se transforme a fim de continuar com o aprimoramento educacional.

As rodadas pedagógicas consituem um porto seguro para a aprendizagem de ciclo duplo em uma cultura que é geralmente hostil a ela. Em nosso trabalho, tentamos criar uma atmosfera na qual os participantes podem compartilhar suas melhores ideias sobre suas práticas e discutir seus fracassos e tropeços. Enfatizamos as normas de confidencialidade: nenhuma discussão de indivíduos específicos ou de problemas específicos ocorre fora da rede, a menos que por permissão explícita da pessoa envolvida. Na discussão e na análise, usamos protocolos que permitem que os indivíduos participem dentro de uma estrutura bem-definida e segura. E com o tempo, descobrimos que as pessoas aprendem como apresentar suas questões mais difíceis e problemáticas a seus colegas e dar e receber *feedback* em um ambiente crítico, mas não hostil. Na Connecticut Superintendents' Network, mantemos transcrições literais de nossas discussões e reuniões de balanço (*debriefings*), e rotineiramente discutimos trechos de debates anteriores, criticando nosso trabalho de acordo com as normas que combinamos.

À medida que o trabalho das rodadas pedagógicas se torna mais centralizado na melhoria real do ensino, e quando os participantes começam a ver os resultados do trabalho por sua própria prática, as demandas imediatas de aprendizagem de ciclo simples (i.e., ligar os pontos da visão para a estratégia e para a prática) tendem a substituir as diligências mais abstratas de aprendizagem de ciclo duplo – a oportunidade para refletir imparcialmente sobre o que estamos aprendendo sobre nossa própria aprendizagem. Por conseguinte, é importante rotineiramente reservar espaço na agenda das reuniões de rodadas para refletir acerca da prática, do processo e da aprendizagem e criar normas fortes de imparcialidade e confidencialidade a fim de apoiar aquelas discussões.

Em nossa prática, começamos no nível individual de construção de uma teoria da ação, porque se os líderes individuais não podem descrever de modo claro o que estão tentando realizar, é altamente improvável que as organizações que lideram se comportem de forma coerente. Mas também é evidente que à medida que a prática dos indivíduos se desenvolve, a construção de uma teoria da ação torna-se um esforço mais coletivo em vários sentidos. Primeiro, conforme temos visto, quando os secretários de educação desenvolvem e compartilham suas teorias da ação, os diretores frequentemente seguem o exemplo, ou porque estão interessados em tornar seu trabalho visível, ou porque estão envolvidos em redes em que isso é uma expectativa. Segundo, como ilustra o exemplo de Cambridge, com frequência se torna necessário fazer uma pausa no curso de alguma tentativa de melhoria que parece não estar funcionando e considerar as conexões causais que estão e não estão ocorrendo em torno do trabalho. Neste ponto, a teoria da ação pessoal do líder, necessariamente, a teoria da ação coletiva da organização e as várias conexões entre um passo no processo e outro se transformam, de fato, em conexões entre uma parte do sistema e outra. Finalmente, as questões centrais de melhoria da escola são culturais, ou seja, elas envolvem levar as pessoas a examinar o trabalho da organização com um novo olhar e a limpar grande parte da desordem acumulada de reformas anteriores para focar no trabalho do momento. As teorias da ação podem ser artefatos culturais importantes, uma vez que elas esclarecem as conexões entre o indivíduo e a organização – relações que são necessárias para alcançar e melhorar a qualidade do ensino na sala de aula.

■ ■ ■

Dicas e pontos importantes

Uma teoria da ação, então, é um conjunto de conexões causais, geralmente apresentadas no formato de se-então, que serve como uma sinopse que conecta visões amplas com as estratégias mais específicas usadas para melhorar o núcleo pedagógico. A disciplina de elaborar uma teoria da ação requer abrir caminho na desordem previsível da organização até o conjunto de ações fundamentais para o ensino e a aprendizagem dos alunos. As boas teorias da ação também tendem a tornar mais rigorosos os relacionamentos de responsabilização na organização, porque elas expõem as dependências mútuas que são necessárias para fazer o trabalho complexo de melhoria do ensino. Além disso, as teorias da ação fornecem a base para a aprendizagem de ciclo simples e a de ciclo duplo. Elas propiciam a oportunidade de testar nossos pressupostos sobre o que achamos que irá funcionar contra a evidência do que realmente funciona, bem como permitem que os participantes reflitam individual e coletivamente sobre sua prática e o processo de aprendizagem em que estão envolvidos em torno de sua prática.

Aqui estão algumas ideias práticas para ter em mente ao desenvolver teorias da ação no contexto das rodadas pedagógicas:
- *Uma teoria simples e incompleta é melhor que nenhuma teoria.* É difícil aprender se você não comete erros, se não testa suas melhores ideias em relação à realidade. O processo de desenvolver uma boa teoria da ação é repetitivo por uma razão: é um processo de aprendizagem.
- *Mais cabeças são melhores do que menos.* Como o processo de observar e analisar o ensino, o processo de desenvolver e testar uma teoria da ação funciona melhor quando ocorre em conjunto com outras pessoas que têm ideias diferentes, cujas experiências podem ser usadas para inspirar sua prática, e que podem ter conhecimento a respeito de alguns aspectos que você desconhece. Normas fortes de confidencialidade e imparcialidade tornam as discussões das teorias da ação mais eficazes entre colegas.
- *A desordem é inimiga da clareza e da coerência.* Você pode não ser capaz de mudar a desordem organizacional do sistema de uma hora para outra, mas pode encontrar um caminho claro na desordem com uma teoria da ação bem-desenvolvida. O papel da teoria da ação não é dar sentido à desordem, mas abrir caminho até o núcleo pedagógico. Guarde os "órfãos" para mais tarde e não os deixe barrar o caminho da estratégia.
- *Compartilhe sua teoria da ação dentro e fora de sua organização.* Discussões públicas de seu próprio modelo de aprendizagem mostram para outras pessoas o processo pelo qual você espera que elas passem no desenvolvimento de sua própria prática. Torne sua própria teoria pública e trabalhe com os outros para tornar as teorias deles públicas também.

NOTAS

1 LEWIN, K. *Field theory as human-science*: contributions of Lewin's Berlin group. [S.l.]: Gardner, 1976.
2 ARGYRIS, C.; SCHÖN, D. *Organizational learning*: a theory of action perspective. Reading: Addison-Wesley, 1978.

Parte II
As rodadas

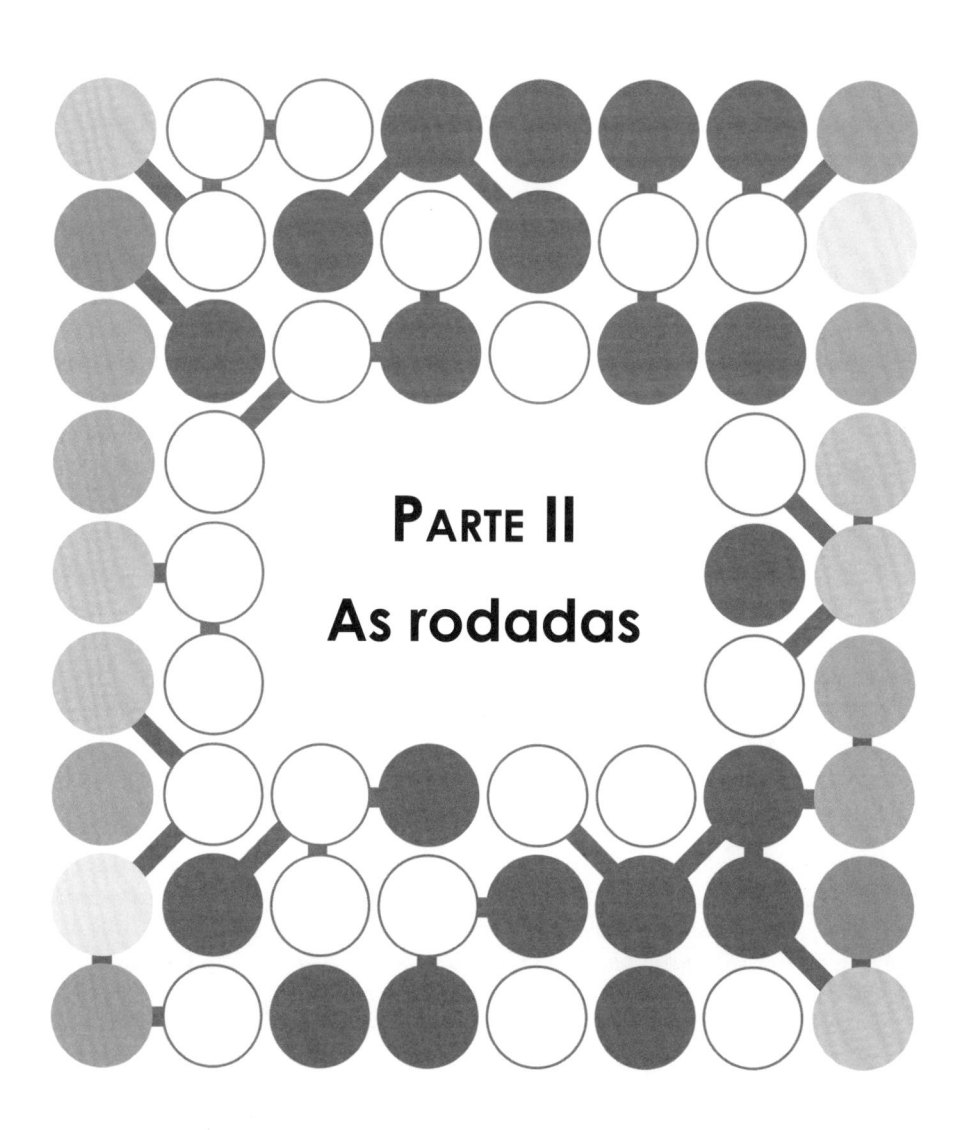

3
Iniciando uma rede

"Você acha que alguém vai se inscrever?", Deb preocupou-se pela décima terceira vez. Como convocadora das rodadas e professora em uma universidade local, ela tinha um interesse pessoal no sucesso do modelo.

Sua colega Stella respondeu compreensivamente: "Por favor, Deb. Se não tivermos muitas pessoas querendo fazer as rodadas neste primeiro ano, não é necessariamente uma coisa ruim. Você não preferiria ter algumas pessoas totalmente envolvidas do que uma sala cheia de pessoas que estão vindo sem nenhuma consistência e que ficam checando seus e-mails o dia inteiro?".

Deb respondeu: "Depois da forma como você passou as regras na sessão de informação semana passada, eu não acredito que alguém consideraria vir inconsistentemente! Você deixou tudo absolutamente claro!".

"Eu acho que isso faz parte da complicação que é iniciar esta rede," Stella disse. "Algumas coisas nós podemos determinar – presença, hospedagem de visitas, até os passos do processo. Mas a peça fundamental – se as pessoas acreditam que isto as ajudará a aprender e que vale seu tempo – em última análise, cabe a cada indivíduo. Eu só espero que tenhamos explicado o processo suficientemente bem de modo que as pessoas possam tomar uma decisão informada."

Deb concordou com a cabeça. Stella e ela tinham passado vários dias recrutando secretários de educação para a rede, tentando convencê-los do benefício das rodadas. Ao mesmo tempo, ela reconhecia que o compromisso de tempo envolvido era grande. "Eu gostaria que pudéssemos mostrar a rede que vimos no ano passado. Foi tão estimulante ver os secretários falando sobre formas específicas de apoiar o ensino. E a maneira como eles incentivavam uns aos outros – foi impressionante, também."

"Bem", disse Stella, "não podemos esperar que o nosso grupo alcance aquele nível de imparcialidade e responsabilização uns com os outros imediatamente. Eu calculo que se pelo menos convencermos as pessoas de que imparcialidade e responsabilização com um grupo de colegas é uma meta desejável e que as rodadas nos ajudarão a chegar lá, já é um bom começo. Mas seria melhor chegar nesse ponto bem rapidamente, ou as pessoas não vão querer continuar".

Trazer ensino e aprendizagem de alta qualidade em larga escala para um distrito requer uma enorme quantidade de nova aprendizagem para todos no sistema. Vindos de tradições da prática isolada e autônoma, muitos professores e gestores não estão familiarizados com visitas às salas de aula, conversas sobre ensino e aprendizagem, criação de estratégias sistêmicas para melhoria e refinamento de teorias da ação ao longo do tempo. Além disso, eles, muitas vezes, não estão familiarizados com a forma de trabalhar bem uns com os outros nesses empreendimentos e como aprender uns com os outros. Descobrimos que as redes de colegas trabalhando juntos na prática compartilhada fornecem o melhor cenário para essa aprendizagem. Para serem eficazes em apoiar e fornecer um contexto para a aprendizagem das rodadas pedagógicas, as redes precisam estar conectadas ao núcleo pedagógico, fornecer espaços seguros para o aprendizado de novas abordagens e desenvolver o tipo de coesão que permite que os participantes apoiem uns aos outros – e responsabilizem uns aos outros – em seu trabalho de melhoria do ensino.

Como você se prepara para esse tipo de rede e a inicia? Reservar um tempo para se preparar é fundamental, não apenas para assegurar que você tem uma *estrutura* de rede que possui pessoas certas, diretrizes claras e acesso aos recursos necessários para apoiar a melhoria do ensino, mas para garantir que está desenvolvendo uma *cultura* de rede que possibilita que os participantes aprendam uns dos outros e uns com os outros. Enfatizamos a cultura porque o foco na melhoria do ensino em um distrito requer uma enorme quantidade de aprendizagem para todos no sistema. Criar uma rede de rodadas pedagógicas é muito mais do que reunir pessoas para "fazer as rodadas". A maioria das pessoas nas escolas e nos distritos trabalha em culturas isoladas caracterizadas por independência e autonomia, e elas nem sempre sabem como trabalhar bem juntas em seus esforços de melhoria. Em muitos contextos, é difícil para os educadores admitir o que não sabem, especialmente sobre como melhorar o ensino. Muitos gestores precisam "desaprender" as práticas de observação críticas que com frequência caracterizam a supervisão. Às vezes, eles não têm certeza de como aprender como um grupo a enfrentar novas habilidades e adquirir novos conhecimentos. Finalmente, sem desenvolver uma cultura diferente sobre elas, as rodadas podem parecer outra "pegadinha" do topo para a base – algo que aconteceu com muitas formas de "inspeções". Enquanto você pensa a respeito de preparar e lançar uma rede de rodadas, reflita sobre o que é preciso para construir uma estrutura organizacional que possa apoiar o esforço, bem como um tipo diferente de cultura. Pense sobre como criar uma rede que se afaste do modo padrão de hierarquia, obediência e autoproteção e se aproxime de uma cultura que produz um espaço seguro para aprendizagem individual e organizacional.

Este capítulo responde muitas das perguntas que surgem quando um grupo está formando redes de rodadas pedagógicas, tais como: Como se começa? Quem deve estar envolvido? Que tamanho deve ter a rede? Que tipos de recursos, incluindo tempo, são necessários? Além dessas questões práticas sobre tamanho e estrutura, aqui abordamos aspectos igualmente importantes de como assegurar que as pessoas que estão sendo reunidas desenvolvam uma cultura que lhes promova aprender sobre a prática de ensino e liderança umas das outras e umas com as outras. Por exemplo, que tipos de compromissos e normas a rede deve ter? Como você consegue a adesão dos participantes? O que não é negociável para o desenvolvimento da rede e o que pode ser adaptado para satisfazer as circunstâncias e as necessidades locais? O que precisa ser estabelecido desde o início e o que a rede pode definir ao longo do tempo?

Não há um conjunto de respostas prontas para essas perguntas. Antes, este capítulo se baseia nas experiências de quatro redes que estão atualmente apoiando as rodadas pedagógicas – diferentes tamanhos, composição de membros, foco no nível de escola e de distrito e estágios de desenvolvimento – e compartilha a forma como elas têm respondido a essas perguntas. Embora essas quatro redes não representem todas as possíveis configurações (p. ex., ainda não trabalhamos com uma rede de um único professor fazendo rodadas pedagógicas), os leitores devem ser capazes de imaginar nas diferentes situações, aprender com cada exemplo e fazer escolhas que melhor satisfaçam suas necessidades. O capítulo também descreve alguns dos papéis-chave que as pessoas necessitam para desempenhar, incluindo o papel de facilitador da rede, e encerra com algumas sugestões práticas que nossas redes consideraram úteis para orientar os profissionais na prática das rodadas e prepará-los para lançar uma rede para apoiar as rodadas.

Embora cada uma das quatro redes com quem trabalhamos tenham tomado um caminho ligeiramente diferente para se organizar, todas elas enfrentaram algumas tarefas comuns necessárias para iniciar qualquer rede. Alguém, – um indivíduo ou uma organização – deve praticar as seguintes ações:

- *Convocar a rede*, incluindo recrutar um grupo de educadores empenhados.
- *Reunir e gerenciar os recursos* – tempo, espaço, facilitadores, materiais – para tornar a rede viável.
- *Estabelecer expectativas e normas iniciais* acerca dos aspectos mais profundos de desenvolvimento e apoio a uma cultura de aprendizagem em rede.

Nas páginas seguintes, fornecemos exemplos de como cada uma das quatro redes abordou essas três tarefas de desenvolvimento, com nossas sugestões sobre as vantagens e desvantagens das escolhas, para auxiliar na tomada das melhores decisões para sua situação.

CONVOCANDO A REDE

Alguém precisa convocar a rede. A organização pode ser uma existente que tenha adicionado as rodadas a suas atividades ou pode ser criada especialmente com o propósito de fazer as rodadas. Nas quatro redes com as quais trabalhamos, cada uma foi convocada com uma variação ligeiramente diferente: um distrito – Cambridge Leadership Network; uma sem fins lucrativos que apoia o movimento escolar em muitos distritos – Connecticut Center for School Change; um conjunto de organizações regionais existentes em que os secretários de educação são afiliados de acordo com a geografia – Area Educational Agencies em Iowa; e uma rede de rodadas especialmente estabelecida apoiada por um departamento estadual de educação – Ohio Leadership Collaborative. Cada uma delas tinha ou desenvolveu a autoridade e a capacidade de convocação para recrutar as pessoas e os recursos necessários para as rodadas.

As redes devem tomar decisões sobre membros, tamanho, recrutamento e triagem. Cada uma delas é descrita em mais detalhes a seguir.

Membros

A primeira decisão a tomar é quem estará na rede, quem não estará, e por quê. As decisões têm muito a ver com quem está convocando a rede, qual seu propósito e foco, e se algum membro em particular deve ser beneficiado. As redes podem ter semelhança de papel, como as de secretários de educação em Connecticut e Iowa, ou podem ser de papel cruzado, como em Cambridge e Ohio. As redes com semelhança de papel têm as vantagens, pelo menos inicialmente, de maior conforto e segurança. Os secretários, por exemplo, são geralmente mais propensos a tornarem-se vulneráveis com outros secretários de educação sem seus subordinados diretos ou líderes sindicais presentes. O mesmo é verdadeiro para diretores ou professores, que tendem a tornarem-se vulneráveis na ausência de pessoas com as quais têm autoridade diferencial ou uma conexão de avaliação (como avaliadores ou como avaliados). Em contrapartida, nossa experiência sugere que quando uma rede de papel cruzado supera seu desconforto inicial, pode ser uma ferramenta eficaz para melhoria focada no distrito; a diversidade de papéis, que pode promover um começo mais desafiador, pode ser um recurso para engajar outros no distrito e realizar mudança a longo prazo.

As redes podem estar dentro de um único sistema, como um distrito ou uma escola; em múltiplos sistemas; ou em alguma combinação de redes dentro do sistema que estejam ligadas a outras redes (p. ex., redes baseadas na escola conectadas dentro de um distrito a outras redes ou redes baseadas no distrito conectadas dentro de um estado a outras redes). Ohio iniciou como uma rede estadual de equipes distritais e abrangeu equipes mistas, incluindo professores, líderes sindicais, diretores, secretários de educação e vice-secretários. Quando chegou o momento de planejar suas redes no distrito, o grupo de Ohio descobriu a utilidade de seus membros de papel misto. Professores e representantes sindicais ajudaram a planejar e implementar a divulgação para as escolas participantes, e os diretores auxiliaram na explicação do modelo para seus colegas. Cambridge incluiu alguns funcionários da secretaria, o secretário de educação, líderes sindicais e diretores, mas preferiu não incluir diretores-assistentes e professores, em parte devido a considerações pragmáticas de tamanho e em parte por que a rede queria concentrar-se no desenvolvimento de conhecimento e habilidade no núcleo pedagógico com determinado grupo de líderes primeiro. Se nossa experiência for algum prognosticador, uma vez que a prática de rodadas crie raízes, outros educadores desejarão participar ou ter sua própria rede. É útil prever isso e pensar como você responderá a tal efeito cascata das rodadas a partir do momento de seu lançamento. Em Connecticut, quando os vice-secretários de educação ficaram interessados em participar nas rodadas, a Connecticut Superintendents' Network decidiu manter a rede deles apenas de secretários, e uma rede diferente de vice-secretários foi criada. Em Cambridge, diretores-assistentes incorporaram as visitas de rodadas em suas reuniões mensais preexistentes. E, em todas as nossas redes, vimos participantes individuais lançar suas próprias redes dentro do sistema com ou sem apoio adicional – por exemplo, secretários de educação lançando redes de diretores ou de professores, diretores lançando redes de professores dentro da escola.

Tamanho

Cada circunstância é diferente, e você precisará descobrir o que funciona melhor em sua situação. Uma questão fundamental é: Quantas visitas escolares a rede fará por ano e quanto tempo levará para visitar cada escola/distrito participante? Você quer ter pessoal suficiente para proporcionar uma série de experiências e não uma grande quantidade de pessoas, o que ocasiona um tempo considerável para os participantes serem anfitriões das visitas de rodadas. Esse equilíbrio é importante para criar um ambiente rico em aprendizagem, apoio e responsabilização. Se quatro anos forem necessários para visitas a um local, é mais fácil para os anfitriões encararem a rede como uma experiência de aprendizagem interessante em oposição a um local onde estão focados em como seu trabalho afeta o núcleo pedagógico. Nossas redes tomaram decisões diferentes, afetadas em parte por quem integra a rede. A rede de Cambridge tem cerca de 30 membros. Embora ela pareça grande, o pessoal com base na escola (diretores e reitores do ensino médio) representa as 14 escolas do distrito, e a rede visita cada escola uma vez a cada dois anos. Em Ohio, a rede inicial tinha cinco distritos, cada uma visitada no primeiro ano, e redes dentro do distrito estão sendo iniciadas agora com tamanhos variados. Columbus, Ohio, por exemplo, iniciou duas redes de cerca de 25 pessoas, com representantes de cinco escolas cada. Em Iowa, as redes variam de 6 a quase 20. Por muitos anos, Connecticut teve 10 a 12 membros, um limite que pareceu necessário para que todos os integrantes pudessem ter seus distritos visitados em um período de dois ou três anos. Quando a rede decidiu se expandir, ela acrescentou uma segunda turma de 12. O uso de duas turmas paralelas em Connecticut é uma forma de atender a demanda provável de expandir sem perder a intimidade de uma rede pequena. Connecticut trata os grupos tanto como uma rede coesa que se reúne quatro vezes por ano para planejamento, reflexão sobre os dados e capacitação profissional comum quanto como duas turmas independentes que fazem visitas escolares e prestações de contas separadamente.

Estrutura básica da rede

Uma das primeiras perguntas que os membros farão é: Quanto tempo levará? Não há uma regra estabelecida, mas a resposta curta é que a prática regular das rodadas exige um investimento de tempo significativo. Nossas redes se comprometem pelo menos um dia por mês, às vezes mais, que é o tempo que leva para realizar as visitas de rodadas e a aprendizagem e reflexão profissional que devem acompanhar as visitas (Quadro 3.1). Connecticut reúne-se mensalmente das 8h30 às 13h30, alternando os dias de visita com os dias para reflexão, planejamento e capacitação profissional. Todos os anos, as duas turmas se sobrepõem para uma sessão de abertura, uma reunião no meio do ano (janeiro) e uma reunião de encerramento, que, com um retiro anual de dois dias em Harvard, utilizam o tempo para refletir sobre o processo e a aprendizagem organizacional individual, e fazem relativamente poucas visitas escolares (quatro visitas por turma ao ano). Cambridge dedica dias letivos completos (das 8 às 15h) para visitas escolares mensais, com um tempo para aprendizagem profissional e reflexão dentro daquele dia, bem como reuniões mensais de meio período integradas com as reuniões regulares dos diretores. A rede estadual em Ohio reúne-se duas vezes para orientação e desenvolvimento de habilidades, e, então, se encontra mensalmente para cinco visitas no restante do ano letivo (uma em cada distrito). Cada distrito decidiu como estruturar suas rodadas, idealizadas pela expectativa global por cinco visitas internas ao longo do ano. O formato de Iowa tem sido quase similar, com reuniões de dois dias, que incluem visitas escolares e com diferentes áreas, promovendo opções locais para examinar como e quando estruturar suas visitas nas redes subsidiárias.

Quando você fizer suas escolhas, pense na geografia (sobretudo no tempo de viagem – às vezes, é mais fácil ter dias mais longos, menos frequentes), em quantas escolas ou distritos estarão em sua rede e com que frequência cada um deles será visitado. Também considere o tempo para o trabalho burocrático – planejar uma visita, compartilhar conteúdo e capacitação profissional relevante na hora certa, refletir sobre a aprendizagem da rede e suas normas, e compartilhar relatórios sobre acompanhamentos de visitas e o impacto das rodadas sobre as práticas escolares e distritais.

Quadro 3.1 Exemplo de decisões de quatro redes

Local da rede	Quem participa?	Frequência e formato das reuniões?	Quem facilita?	Foco do conteúdo?
Connecticut	Secretários de educação (2 turmas de aproximadamente 12 secretários em cada).	Mensal Visitas alternadas com sessões de balanço (debriefing).	Equipe de Harvard.	Varia; foco recente nas equipes.
Cambridge, MA	Todos os diretores, secretários de educação, vice-secretário, diretores de currículo distritais, presidente do sindicato (cerca de 30 participantes).	Visitas mensais no local o dia inteiro e reunião de balanço (debriefing). Sessão mensal de capacitação profissional em meio período.	Primeiros dois anos: Equipe de Harvard Subsequentemente: o vice-secretário de educação e um diretor aposentado.	Matemática.
Ohio	Ano 1: Equipes de papéis cruzados de 5 distritos com 5 membros em cada equipe incluindo no mínimo: secretário de educação, diretor, representante do sindicato dos professores. Ano 2: Equipes de papéis cruzados de 4 distritos com 9 membros em cada equipe.	Ano 1: Reuniões aproximadamente mensais o dia inteiro com visita local e reunião de balanço (debriefing). Ano 2: Reuniões quinzenais de 2 dias cada com visita local e balanço no dia 1, capacitação profissional e desenvolvimento de liderança no dia 2; reuniões de rodadas dentro do distrito para outras 5 ou mais visitas e reuniões de balanço.	Ano 1: Equipe de Harvard. Ano 2: Equipe de Harvard; redes distritais simultâneas facilitadas por desenvolvedores locais contratados pelos distritos.	Informalmente durante o ano 1: Pensamento de ordem superior. Formalmente no ano 2: Habilidades do século XXI.
Iowa	Secretários de educação (turmas de aproximadamente 16).	Varia de acordo com braços da Area Educational Agency.	Primeiras quatro sessões: Equipe de Harvard Subsequentemente: diretores regionais e desenvolvedores profissionais regionais.	Varia de acordo com braços da Area Educational Agency.

Fonte: Os autores.

Desenvolver e recrutar membros

A segunda pergunta que os membros em geral fazem é: Por que devo fazer rodadas? Como isso me ajudará a auxiliar meus alunos? Você terá que ajudar os membros potenciais a desenvolver um quadro do que são e do que não são as rodadas, particularmente quando eles têm experiência com algo como as inspeções, que se parecem com as rodadas, mas são bastante diferentes. Descobrimos que visitar rodadas existentes é a melhor maneira de as pessoas terem uma ideia a respeito do que as rodadas oferecem. É possível acompanhar isso fazendo com que as pessoas conversem com outras que têm experiência nas rodadas (especialmente educadores em papéis semelhantes àqueles em suas prováveis redes) e leiam sobre o processo de rodadas. Nenhuma de nossas redes obriga a participação nas rodadas inicialmente (embora Cambridge exija agora a participação para novas contratações). Todas as redes incluíram diálogo e um processo opcional e tiveram os primeiros campeões de rodadas, um ou alguns indivíduos que consideravam as rodadas fundamentais para melhorar o núcleo pedagógico e recrutavam outros. Na maioria de nossas redes, foi necessário um ano para desenvolver a massa crítica suficiente para formar uma rede, obter financiamento, e lançar. Mas Iowa e Ohio usaram um modelo de estágios, em que um conjunto de participantes fazia as rodadas antes de recrutar outros para as redes subsidiárias. Em Iowa, os facilitadores de todas as Area Educational Agencies (AEA), participavam do projeto, do lançamento e das primeiras duas visitas escolares de uma rede da AEA e usavam a exposição e o conhecimento obtido para recrutar em suas próprias áreas. Em muitos casos, os facilitadores eram reunidos no lançamento da AEA por um secretário de educação de sua própria AEA, que podia descrever a prática para seus colegas na volta para casa. Em Ohio, à medida que os distritos lançavam suas próprias, alguns desenvolviam uma estratégia de divulgação para informar o distrito inteiro sobre as rodadas, ainda que nem todas as escolas estivessem envolvidas inicialmente (ver, p. ex., Apresentação A.1 no Apêndice).

Decidir sobre um mecanismo de triagem e/ou um compromisso claro de participação

É importante que todas as redes tenham membros comprometidos e estáveis. Uma consideração-chave é se a rede está aberta a todos em sua plateia-alvo e se há algum tipo de requisito para ingresso. Em nossa experiência, ajuda ter algum tipo de critério de entrada de prontidão e compromisso que seja demonstrado antes da admissão.

A demonstração de compromisso pode assumir diversas formas. Em Cambridge, os diretores olharam alguns modelos de observação e discussão do ensino e decidiram se comprometer com as rodadas pedagógicas. Em Ohio, o departamento estadual de educação convidou os "Ohio Eight", os maiores distritos urbanos no estado, e um distrito menor que tinha ligações preexistentes com muitos deles para se inscreverem na rede. Em sua aplicação, os distritos descreveram sua estratégia de melhoria, empenharam o tempo de sua equipe de cinco pessoas (incluindo o secretário de educação) a todas as sessões de rodadas e concordaram em ser anfitriões de uma visita, iniciar um programa de rodadas no distrito no segundo ano e pagar uma porção dos custos. As AEAs de Iowa deixam claro que todos os secretários são bem-vindos se concordarem com um conjunto de expectativas, tiverem o endosso necessário do presidente do conselho e apresentarem algum tipo de plano para a melhoria do ensino (ver Apresentação A.2, no Apêndice). O Connecticut Center for School Change convida seus membros de forma seletiva. Anualmente, solicita nomeações de seus membros para preencher quaisquer vagas e, então, avalia os candidatos por meio de uma visita local e uma oportunidade para esclarecer as expectativas e normas. Espera-se que os secretários de educação tenham, ou desenvolvam, uma teoria da ação para a melhoria do ensino como um bilhete de entrada.

Descobrir como tratar as tarefas de convocação anteriores representa os primeiros passos críticos para lançar uma rede de rodadas. Essas são decisões importantes, e circunstâncias individuais moldarão não apenas o que a pessoa decide, mas como ela decide. A abordagem usada para tomar essas decisões para um único distrito serão diferentes do lançamento de uma dúzia de redes regionais para secretários de educação no mesmo estado, onde é necessário concordar, como feito em Iowa, com as decisões que serão tomadas colaborativamente (e aplicadas a todas as redes) e determinadas em âmbito local. Embora os passos de convocação descritos o ajudem a lançar sua rede, há uma série de outras considerações para garantir que sua rede tenha os elementos estruturais e culturais para sustentar o processo de rodadas e maximizar o impacto na melhoria do núcleo pedagógico em seu contexto. Esses aspectos são explorados nas duas próximas partes deste livro.

REUNINDO E GERENCIANDO OS RECURSOS

As escolas e os distritos são lugares onde os recursos são escassos e são insuficientes para as demandas. Para fornecer a estrutura suficiente para sustentar as rodadas, as redes necessitam de acesso a uma série de recursos palpáveis importantes, a saber: tempo, dinheiro, materiais, espaço e facilitação. Para aumentar as chances de que as rodadas realmente melhorem o desempenho das escolas e dos distritos, as redes também necessitam de um recurso menos palpável, contudo, escasso em muitos locais: atenção focada e priorizada. Enquanto você calcula como reunir e gerenciar os recursos necessários para sustentar a rede de rodadas, mantenha em mente o desafio de desenvolver e manter a atenção focada nas rodadas como uma parte central do trabalho nas escolas e nos distritos.

Tempo do participante

O custo maior dos recursos, e geralmente o mais difícil de os participantes se comprometerem, é o tempo dos próprios participantes. As rodadas médicas são parte da profissão médica, e os médicos não esquecem as rodadas, mas não é assim que a maioria dos educadores vê as rodadas, pelo menos inicialmente. Para uma rede distrital como Cambridge, ter a participação dos funcionários da secretaria da educação e dos diretores por um dia e meio por mês é um compromisso enorme de tempo e dinheiro e mostra o valor que tanto o secretário de educação como os participantes dão às rodadas. Obter um compromisso de alto nível com as rodadas é importante para ajudar os indivíduos a ver que seu envolvimento é considerado a tarefa central e não algum complemento marginalizado. Nem sempre é fácil. Um secretário relatou que o conselho de sua escola é tão contra qualquer coisa que se pareça com capacitação profissional que ele quase tem que se esgueirar para frequentar as reuniões da rede de rodadas. Uma gestora da secretaria da educação, que tem sido defensora e trabalhadora incansável e apaixonada pelas rodadas, contou que seu chefe não valoriza isso e nunca pergunta sobre o trabalho de rodadas nas reuniões. "De qualquer maneira, eu levanto o assunto", ela diz, "porque é uma parte importante do caminho que o distrito está tomando – mas eu sei que meu chefe não gosta quando faço isso". Os secretários de educação, especialmente para as redes distritais, podem enviar mensagens claras a seu próprio pessoal sobre a importância das rodadas – como fez um dos secretários de Ohio listando as rodadas como uma das três prioridades mais significativas do distrito.

Também é preciso haver algum equilíbrio: Quanto tempo os participantes devem dedicar às rodadas, considerando as outras demandas em seu tempo? Quando as redes distritais em Ohio foram lançadas, uma das maiores preocupações expressas pelos professores convidados a aderir às rodadas foi o número de dias fora de suas salas de aula. Os planejadores da rede têm feito compensações entre o número máximo – quantos dias ao longo do ano eles podem pedir aos professores que se ausentem de suas salas de aula – e mínimo de visitas que acham necessário para manter a orientação e o entusiasmo. (Eles consideraram cinco visitas por ano suficientes.) Você e sua rede devem gerenciar a equação custo-benefício inerente em uma abordagem de melhoria da escola que é demorada como as rodadas, especialmente no início, quando os participantes ainda não estão muito certos dos benefícios que eles podem obter delas. Você pode pensar de modo criativo sobre o tempo e integrar as rodadas ao trabalho existente, adaptando os horários de reuniões às rodadas.

Dinheiro, materiais e espaço

As redes precisam ter acesso a espaço, apoio dos funcionários, suprimentos, alimentação e outras necessidades decorrentes de trazer as pessoas para trabalharem juntas periodicamente por um ou mais dias. Os participantes têm usado uma variedade de modelos para organizar as reuniões. Em Connecticut e Iowa, são usadas as infraestruturas existentes (o Connecticut Center for School Change e a Area Educational Agencies); Cambridge utiliza a estrutura e os recursos de seu distrito; e Ohio emprega o Ohio Department of Education como agente fiscal, com as despesas de alimentação e materiais associadas a cada visita a cargo dos anfitriões.

As redes também precisam ter a capacidade de coletar e gastar os recursos financeiros para facilitação externa, viagens, materiais e outros custos das reuniões (que não são mantidos pelos distritos participantes); tempo de apoio dos funcionários que não está sendo oferecido em espécie; qualquer documentação ou esforços de avaliação e assim por diante. Quando você pensar sobre como cumprir esses desafios de custo em sua rede, use os elementos do projeto identificados como importantes enquanto lia este capítulo para ajudá-lo a elaborar um orçamento. Qual a frequência das reuniões? Haverá viagens envolvidas? Serão usados facilitadores internos ou externos e quanto você pagará a eles? De onde virão a comida, o papel e a caneta, e outros suprimentos como a tecnologia? No total, quanto desses custos será suportado pela rede e por seus membros? Quanto das estruturas e do pessoal existente para apoiar a rede você poderá usar e de quanto precisará para criar novos? Quais são os custos de lançar *versus* manter a rede?

Facilitação

Ao lado do tempo dos participantes, o recurso mais caro em uma rede é a facilitação. As rodadas pedagógicas requerem facilitação qualificada nas visitas e em outras reuniões, bem como entre as reuniões. Os facilitadores trabalham com os anfitriões locais para preparar as visitas e planejar a aprendizagem profissional da rede (ver Capítulo 7 para uma descrição mais detalhada do papel do facilitador). Eles necessitam de uma mistura de conhecimento e competências, incluindo conhecimento de ensino e aprendizagem, habilidade e confiança para trabalhar com alunos adultos e facilitar as reuniões, familiaridade com as rodadas pedagógicas e as metas de aprendizagem para cada estágio, e credibilidade com os membros da rede. Quanto mais dessas competências eles tiverem no início, melhor, mas a maioria dessas habilidades também pode ser desenvolvida ao longo do tempo com treinamento e apoio constantes (que também requer recursos). Em Iowa e Ohio, que são "redes de redes", com muitos facilitadores, tal apoio é uma parte essencial do projeto.

Uma consideração fundamental ao escolher os facilitadores é qual a melhor mistura de *conhecidos* (membros da organização anfitriã da rede, possivelmente funcionários comprometidos com esse trabalho) e *desconhecidos* (indivíduos com afiliações externas claras, como universidades, outros parceiros e consultores) para o papel. Como a maioria das decisões da rede de rodadas, não há uma resposta certa e devem ser as compensações consideradas.

Embora vários papéis internos-chave também possam ser desempenhados por desconhecidos, em geral é mais conveniente e efetivo que alguns aspectos sejam feitos internamente – por exemplo, manutenção dos membros, agendamento e outras funções organizacionais. Pessoas conhecidas também são frequentemente melhores em conectar as rodadas e o outro trabalho da organização e em fornecer um contexto relevante. Os facilitadores internos geralmente não participam da rede, devido ao tempo requerido para facilitar. Além disso, o papel do facilitador e o do participante são diferentes (Quadro 3.2). Um bom participante não será necessariamente um bom facilitador.

Os desconhecidos podem fornecer habilidades, tempo, recursos e perspectivas que os conhecidos são menos propensos a ter. É mais provável que uma pessoa de fora perceba (e estimule) quando o comportamento dos membros da rede volta aos padrões antigos. Elas também podem ter acesso a conhecimento – por meio de uma universidade, talvez – que não é facilmente acessível às pessoas de dentro. Elas podem compartilhar com uma rede as práticas que desenvolveram em outra e ajudar as redes a dar um salto em seu próprio desenvolvimento. Além disso, uma pessoa de fora pode trabalhar em um sistema de maneira diferente de um indivíduo de dentro. Por exemplo, uma diretora pode ser imparcial em relação ao que não sabe ao desenvolver um problema de prática com um facilitador externo de confiança do que com seu vice-secretário de educação que a está ajudando a preparar-se para a visita. Os desconhecidos podem ter mais credibilidade e capacidade de estimular, especialmente com os secretários de educação, em comparação a alguém do sistema. Eles precisam ajudar a desenvolver a capacidade das redes de fazer seu trabalho sem fazer com que as redes negligenciem suas obrigações para os "especialistas" com os quais elas contam como uma forma de evitar a apropriação do trabalho e de sua própria responsabilização interna.

Encorajamos as redes a ter dois cofacilitadores, o que fornece aos facilitadores uma oportunidade de planejar e aprender juntos. A partilha da posição também torna mais fácil acessar os benefícios dos papéis do conhecido e do desconhecido.

Um recurso sutil que uma rede necessita a fim de começar é a credibilidade para convocar e hospedar as rodadas pedagógicas. Os potenciais participantes precisam ter a convicção, baseada em confiança e reputação, de que algo bom em termos pedagógicos resultará de uma rede patrocinada por você e outros planejadores. Realizar as rodadas pedagógicas é um ato de fé – muitos participantes jamais as experimentaram e com frequência tiveram experiências ruins com ações que superficialmente se pareciam com as rodadas. Para uma rede distrital que está trabalhando com professores e gestores, você pode beneficiar-se, como ocorreu em Cambridge, do envolvimento ativo do presidente do sindicato. Os líderes sindicais atuaram como membros fundamentais da equipe de planejamento das rodadas em Ohio e permaneceram lado a lado com os gestores distritais nas sessões de orientação quando algumas das redes distritais foram lançadas, respondendo a perguntas e visivelmente diminuindo a ansiedade de muitos professores na sala. As redes também se beneficiam da inclusão de outros líderes de ideias respeitados – como planejadores e primeiros membros – em sua comunidade. Eles podem ser secretários de educação-chave em um nível estadual ou regional ou diretores ou professores-chave em um distrito. Os grupos de consórcio que planejam um ou mais lançamentos de redes (como as redes AEA em Iowa ou os vários distritos em Ohio) contam com a credibilidade tanto dos convocadores quanto dos membros participantes para dar legitimidade ao trabalho.

Quadro 3.2 Descrição das responsabilidades do papel de facilitador

Responsabilidades do facilitador/instrutor pelas rodadas pedagógicas
Auxílio ao anfitrião das rodadas a solucionar o problema de prática
• Sessão com o diretor e a equipe de liderança (ou representantes da equipe).
Acompanhamento com o anfitrião das rodadas após a visita
• Sessão com o diretor e a equipe de liderança.   • Facilitação da sessão com os funcionários.   • Tempo de preparação.
Sessões da rede (sem visita ao local)
• Sessão de treinamento das rodadas (setembro).   • Sessão de treinamento e planejamento (maio).   • Tempo de preparação.
Sessões de rodadas pedagógicas (visitas ao local)
• Sessões o dia inteiro.   • Tempo de preparação.
Reuniões do "*think tank*" interno
• 40 a 80 minutos cada.   • Tempo de preparação (agenda, debate inicial).
Identificação e conexão de fontes externas com especialidade de conteúdo específico, conforme necessário
• Tempo de preparação.

Fonte: Adaptado, com permissão, de Denny Buzzelli, Akron Public Schools.

ESTABELECENDO EXPECTATIVAS E NORMAS

A rede deve estabelecer expectativas e normas, tanto acerca dos mecanismos de prática, como compromissos de tempo e políticas de presença dos participantes – e para aspectos mais profundos relacionados ao desenvolvimento, quanto ao apoio a uma cultura de aprendizagem em rede. Ambos são importantes para preparar o terreno para uma rede que possa suportar bem a estrutura e a cultura das redes. Alguns aspectos a considerar no desenvolvimento de uma cultura de aprendizagem incluem estabelecer normas e expectativas claras, criar um espaço seguro para a aprendizagem, ajudar as pessoas a dar respostas honestas umas às outras, basear o trabalho no núcleo pedagógico e nas teorias da ação e construir mecanismos para aprendizagem contínua.

Estabelecer expectativas claras do que significa ser membro de uma rede

As expectativas e as normas são fundamentos críticos das redes de rodadas pedagógicas. Embora envolvam e sejam revisadas ao longo do tempo, algumas precisam ser estabelecidas no lançamento da rede. Que compromissos dos membros a rede necessita para realizar seus propósitos? As redes de Iowa, por exemplo (com base no trabalho em Connecticut), especificam expectativas de presença, participação ativa, disposição para ser visitada, confidencialidade, comunicação honesta e apoio e responsabilização mútuos (ver Apresentação A.3, no Apêndice). Em Ohio, as expectativas de participação foram direcionadas aos distritos – incluindo o compromisso do secretário de educação de participar pessoalmente, o envolvimento das equipes mistas, disposição de ser anfitrião de uma visita, um compromisso de três anos com o trabalho e envolvimento financeiro em relação aos custos das visitas. A rede de Connecticut revisa suas normas e expectativas anualmente, e os membros fazem mudanças para refletir o que os secretários de educação esperam uns dos outros. No ano passado, por exemplo, os membros decidiram que dois a três anos para fazer uma visita de acompanhamento da rede era tempo demais. Eles determinaram que alguns meses após uma visita da rede, dois secretários retornariam para uma visita breve a fim de conferir com o secretário anfitrião e discutir o trabalho que foi feito desde o último encontro.

A despeito da possibilidade de revisar suas expectativas posteriormente, é importante identificá-las com antecedência. Por exemplo, as primeiras redes em Cambridge e Connecticut não especificaram inicialmente que os participantes tinham que *fazer alguma coisa* na volta a suas respectivas escolas ou seus distritos. Na teoria, eles podiam participar das rodadas, aprender com elas pessoalmente e contribuir para a aprendizagem de seus colegas, e isso seria suficiente. Agora, há expectativas mais claras para aplicações de acompanhamento em Connecticut e Cambridge. Todavia, as redes mais recentes em Iowa e Ohio se beneficiaram de tal aprendizado. Para seus membros, as expectativas explícitas por algum tipo de acompanhamento foram mais claras desde o início.

A compensação com expectativas mais claras, que podem acelerar o impacto das rodadas, é que expectativas altas podem dificultar o recrutamento de membros. Uma expectativa com a qual nunca nos comprometemos, entretanto, é a presença. As rodadas não são como outra reunião distrital qualquer, em que você pode mandar um substituto para acompanhar os detalhes e repassar as informações posteriormente. As rodadas dizem respeito à aprendizagem, e – como gostamos de lembrar aos membros da rede – um substituto não pode aprender por você.

Criar um espaço seguro para a aprendizagem

Uma rede de rodadas deve ser um espaço seguro para aprendizagem pessoal, um lugar onde os educadores podem vir e falar honestamente sobre problemas reais que enfrentam sem se sentirem constrangidos. Participar das rodadas significa assumir riscos e tornar-se vulnerável. Em muitos distritos, essas sessões representam a primeira discussão entre colegas sobre ensino e liderança nesse nível de detalhe. Além disso, os membros da rede são geralmente líderes dos quais se espera que venham respostas. Sob essas circunstâncias, pode ser difícil para um líder falar sobre o que ele não sabe. Isso é particularmente expressivo quando há papéis mistos no grupo. As pessoas podem ser reticentes a admitir brechas no conhecimento ou a expor sua confusão na frente de alguém que é seu chefe ou a quem avaliam.

Os exemplos de desafios são abundantes. Em uma rede, por exemplo, uma diretora nova implorou para ser transferida para um grupo pequeno diferente quando descobriu que tinha sido designada para o mesmo grupo em que sua secretária de educação estava. Em outra rede, ficou evidente que uma secretária de educação (que não tinha formação pedagógica forte) estava desconfortável observando e descrevendo o ensino ao lado de professores do distrito. Normas e protocolos ajudam a criar um espaço seguro em situações como essas.

A norma mais importante nas rodadas pedagógicas é a confidencialidade – o que a rede vê e diz permanece na rede. Os protocolos moldam a forma de interação das pessoas. Os grupos se beneficiam de estruturas simples que ajudem a repartir o tempo, expor perspectivas diferentes e ouvir todos. As estruturas nos protocolos geralmente não são inovadoras; o valor delas está em tornar as regras de interação explícitas – elas estabelecem que um grupo é responsável perante o outro e fornecem os meios para facilitadores e participantes manterem um grupo fiel a seus acordos. Os protocolos ajudam as pessoas a praticar as habilidades que defendem, mas que nem sempre sabem como implementar (discutiremos os protocolos em mais detalhe posteriormente neste livro).

Ir além da "Terra da Simpatia"

As redes cujos membros se sentem seguros, mas não desafiados a examinar sua prática e a aprender, não ajudam a criar sistemas para apoiar o ensino e a aprendizagem de alta qualidade. Os educadores têm uma cultura forte de ser "simpáticos" uns com os outros. Um facilitador envolvido em lançar uma das redes de Iowa descreveu sua maior preocupação: de que os secretários de educação em sua área não se sentiriam à vontade "dizendo qualquer coisa desagradável para os outros". Alguns participantes descreveram o quanto é difícil mudar uma cultura caracterizada pela máxima: "Se você não tem nada de agradável para dizer, então não diga nada".

As redes bem-sucedidas usam diversas abordagens complementares para mudar essa abordagem arraigada e os conjuntos de crenças subjacentes a ela. Os protocolos ajudam. Eles dão às pessoas estruturas verbais que rejeitam padrões normais como alternativa. Além disso, o foco intenso e atento em permanecer na voz descritiva é um instrumento eficaz para focar o que foi realmente dito ou feito, e não nas inferências e nos julgamentos desencadeados pela observação. Outra abordagem-chave é esclarecer que a rede está focada na aprendizagem pessoal de todos os seus membros, reconhecendo que sua *prática* pode ser separada de quem eles são como *pessoas* e pode ser melhorada. A tendência nas escolas e nos distritos é pensar mais nos indivíduos realizando o trabalho do que no próprio trabalho. Durante as rodadas, a meta é aprender sobre o *ensino*, não focar nos *professores*. O trabalho parte da premissa de que o bom ensino (e a boa liderança) é um conjunto de práticas profissionais que pode ser aprendido pela maioria das pessoas. A fim de apoiar a melhoria, as redes precisam aprender a reconhecer, nomear e descrever essas práticas – sem serem distraídas por personalidade, estilo ou vieses pessoais. As redes também precisam tornar explícito que aprender novas formas de fazer as coisas é possível e se ocorre com prática e esforço.

Basear o trabalho no núcleo pedagógico e nas teorias da ação

No primeiro estágio de uma rede, os participantes precisam aprender a prática das rodadas, entender os fundamentos teóricos delas (o núcleo pedagógico e as teorias da ação) e fazer conexões para melhorar seus sistemas. Isso é muita coisa para gerenciar ao mesmo tempo, e a tendência é focar a maior parte do tempo e da energia na aprendizagem da prática inicialmente. Tal foco pode ser correto, mas quando você lançar uma rede, tenha em mente que os participantes precisam conectar tanto a teoria como sua prática diária a fim de que as rodadas sejam mais do que uma aprendizagem profissional interessante. Os conceitos do núcleo pedagógico e uma teoria da ação ajudam os participantes – que frequentemente operam em ambientes complexos com agendas e atividades múltiplas, mas pouca coerência – a manter suas conversas focadas no que é importante. A noção de que se uma escola ou um distrito estiverem engajados na melhoria, você deve ser capaz de ver seus esforços refletidos em suas salas de aula é um forte entendimento comum, que cria uma ligação estreita entre teoria e prática. Um foco forte nos problemas de prática ajuda a conectar os esforços de melhoria do distrito com as condições de ensino e de aprendizagem nas escolas. Um compromisso de acompanhar a ação – aplicando as ideias e as abordagens desenvolvidas na rede – também assegura essa conexão.

Criar mecanismos para a aprendizagem contínua

O lançamento auxilia as redes a ter um bom começo, mas é a forma como as redes aprendem e melhoram à medida que se desenvolvem ao longo do tempo que determina o que elas se tornam. Estabelecer mecanismos para encorajar circuitos de resposta e ajustes do processo desde o início torna mais provável que as redes criem o tempo e o espaço para reflexão e revisão da ação. Além disso, a comunicação entre os membros, especialmente se houver uma expectativa do trabalho que devem fazer (participar de uma sessão de reflexão anual, etc.), melhora. Por exemplo, a rede de Connecticut tem um processo para propor normas, para decisões coletivas sobre aplicá-las e para reflexão sobre a possibilidade de modificá-las. Essas discussões são orientadas por dados: por exemplo, um relato anual sobre a presença do secretário de educação ao longo do ano é dado aos membros, que, então, decidem o que fazer em relação aos integrantes que faltaram a muitas sessões. Há relatos semelhantes sobre as taxas de participação (em discussões, com contagens de frequência) usadas para verificar as normas de participação igual. As redes de Cambridge e Ohio têm *"think tanks"* que incluem uma seção transversal voluntária dos membros que ajudam a planejar agendas, dão *feedback* aos facilitadores e moldam o planejamento de longo prazo para as redes. As redes de Iowa estão planejando seu processo de avaliação cuidadosamente desde o início, dedicando recursos a ele, determinando as perguntas que sejam interessantes responder e calculando como obter dados para responder tais perguntas.

PREPARANDO O LANÇAMENTO: ORIENTAÇÃO E OUTRAS CONSIDERAÇÕES

A rede serve como base para a aprendizagem que terá lugar nas rodadas. Ao pensar cuidadosamente sobre convocação, gestão de recursos e criação de uma cultura de aprendizagem, você está a caminho de uma experiência consistente. Os próximos capítulos descrevem mais do que são as rodadas, e à medida que você os lê pode querer voltar a este capítulo para fazer acréscimos em seu planejamento. Então, novamente, há muita coisa que você pode fazer adiantado para convocar, gerir recursos e criar normas em torno da aprendizagem. Em algum momento, você identificou os membros, encontrou um lugar para as reuniões, esclareceu as expectativas e está pronto para convocar a primeira reunião de sua rede. Mesmo que você não se sinta pronto, vá em frente. Lembre-se de que aprendemos a fazer o trabalho fazendo o trabalho. Algumas sugestões práticas sobre o lançamento real de sua rede são apresentadas a seguir.

Para começar, a maioria das redes não reúne simplesmente seus membros e aparece em uma escola uma certa manhã. Além da preparação que precisa ocorrer para estabelecer a logística e o foco da visita, a rede deve reunir-se, orientar-se a respeito de por que os membros estão ali, revisar as regras básicas e, mais importante, praticar as habilidades de observação e balanço (*debriefing*) antes de se dirigir a uma escola. Isso é feito em geral com uma orientação e simulação de visita durante um dia inteiro, usando um ou mais vídeos de sala de aula como um substituto para as visitas. As metas de aprendizagem e uma agenda simples para uma orientação podem ser ilustradas nos Quadros 3.3 e 3.4.

Quadro 3.3 Exemplo de metas de aprendizagem para a primeira reunião de lançamento da rede

- Entender a importância do núcleo pedagógico.
- Entender os passos das rodadas pedagógicas e as metas de aprendizagem subjacentes a cada passo.
- Desenvolver habilidades de observação do ensino e da aprendizagem – descrevendo o que é visto.
- Desenvolver habilidades de balanço (*debriefing*) de uma observação.
- Construir relacionamentos dentro do grupo.

Fonte: Os autores.

Quadro 3.4 Exemplo de uma agenda para a primeira reunião de lançamento da rede

- Boas-vindas e apresentações.
- Discussão do núcleo pedagógico (a única forma de melhorar o ensino e a aprendizagem é por meio de mudanças no relacionamento entre alunos e professores na presença de conteúdo).
- Resumo e questões sobre as rodadas (como é uma visita de rotina, o que são e não são as rodadas, como elas diferem das inspeções ou das formas de supervisão usadas no contexto em questão).
- Esperanças e medos; desenvolvimento das normas (após a discussão das esperanças e medos, o grupo trabalha junto para estabelecer normas para aumentar as chances de suas esperanças serem realizadas e diminuir a possibilidade de seus medos se tornarem realidade).
- Disciplina de ver (exemplos e introdução das habilidades necessárias para desenvolver a abordagem distinta à observação – descritiva, não crítica, detalhada – que é usada nas rodadas).
- Prática da observação (inclui um ou mais vídeos de sala de aula – geralmente de 20 minutos cada, com os participantes fazendo anotações como se estivessem em uma sala de aula).
- Reunião de balanço (*debriefing*): análise, previsão e o próximo nível de trabalho (isso dá continuidade à porção de simulação, que é conduzida para coincidir com o que seria feito em uma visita de rotina).
- Reflexão (uma oportunidade para refletir sobre a experiência do dia e melhorá-la, para voltar a discussões anteriores sobre propósito e conexão das rodadas à melhoria do ensino no núcleo e para compartilhar observações do que os participantes notaram em relação a como eles aprenderam durante o dia, individual e coletivamente).

Fonte: Os autores.

■ ■ ■
Dicas e pontos importantes

À medida que você avança na formação e no lançamento de sua rede de rodadas, vale a pena enfatizar alguns pontos:

- *Pense desde o início sobre como você irá aprender e melhorar a prática das rodadas.* A maioria das ideias neste capítulo representa as decisões iniciais de lançar sua rede. Enquanto você se concentra nelas, entretanto, tenha em mente a importância da aprendizagem e da melhoria contínuas para os indivíduos e para a rede. Ao longo do livro, você lerá mais sobre as redes com as quais trabalhamos e vislumbrará histórias fortes de evolução e aprendizagem – dentro e entre as redes. Essas não acontecem por acidente. Pense sobre como você criará os mecanismos para a aprendizagem contínua – seja por meio da utilização de abertura e fechamento de padronizações, *"think tanks"*, sessões da rede baseadas em dados, exercícios *plus/ delta* no final das visitas ou dos retiros de reflexão. Quanto mais você puder desenvolver uma melhoria contínua no tecido de sua rede, maior a probabilidade de desenvolver uma rede que o apoie para alcançar suas metas.
- *Encoraje pessoas públicas a fazerem parte do processo de aprendizado das rodadas.* A presença e a participação ativa de pessoas públicas – figuras de autoridade altamente respeitadas que sejam abertas para aprender – é fundamental para o sucesso de uma rede de aprendizagem. Embora esses comportamentos sejam um pouco súbitos (e seu aparecimento não possa ser controlado ou previsto), redes bem-sucedidas podem convidar participantes, tendo isso em mente, e dar visibilidade a participantes públicos quando eles surgirem – como, por exemplo, eles serem anfitriões das primeiras visitas de rodadas. Facilitadores e outras pessoas podem comentar favoravelmente sobre os participantes públicos, os riscos que essas pessoas respeitadas estão assumindo e o que elas estão exemplificando. Ao fazê-lo, esses comentaristas refletem para o grupo o quanto tal comportamento é valioso.
- *Mantenha o objetivo em mente.* Estabelecer a rede e, de fato, conduzir as rodadas não são o objetivo último, mas significam ajudar os distritos e as escolas a aprimorar em larga escala o núcleo pedagógico para melhor atender as necessidades de aprendizagem de todos os alunos. O funcionamento e a aprendizagem da rede precisam ser ajustados aos esforços de melhoria do distrito e ajudam a contribuir de forma orientada e coerente. Se as rodadas são apenas outra atividade entre as muitas em que o distrito está envolvido, então grande parte do esforço da rede será em vão.
- *O que importa não é apenas o que você faz, mas como faz.* Embora haja fortes implicações estruturais para cada uma das sugestões neste capítulo (p. ex., a necessidade de facilitadores e mecanismos para personalização), existe também uma sobreposição cultural consistente para todas elas. Não é apenas uma ques-

tão de contratar um facilitador; é como a facilitação é feita para capacitar os participantes e engajá-los no trabalho (e não tê-los escutando passivamente os "especialistas" ou as figuras de autoridade sobre como ensinar ou conduzir as rodadas). Uma parte fundamental da rede é desenvolver a confiança e a eficácia coletivas. Você sabe que é bem-sucedido quando os participantes reconhecem publicamente que não conhecem algo e baixam suas guardas e assumem riscos uns com os outros; quando os membros se apropriam das normas e as aplicam; e quando a pressão por promover e aprofundar o trabalho vem dos membros da rede, não de desconhecidos ou facilitadores.

- *Quando em dúvida, deixe a rede descobrir.* Um resultado do ponto anterior é que grande parte do "como" significa deixar a rede fazer o trabalho. Os convocadores devem definir alguns aspectos no início para manter as coisas funcionando, mas eles não precisam decidir tudo – nem devem. Muita coisa é nova e desconhecida quando as redes estão sendo lançadas, e para a maioria das pessoas, a resposta natural a essa incerteza é impor mais estrutura. Para as rodadas pedagógicas, tal resposta não ajuda a rede a desenvolver sua prática profissional. Se você devolver aos participantes suas perguntas urgentes, eles descobrirão como responder suas próprias perguntas e criarão as estruturas que necessitam. Basicamente, eles começarão a se tornar uma rede real.

Quando essas sugestões de preparação e implementação são postas em prática, as redes têm um poder enorme de desbloquear a aprendizagem entre os pares, de conectar a teoria à ação consumada e de apoiar a melhoria no núcleo pedagógico por meio das rodadas. As redes fornecem um espaço para desenvolver uma prática compartilhada e discutível como um ingrediente-chave para profissionalizar a liderança e o ensino e para apoiar os educadores na melhoria do ensino para todos os alunos.

4

Aprendendo a ver, desaprendendo a julgar

O novo grupo da rede estava animado. Os membros tinham lido artigos, conversado com colegas que tinham feito as rodadas e achavam que o processo apresentava um potencial real para ajudá-los a melhorar a aprendizagem e o ensino em suas escolas. Eles haviam se comprometido com um dia por mês, e hoje era o dia de sua orientação. Após assistirem a um vídeo de uma aula de matemática do ensino intermediário (sexto ao oitavo ano), quatro deles comentaram a observação em um grupo pequeno.
"Eu percebi que a professora estava bem-preparada", disse Rebeca.
"Havia um plano claro no quadro, mas eu não vi nenhum objetivo", declarou Thomas.
"Eu fiquei entediado só de assistir àquela aula", disse Walter. "Ela me lembrou porque eu nunca gostei de matemática."
"Bem, eu não sou realmente uma pessoa da matemática", disse Catalina, "mas para mim as crianças não pareciam envolvidas".
"É óbvio por que este país luta com as notas de matemática do ensino intermediário", disse Thomas.
"Eu não achei que foi tão ruim", falou Rebeca. "Nós vimos apenas um pouco da aula – acho que devemos dar à professora o benefício da dúvida."
O facilitador reuniu algumas observações do grupo e, então, iniciou o segundo vídeo.

Como muitos educadores que formam redes de rodadas pedagógicas, Rebeca, Thomas, Walter e Catalina têm cada um uma ideia sobre o que querem ver quando entram em uma sala de aula. Eles possuem experiências ricas como professores e como apoiadores e avaliadores de professores. Eles acham que estão prontos para iniciar as rodadas, mas não estão tão prontos assim. O que é óbvio para um não é óbvio para todos, e embora vários compartilhem uma preocupação sobre o que viram, não é claro se eles estão preocupados com o mesmo aspecto. Eles passam rapidamente para o julgamento e para suas próprias experiências e conclusões. Eles não sabem como acalmar a parte deles que julga de modo instantâneo e descrevem simplesmente o que viram. Eles também não sabem por que deveriam se preocupar em descrever afinal de contas. E é por isso que estão passando seu primeiro dia desenvolvendo uma prática e uma linguagem comuns que continuarão a desenvolver juntos ao longo do tempo.

A disciplina da descrição é a prática central sobre a qual as rodadas são baseadas e é bastante inovadora e contraintuitiva para a maioria dos educadores. Ela deve ser aprendida, e alguns outros hábitos – como usar linguagem geral ou crítica ou jargão – devem ser desencorajados. Os educadores tendem a não ser muito bons em observar as salas de aula. E por que eles deveriam ser? Os professores geralmente têm uma experiência de observação de sala de aula muito limitada, visto que a maior parte de seu tempo é gasta em sua própria sala de aula, ensinando. Os diretores e outros gestores podem ter mais experiência em observar várias salas de aula, mas geralmente com o propósito de avaliar os professores. O tipo de observação de que estamos falando aqui foca não os professores em si, mas o ensino, a aprendizagem e o conteúdo do núcleo pedagógico. Em que tarefa os alunos estão trabalhando? De que formas específicas o professor e os alunos estão interagindo em relação à tarefa? Descrição, refere-se aqui à evidência do que você vê – não o que você pensa sobre o que você vê. O Quadro 4.1 fornece exemplos de descrição e a linguagem de julgamento mais comum. Tome o exemplo "Ritmo rápido". Se a observadora fosse forçada a explicar o que a levou àquela conclusão, ela poderia dizer: "Toda vez que a professora passou para um novo problema, contei pelo menos cinco alunos que ainda estavam trabalhando no problema anterior". Aqui está a descrição – a evidência livre de julgamento – que permite aos colegas decidir se a aula tinha um ritmo rápido.

Os gestores devem desaprender sua habilidade de decidir muito rapidamente a respeito do que um professor precisa trabalhar, tirar "seus óculos avaliadores" e olhar com novos olhos para ver o que está acontecendo nas salas de aula. Aqueles que estão desaprendendo precisam estar convencidos de que faz sentido abandonar seus hábitos, suposições e competências nessa área, a fim de tentar uma forma diferente de abordar o que acontece nas salas de aula. A maioria dos educadores tem pouca experiência em iniciar uma conversação estritamente a partir da evidência, portanto quase todos necessitam de ajuda com tal habilidade. Para aqueles que estão desaprendendo, é particularmente desafiador. Também é viável e essencial para a prática das rodadas.

A observação da sala de aula no modelo de rodadas da rede é uma disciplina – uma *prática*, no sentido de envolver um padrão de formas de observar e falar que visa criar um entendimento comum entre um grupo de profissionais sobre a natureza de seu trabalho. Uma parte central dessa prática é decidir antecipadamente *o que* observar, *como* observar e, mais importante, *como falar sobre o que é observado*. Este capítulo examina por que é tão essencial ser descritivo, como é na prática e como desenvolver as capacidades de observação da rede.

Quadro 4.1 Exemplos de descrição crítica e não crítica

A descrição inclui o julgamento do observador
- Ritmo rápido.
- Muito tempo na discussão, tempo insuficiente no trabalho individual.
- Manejo da sala de aula excelente.
- Professor usou técnicas de questionamento eficazes com uma variedade de alunos.
- O professor usou um livro que não estava no nível adequado para a classe.
- O professor apresentava boa comunicação (*rapport*) com os alunos.
- Os alunos conduziram uma experiência laboratorial muito sofisticada.

Descrição sem julgamento
- O professor pergunta: "Como você resolveu este problema?". O aluno explica.
- Os alunos seguiram as orientações no texto para montar placas de circuito.
- O professor disse: "Escrevam as palavras que eu soletrar nos espaços em branco. P-O-N-T-O. P-O-T-E."
- Tarefa: Descubra formas diferentes de criar um total de 31.
  O aluno 1 escreve no caderno de exercícios:
  5+5+5+5+5+5+1 = 31
  10+10+10+1 = 31
  A2: 20+9 = 03
  A3: 41−10 = 31
  2+3x3+16 = 31
- O aluno 1 pergunta ao aluno 2: "O que devemos escrever?".
  Aluno 2: "Não sei."

Fonte: Os autores.

POR QUE SER DESCRITIVO?

Por que o foco deve ser inicialmente na descrição? A razão básica é que estamos a procura de relações de causa-e-efeito entre o que observamos os professores e os alunos fazendo e o que os alunos realmente sabem e são capazes de fazer como consequência. Se começamos discutindo sobre nossas avaliações do que vemos, então raramente conseguimos de fato descrever e prever a relação causal entre ensino e aprendizagem. Acabamos debatendo nossas preconcepções sobre o que constitui o bom ensino, em vez de analisarmos o que observamos nas salas de aula. Isso é um pouco como os médicos discutindo se um paciente está saudável sem identificar os sinais vitais ou como advogados debatendo se alguém é culpado sem juntar os fatos ou como carpinteiros discutindo se uma casa parece sólida sem descrever os materiais de construção e as junções. Esses debates geram muito calor, mas sem muita luz. Se iniciamos com uma base de evidências comum, ainda há espaço para debate e diagnósticos diferentes mais tarde, e estamos operando de um ponto de partida mais concreto do que crenças e suposições individuais.

Em geral, a ideia de que o ensino está no centro da melhoria da escola não é particularmente difícil de vender aos educadores nesse período de altos riscos de responsabilização. Os profissionais tendem a concordar – pelo menos no nível de aspiração – que devem estar preocupados com a qualidade do ensino na sala de aula. Uma parte mais difícil do problema, em nossa experiência e na experiência de muitos outros que estão trabalhando para melhorar o ensino, é levar as pessoas a um acordo sobre *o que* estão realmente procurando na sala de aula e traduzir tal concordância em orientação e ação específicas para os educadores. É aqui que a disciplina de observação da sala de aula fica difícil. O primeiro aspecto que os educadores descobrem, quando tentam observar, é que eles têm ideias muito diferentes sobre o que estão procurando na prática de sala de aula e que essas ideias são baseadas em suposições que geralmente não são discutidas. Muito frequentemente, nosso primeiro instinto quando nos aproximamos de uma sala de aula é procurar o que é "bom" ou "ruim" em relação ao que vemos, sem examinar o que nos leva a fazer tal julgamento.

Para falarmos uns com os outros de forma produtiva sobre o que vemos nas salas de aula, devemos voltar um ou dois passos de onde em geral apenas começamos e tentar observar o que vemos no nível descritivo mais básico – sem a pesada sobreposição de julgamento que de modo trivial trazemos para as observações da sala de aula – e desenvolver uma linguagem comum para descrever o que vemos. Para os educadores, esse passo básico é a parte mais difícil de aprender como melhorar o ensino. Tendemos a ser apaixonados em relação a nossas crenças sobre o que constitui o bom processo de ensino e aprendizagem, e deixar de lado nossos impulsos avaliativos é um ato antinatural.

A *"escada da inferência"* pode ser útil para fornecer tanto uma imagem como uma linguagem para discutir o que significa permanecer no modo descritivo.[1] O degrau mais baixo da escada é a descrição. À medida que você sobe a escada, fica mais longe da evidência e mais perto de suas crenças, suposições e conclusões. Se você começar no topo da escada, é difícil descer – os outros degraus estão faltando. Se começar na base da escada e trabalhar para subir – e você precisa subir eventualmente para obter as recomendações para melhoria – então é mais fácil voltar a subir e a descer, verificar as suposições e as crenças e ser claro sobre o que as recomendações se destinam a resolver.

A disciplina da descrição é útil quando se está operando por conta própria, porque faz a pessoa desacelerar e ajuda a identificar no que se baseia sua conclusão, permitindo que o indivíduo verifique suas suposições antes e depois de tomar uma medida. Às vezes, suas suposições são tão fortes que fazem você procurar o que espera e sutilmente alteram o que você vê. Quando você se disciplina a permanecer no modo descritivo, fica propenso a perceber mais corretamente o que está acontecendo na sala de aula e suas inferências terão uma base de evidência mais firme. Embora a descrição seja útil quando você está sozinho, ela é imperativa quando está envolvido com outras pessoas. No centro das rodadas, está o diálogo. Comentários que começam no topo da escada impedem a conversa e transformam as rodadas pedagógicas em uma prática mais individual do que coletiva.

Por exemplo, em nosso trabalho nas escolas, frequentemente ouvimos declarações como: "Os professores têm expectativas altas para os alunos" ou "Os alunos estavam confusos" ou "Foi realmente uma ótima aula". Essas declarações são problemáticas como base para entender e melhorar o ensino e a aprendizagem por uma série de razões.

Primeiro, provavelmente temos ideias muito diferentes do que são "expectativas altas" ou "confuso" ou "ótima". Poderíamos usar a mesma linguagem que outro observador emprega, mas, às vezes, não significa a mesma coisa. Isso reforça a tendência do ser humano a supor que linguagem compartilhada significa crença compartilhada; tal suposição é perigosa a menos que a linguagem compartilhada esteja baseada em evidência e diálogo mútuos. Quando supomos que queremos dizer a mesma coisa, geralmente paramos de discutir, o que nos fecha para perspectivas variadas e aprendizagem potencial e nos leva a prosseguir em direções individuais (que se costuma traduzir em ações diferentes).

Segundo, o que penso ser expectativas altas, no caso particular que observamos, você poderia pensar ser um volume de trabalho alto, mas não um trabalho intelectualmente exigente ou algo mais adequado para o quarto ano do que para o nono ano. Observamos o mesmo aspecto, mas tiramos conclusões diferentes. Se reunirmos as evidências, podemos debatê-las e então trabalhar juntos para decidir o que elas significam em termos de aprendizagem do aluno.

Terceiro, assim que você diz "Ótimo", eu provavelmente concordo ou fico quieto se discordar – mas, de qualquer forma, não temos coisa alguma sobre o que conversar, porque não nomeamos o que está acontecendo no núcleo pedagógico. Vocábulos como *bom, ótimo, fraco, ruim* – palavras de julgamento – são tampões de conversa. Quando nos apoiamos em julgamentos, não compartilhamos a base de evidência de nossa análise, o que dificulta discordar, porque parece um desafio pessoal se um colega diz: "Eu não achei que foi ótima". Não se trata de se foi ótima ou de se gostamos, mas de entender o ensino e se ele está produzindo o tipo de aprendizagem que desejamos.

COMO É NA PRÁTICA: APRENDENDO E DESAPRENDENDO

Como outras habilidades, aprender a ver e a ouvir as particularidades da prática do ensino requer treinamento. Como um músculo, ela fica mais forte com repetição e treinamento. A melhor forma de fortalecer o músculo da observação é observar muitas salas de aula. Quando estamos aprendendo a ver, começamos com três perguntas arraigadas no núcleo pedagógico:

1. O que os professores estão fazendo e dizendo?
2. O que os alunos estão fazendo e dizendo?
3. Qual é a tarefa?

À medida que você se aprimora em suas observações e as associa a um problema de prática em particular, sobre o qual a escola e o distrito anfitriões gostariam de dar um retorno, as perguntas tornam-se mais específicas; mas, em última análise, as perguntas são variações daquelas três que se centralizam no núcleo pedagógico. Uma forma mais simples das perguntas é: "O que você vê?". Essa pergunta foca mais as questões descritivas do que outras indagações que estão implicitamente passando pela sua cabeça, como: "O que você quer ver?", "O que você não vê?", "O que você pensa sobre o que você vê?", "Você gosta de estar nesta sala de aula?".

Quando nos pedem para compartilhar nossos protocolos de observação, as pessoas geralmente ficam surpresas, e um pouco desapontadas, por não darmos a elas um conjunto detalhado de receitas para identificar o "ensino de alta qualidade". Geralmente a resposta delas é: "Isso é tudo o que há?". A resposta é sim. A disciplina da observação é inerente não à complexidade ou à sofisticação do protocolo, mas ao *foco* da observação e à ênfase concentrada na relação de causa-e-efeito entre o que observamos os professores e os alunos fazendo e o que os alunos realmente sabem e podem por conseguinte fazer. Um protocolo simples facilita a descrição da relação entre o que observamos nas salas de aula e as consequências previstas para a aprendizagem dos alunos.

Felizmente, há um "antídoto", algo relativamente fácil para a situação comum de saltar para os degraus superiores da "escada da inferência". Os julgamentos geralmente se baseiam em algo, mesmo quando você não tem certeza de qual é a base. O antídoto é uma pergunta simples que o estimula a rever seus julgamentos: "Qual é a evidência?". Ou seja: "Que evidência você viu que o fez pensar... (que havia expectativas altas)?". Essa pergunta produz respostas descritivas como: "A tarefa era escrever um autobiografia e revisá-la três vezes". Uma revisão de seguimento à declaração: "Os alunos estavam confusos" poderia ser "Três alunos perguntaram se importava a letra usada em uma expressão variável". Outra versão dessa pergunta é: "O que você viu ou ouviu que o fez pensar isso?".

Os participantes provavelmente necessitarão de treinamento em tal área. O instrutor geralmente é o facilitador, mas pode haver outros observadores experientes no grupo que ensinem o que significa manter-se fiel à descrição e modelar a busca por evidências. O quadro "Jogo de bola 'qual é a evidência'?" mostra uma das formas como ajudamos a treinar os grupos.

Jogamos o jogo de bola "Qual é a evidência?" (Quadro 4.2) em grupos variando de 8 a 50 pessoas. Em grupos pequenos, geralmente continuamos até que cada pessoa tenha compartilhado pelo menos um elemento de evidência. Em grupos grandes, continuamos até obtermos pelo menos alguns exemplos de busca e de descrição. Esse jogo torna pública a observação das pessoas ao mesmo tempo em que a combina com diversão e propriedade coletiva da linguagem.

Usar um vídeo antes de entrar nas salas de aula pode ser muito útil, pois todos estão vendo o mesmo ensino (enquanto apenas quatro pessoas poderiam ver uma sala de aula juntas em determinado momento durante as rodadas reais) e podem conversar sobre ele como um "texto" comum. Além disso, se você assiste a um vídeo de salas de aula fora da escola ou do distrito que estará visitando, é um pouco mais fácil separar pessoas e prática inicialmente, porque você não tem que pensar tanto na reação de alguém na sala a suas observações e pode focar a disciplina em si.

Quadro 4.2 Jogo de bola "Qual é a evidência?"

Assista a um vídeo curto (aproximadamente 10 minutos) de uma sala de aula, usando as três perguntas centrais (O que os professores estão fazendo e dizendo? O que os alunos estão fazendo e dizendo? Qual é a tarefa?) ou a pergunta essencial (O que você vê?). Diga às pessoas para tomar notas sobre aquelas perguntas. Após o vídeo, conceda alguns minutos a elas para conversar com o colega do lado sobre que evidência eles viram. Essa oportunidade de falar ajuda as pessoas a aprontarem algo para dizer quando a bola chega a elas durante o jogo. Convide as pessoas a ficarem em pé. Antes de jogar a bola pela primeira vez, explique que você e os demais irão ajudar uns aos outros a desenvolver seu músculo descritivo. Quem tem a bola compartilha um elemento da evidência. Se o grupo achar que a declaração tem uma opinião ou um julgamento nela, o grupo dirá: "Qual é a evidência?" A pessoa com a bola tenta novamente. Se o grupo achar que ainda é necessário um ajuste, o grupo repete: "Qual é a evidência?" Isso continua até que o grupo esteja satisfeito; então, a pessoa atira a bola para um colega. Pratique fazendo o grupo perguntar: "Qual é a evidência?" antes de você iniciar o jogo. Às vezes, o instrutor pode ter que ajudar o grupo indicando oportunidades para pressionar com uma linguagem do tipo: "Aquilo pareceu uma evidência para você? O que você pensou sobre isso? Você vai deixá-la escapar com essa?" e assim por diante. O instrutor também pode ter que auxiliar a ajustar a linguagem quando um participante está empacado ou pedir a ajuda do grupo: "Vamos rever isso. Como poderíamos dizer isso usando apenas a linguagem descritiva?".

Fonte: Os autores.

Às vezes, recrutamos membros do grupo para ajudar no treinamento pedindo que eles sirvam como "polícia da evidência". Essas pessoas têm a responsabilidade de aplicar a regra de somente-evidência em seu grupo. Eventualmente, ela se tornará parte da prática do grupo, de modo que todos irão chamar a atenção uns dos outros, mas mesmo em grupos experientes, a atração pelo "buraco negro das opiniões" é bastante forte. Por essa razão, consideramos útil designar pessoas específicas para ouvir com atenção as violações da regra de somente-evidência. Se elas ouvem algo que soa como se estivesse no alto da "escada da inferência", perguntam: "Qual é a evidência?" ou "O que você viu ou ouviu que o fez pensar isso?" para ajudar seus colegas a descer a escada.

Nomeamos pessoas de uma forma semialeatória (p. ex., o indivíduo com o sobrenome mais longo ou cujo primeiro nome começa com a primeira letra do alfabeto em um grupo pequeno) para esse papel em vez de pedir voluntários, porque, na "Terra da Simpatia" da educação, ser "simpático" com os outros é equiparado a não ser desafiador. A rede de rodadas vai intensificar os esforços contra tal norma de melhoria iminente ao longo do tempo, mas inicialmente requer a criação cuidadosa do espaço, da autoridade e da expectativa para as pessoas pressionarem umas às outras. Designar uma "polícia da evidência" torna mais fácil para o fiscal pressionar e os colegas serem pressionados – alguém está desempenhado um papel, não o seu papel típico de Sally, a diretora, ou Fred, o professor, ou Carlos, o secretário de educação. Isso ajuda a separar a pessoa da prática, uma distinção que as rodadas tentam reforçar continuamente. As pessoas geralmente apreciam o papel de fiscal e levam a responsabilidade a sério, mas apenas por que foram nomeadas não significa que sejam boas nisso. Não surpreendentemente, ter o sobrenome mais longo ou um primeiro nome que começa com "A" não torna alguém especialista instantâneo em manter-se fiel à descrição. Significa apenas que você está prestando especial atenção a ela e que o grupo concedeu a você a autoridade de delicadamente chamar a atenção das pessoas sobre suas violações com a pergunta: "Qual é a evidência?".

Muitas pessoas serão céticas acerca do valor de manter-se fiel à evidência, portanto vale a pena ter uma conversa explícita sobre ele. Após uma observação, discuta o que as pessoas perceberam em relação à observação e a se manter fiel à evidência. "Foi difícil? Qual é o sentido de manter-se fiel à evidência? Que *insight* você ganha com este processo?" Por exemplo, se alguém disser "Clima da sala de aula positivo" ou "A professora estava preparada" ou "Foi uma aula de baixo nível", qual o efeito dessas palavras? Os facilitadores podem argumentar que frequentemente temos ideias diferentes do que significa "baixo nível" e devemos desembrulhar isso e sermos mais específicos para ter uma conversação comum sobre o que estava acontecendo na sala de aula. Será que as pessoas perceberam as coisas de modo diferente de você? Como suas observações estão associadas com o que você valoriza no ensino?

Verificamos que a "escada da inferência" é útil para as pessoas como uma medida. Quando ela é introduzida no léxico da rede, as pessoas fazem declarações como: "Aquele comentário estava bem distante do topo da escada" ou "Eu sei que estou galgando a escada da inferência aqui...". Este último comentário é geralmente seguido pela conclusão ou o julgamento de que a pessoa de fato não queria reprimir "Mas eu simplesmente tenho que dizer..." –, todavia, o falante reconhece a falta de evidência, o que, então, torna mais fácil de acompanhar com alguma descrição.

Também verificamos que mesmo redes experientes necessitam de lembretes sobre essa prática central da descrição, particularmente se os membros não se viram por algum tempo (os estudantes não são os únicos cuja prática fica um pouco enferrujada durante o verão!). Além disso, em grupos pequenos, as pessoas tendem a ser menos vigilantes ou dispostas a chamar a atenção umas das outras em linguagem crítica do que em grupos grandes. Uma tática que pode ajudar é dar a cada pessoa um cartão colorido (p. ex., um crachá amarelo) para levantar quando ela ouvir julgamento. Algumas pessoas acham esse lembrete visual mais fácil do que um lembrete verbal. Também vimos facilitadores orientar os grupos a zumbir quando ouvem comentários não fundamentados na evidência. Visto que o zumbido é razoavelmente anônimo, isso pode ser uma forma de baixo risco para grupos iniciantes praticarem a pressão sobre os outros de maneira amigável.

É DESCRITIVO, MAS É ÚTIL?

Às vezes, as pessoas não entendem o que queremos dizer por evidência. É apenas um fato qualquer? É evidência "Os alunos estão sentados no tapete"? *Evidência*, para nós, são as declarações descritivas do que você vê. Essas declarações descritivas são essenciais, pois nos proporcionam uma base comum para nossa conversação. Elas abrem a porta para a conversação em vez de fechá-la. Entretanto, nem todas as formas de evidência são igualmente valiosas. Mesmo se a conversa permanece no modo descritivo, alguns tipos de evidência são mais úteis do que outros.

Considerando exemplos no Quadro 4.3, quais são as características gerais dos dados nas carreiras? O que diferencia os exemplos na primeira carreira dos da segunda? Quais você acharia mais úteis e por quê?

Quadro 4.3 Evidência grosseira e evidência refinada

Evidência grosseira (de grão largo)
- Lição sobre as quatro causas principais da Guerra Civil.
- A professora questiona os alunos sobre o trecho que acabaram de ler.
- Os alunos praticando habilidades de pensamento de ordem superior.
- A professora introduz o conceito de frações e pede que os alunos apliquem o conceito em uma atividade prática.
- A professora verificou com frequência a compreensão.
- A professora tornou o currículo relevante à vida dos alunos.

Evidência refinada (de grão fino)
- Professora: "Qual a semelhança e a diferença entre vulcões e terremotos?".
- Professora: "Meninos e meninas, o número hoje é 30. Quem pode me dar uma sequência de números até 30?".
- Sugestão para as redações dos alunos: "Qual foi o papel do simbolismo em prever o principal dilema da personagem?".
- Os alunos trabalhavam individualmente embora estivessem em grupo. Cada um fez sua própria redação e não conversou com os outros.
- Os alunos fizeram perguntas sobre o livro que tinham acabado de ler.

Fonte: Os autores.

    Usamos exemplos e perguntas como essas quando trabalhamos com as redes para exteriorizar a ideia da granulação ou o quanto a descrição é específica. O termo *granulação*, neste caso, é oriundo da fotografia na época em que as câmeras usavam apenas filme. O termo correspondente para a fotografia digital é agora *ruído*. Quando uma fotografia é obtida sob condições de luz muito baixa, com um filme muito rápido (ou ISO alto), você consegue uma foto muito difusa (*fuzzy*) e granulada com resolução baixa em torno dos componentes das imagens. Às vezes, a foto difusa fica linda; outras vezes, não. Quando uma imagem é difusa, o tamanho do grão é grande. Pode ser difícil distinguir os elementos na fotografia. Quando as condições mudam, a quantidade de luz disponível para a imagem aumenta, as bordas ficam mais nítidas e o ruído ou granulação da imagem desaparece. Portanto, falamos da evidência como apresentando grão de tamanho grande, médio ou pequeno – isto é, de ela ser difusa ou nítida. Quanto menor o tamanho do grão, mais clara a imagem do que está acontecendo na sala de aula.

    Em geral, descrições de grãos mais finos (refinadas) facilitam as discussões das salas de aula e a construção de uma imagem comum do que está acontecendo dentro delas. Fazemos referência a comentários mais gerais (como aqueles na primeira carreira) como "pedregulhos". Pode parecer que podemos construir nosso entendimento mais rapidamente com pedregulhos – "A professora fez muitas perguntas", "Os alunos estavam fazendo uma atividade prática", e assim por diante – mas isso é uma base instável. Quanto mais geral for a descrição, mais espaço haverá para difusão ou interpretação e mais gerais serão nossas previsões e nosso pensamento sobre o próximo nível de trabalho. Declarações como "Professora: 'Qual a semelhança e a diferença entre vulcões e terremotos?'" são mais úteis do que "A professora faz perguntas aos alunos sobre o trecho que eles acabaram de ler", porque elas ajudam a prever o que os alunos na sala de aula serão capazes de fazer, ou seja, comparar e diferenciar. Se você soubesse apenas que a professora estava fazendo perguntas aos alunos, você não saberia se aquelas perguntas estavam pedindo que os alunos lembrassem uma informação, entendessem, analisassem ou avaliassem, cada uma dessas ações tem implicações diferentes para o que os alunos seriam capazes de fazer para qual seria o próximo nível de trabalho. Não existe qualquer aspecto inerentemente errado com os exemplos na carreira anterior (lembre-se de que estamos tentando evitar pensar em aspectos como bons ou ruins; estamos pensando sobre eles como uma prática, que se aplica ao nosso próprio trabalho, bem como ao que vemos nas salas de aula), mas eles serão menos úteis no processo de rodadas. Os pedregulhos são os componentes básicos da melhoria. Tal como acontece com a observação por meio de evidência, quanto mais explícito você é sobre quais níveis de evidência são mais úteis na conversação, mais rapidamente refinará suas rodadas pedagógicas.

 A conversação sobre o que é mais útil provavelmente trará à tona outros aspectos que em geral brotam quando as pessoas estão aprendendo a disciplina da descrição. Às vezes, as pessoas estão se esforçando tanto para se manterem fiéis à evidência ou ficam tão nervosas sobre estarem "erradas" que escolhem algo seguro para compartilhar, como: "Os alunos estão sentados no tapete". Sim, esse é um exemplo de evidência, mas é uma evidência útil? Ela apenas é útil se o ajudar a entender algo sobre o núcleo pedagógico naquela sala de aula. Uma pergunta de seguimento pode ser: "Como isso é relevante para o que estava acontecendo naquela sala de aula?". Um participante pode dizer, "Quando a professora fez uma pausa e pediu que os alunos previssem o que aconteceria em seguida, vários levantaram a mão". Um colega pode acrescentar: "Percebi que cinco meninas e três meninos levantaram a mão, e a professora chamou um dos meninos". E assim por diante.

Outro fenômeno comum é que as pessoas falam sobre o que *não veem*. Chamamos isso de "o cão que não ladra". Aqui estão alguns exemplos: "Não havia objetivos no quadro-negro", "A professora não chamou ninguém que não estivesse levantando a mão", "A professora não fez perguntas de seguimento". Essas declarações dizem algo sobre o quadro do falante do que seria uma sala de aula efetiva, mas revelam pouco sobre o que estava realmente acontecendo na sala de aula observada. Encorajamos as pessoas a descrever, tanto quanto possível, o que veem, não o que não veem. Às vezes, isso requer um simples reenquadramento: "A professora chamou apenas os alunos que levantaram a mão", "O padrão de questionamento era a professora faz uma pergunta, o aluno responde, a professora passa para uma nova pergunta". Às vezes, isso significa perguntar por que isso parece importante. Importa que não houvesse objetivos? Qual foi a evidência de que os alunos entenderam o propósito da lição? A lista do que você não vê pode ser infinitamente longa e em geral não ajuda o grupo a aprofundar seu entendimento do que causa aprendizagem.

O aspecto comum final que ocorre quando as pessoas estão aprendendo a ver é que algumas delas não fazem anotações durante as observações, o que torna muito mais difícil falar sobre evidência refinada posteriormente. Aprendemos que ajuda dizer às pessoas explicitamente para tomar notas e também mostrar a elas como é. Exige mais tomar notas do que não tomar notas; portanto, ajuda esclarecer as expectativas. Algumas pessoas não têm certeza do que escrever. Tratamos essa questão da incerteza compartilhando nossa própria prática de como são nossas anotações e o que costumamos focar em uma sala de aula.

Além das três questões centrais (O que os professores estão fazendo e dizendo? O que os estudantes estão fazendo e dizendo? Qual é a tarefa?), nosso foco em uma sala de aula é inspirado tanto pelo problema de prática do anfitrião (ver mais sobre isto no Capítulo 5) como pelas lentes que trazemos para o trabalho. Algumas pessoas prestam especial atenção ao que está nas paredes, outras sempre procuram objetivos, e há aquelas que focam determinados alunos e observam sua participação (p. ex., alunos de certa etnia, meninos, alunos sentados perto deles). E exatamente como em qualquer situação de anotação, todos temos formas diferentes de tomar notas. É útil ser explícito sobre todos esses aspectos na rede.

Aqui está nossa curta lista do que costumamos focar quando estamos observando salas de aula. Sua lista pode ser diferente. Não estamos oferecendo isso como a forma correta, mas como um exemplo. Nós quatro olhamos para as coisas um pouco diferente, mas também somos consistentes em relação a algumas delas.

- Primeiro, obtemos uma orientação em relação à sala de aula. Qual é o ano? Qual a área de conteúdo? Quantos alunos há? Quantas meninas? Quantos meninos? Quantos adultos há? Há quantos minutos estamos na sala de aula? Leva cerca de um minuto para anotar esses aspectos.
- Então, examinamos a tarefa. O que está sendo pedido que os alunos façam? O que eles estão realmente fazendo?
- Também examinamos os padrões de interação. Ela é professor-aluno-professor? Os alunos falam uns com os outros? Os alunos iniciam as conversas ou estão sempre respondendo ao professor?
- Escutamos as perguntas. Que perguntas estão sendo feitas? Quem está perguntando? Quais são as respostas às perguntas?
- Consideramos o tempo. Quanto tempo é gasto em qual atividade? Também anotamos o tempo periodicamente ao longo da observação como parte do mapeamento do que vemos.

Uma das formas de sermos explícitos sobre as anotações é compartilhar nossas próprias anotações. Fazemos isso tomando notas sobre um retroprojetor ou outro recurso de projeção enquanto assistimos a um vídeo e, então, mostrando as anotações reais para os participantes da rede enquanto falamos sobre o que escrevemos e não escrevemos e por quê. Ou, durante uma reunião de rede, tomamos notas enquanto as pessoas estão envolvidas em uma atividade e, então, compartilhamos anotações. Em alguns aspectos, essa variação está mais próxima de uma observação de sala de aula com toda sua confusão: andando pela sala, tentando ouvir as conversas de pequenos grupos, captando orientações e vendo o que as pessoas escreveram como evidência da tarefa. Descobrimos que os participantes ficam bastante tranquilizados de ver que mesmo com toda a prática que tivemos, não captamos nada, começamos frases que não terminamos e somos um pouco confusos.

Para muitas pessoas, as nuanças de que tipos de descrição são mais ou menos úteis não fazem sentido até que elas estejam mais aprofundadas no processo de rodadas e realmente tentando usá-las. Como um participante da rede disse: "Eu realmente não entendia o quanto era importante ter evidências refinadas até a nossa primeira visita de rodadas.

Agora estou fazendo anotações muito melhores. Eu sei que tenho um longo caminho, mas acho que estou começando a entender".

■ ■ ■

Dicas e pontos importantes

Além de aprender novas abordagens, a observação requer que muitos de nós desaprendam alguns aspectos. Frequentemente, desaprender é mais difícil que aprender. Aqui estão algumas dicas para ter em mente.

- *Desconforto não é errado.* Ver, ouvir e discutir a vida rica e variada das salas de aula é frequentemente mais assustador para as pessoas que estão liderando o trabalho de melhoria. Eu vou perder toda a credibilidade [secretário de educação, diretor, instrutor, professor, etc.] se eu de algum modo revelar que não sei coisa alguma sobre ensino e aprendizagem? Essa preocupação com frequência leva as pessoas a fazer pronunciamentos avaliativos sobre o que viram por um desejo de provar seu conhecimento. Uma das coisas mais lindas sobre uma rede de colegas focados na melhoria é que a própria fonte da angústia também é o que a torna uma fonte rica de aprendizagem e reafirmação para os participantes. Revelar nossa própria prática, vulnerabilidades, dúvidas e ideias, e discuti-las com os colegas, mostra-nos que não somos tão diferentes. Revela também que, juntos, somos e podemos nos tornar muito mais dinâmicos do que se cada um de nós tentasse pensar sobre ensino e aprendizagem e melhorá-los por conta própria. Contudo, esse trabalho é assustador antes de ser estimulante e catalítico. Uma forma de torná-lo um pouco menos assustador é reconhecer inicialmente que esse é um trabalho desafiador e, para a maioria de nós, desconhecido; que não seria de esperar que alguém o conhecesse, não importa qual fosse seu papel; e que vamos todos aprendê-lo juntos. Logo, não há problema em deixar que as pessoas se contorçam um pouco, porque frequentemente uma boa aprendizagem nasce do desconforto.
- *Seja rigoroso sobre a regra de somente-evidência desde o início.* O desafio número um para a maioria das pessoas é permanecer no modo descritivo – isso persiste ao longo do tempo como um desafio e é particularmente difícil no início do trabalho conjunto da rede. O melhor remédio para isso é praticar, praticar, praticar e ser vigilante sobre chamar a atenção uns dos outros quando ocorrer um desvio do descritivo. Os participantes serão tentados a deixar alguns comentários não probatórios passar sem controle. Resista à tentação. Você não estará fazendo um favor a seus colegas, sua rede e, finalmente, seus alunos deixando a conversação ser indisciplinada. Uma vez que alguns julgamentos deslizem para dentro da conversação, eles têm o hábito de se reproduzir como coelhos. A intervenção precoce ajuda a estabelecer uma norma sobre como você fala com os outros e auxilia a desenvolver uma prática de observação baseada

na evidência, que mais tarde será um fundamento crítico para a melhoria do ensino.
- *Discuta as razões subjacentes à descrição.* O desafio número dois, que está relacionado ao desafio número um, é convencer as pessoas de por que é importante permanecer no modo descritivo. Algumas pessoas aceitam que isso é parte da prática ou confiam no facilitador ou no líder que diz que é importante, logo é razão suficiente para fazê-lo. Outras pessoas estão convencidas de que podem entrar em uma sala de aula e, em três minutos, serem capazes de diagnosticar o que está acontecendo e o que o professor precisa fazer. Estas apresentam pouca paciência para o processo de observação coletiva e o diálogo, e trazê-las para bordo pode ser um processo lento de reforço do grupo em relação às normas de descrição e de conversações entre as pessoas sobre por que é importante. Essas pessoas geralmente estão questionando muitas partes das rodadas – a rede, a descrição, o tempo que leva, sua conexão com resultados – e necessitam tanto de conversa quanto de experiência para descobrir que as rodadas são diferentes do que elas estão acostumadas e como elas podem ser eficazes em seu trabalho. Muitas pessoas vão estar "no meio", ou seja, elas estão dispostas a tentar, mas na verdade não entendem por que é importante. Para os questionadores e os intermediários, ter conversas explícitas sobre por que é importante, com exemplos específicos de evidência e julgamento e os tipos de conversas que você pode ter, é útil. Logo, você precisa entrar nas salas de aula e passar por todo o processo das rodadas, assim, a evidência como uma base se torna mais aparente.
- *Controle o que você está aprendendo sobre descrição e reveja ao longo do tempo.* Como discutimos no Capítulo 3, parte de como a rede se desenvolve recai em controlar sua aprendizagem ao longo do tempo. A descrição é um bom aspecto para começar a praticar, particularmente porque ela precisa ser revista e reforçada de modo periódico, não importa o quanto a rede seja especializada. As redes podem começar mantendo uma lista curta de dicas que pode ser desenvolvida durante as primeiras sessões práticas, como "sem julgamentos; refinamento; foco no que você vê, não no que você não vê; deve ser relevante", e assim por diante.

Embora possa parecer lento no início focar tanto a descrição, este é um exemplo de "ir devagar para ir rápido". Nos cursos que ministramos em Harvard e com profissionais, passamos muitas horas assistindo a vídeos e descrevendo o que vemos antes de permitir que as pessoas passem para a análise, a previsão e o próximo nível de trabalho. Os educadores podem achar que não têm nem tempo nem paciência para passar horas na descrição, mas todos nós ainda precisamos de muita prática. Isso não significa que as redes devem se afastar das visitas às salas de aula até que todos os participantes tenham dominado a descrição. Após algumas sessões práticas, é hora de entrar nas salas de aula. As redes continuam a trabalhar na descrição de modo intenso durante os primeiros meses de visitas e revisitam essas aulas regularmente. Se você construir uma base forte, será capaz de acelerar a aprendizagem da rede e a aplicação de tal aprendizado para a melhoria no ensino.

NOTA

1 O termo *escada da inferência* vem do trabalho de ARGYRIS, C.; PUTNAM, R.; SMITH, D. M. *Action Science*. San Francisco: Jossey-Bass, 1985. Ver também SENGE, P. M. et al. *Schools that learn*. New York: Doubleday, 2000. p. 68-71.

5

Fazendo as rodadas – Parte 1: problemas de prática e observação

Houve um murmúrio na sala quando as rodadas estavam para começar. O diretor Randall Lewis entrou na biblioteca, onde a rede tinha se reunido para tomar café, comer bolinhos e conversar antes do início oficial do dia. "Bem-vindos à Jefferson Middle School. Estamos empolgados por recebê-los aqui, hoje, para nos ajudar com nossos problemas de prática. Também estamos um pouco nervosos. Bem, talvez muito nervosos, mas tudo bem. Temos orgulho de nossa escola e sabemos que temos muito trabalho a fazer. Eu disse aos professores que isso diz respeito a minha aprendizagem e a aprendizagem da rede, e que vamos receber muito boas informações tendo tantos olhos e ouvidos em nossas salas de aula."

Randall pediu a seus colegas para tirar o folheto de suas pastas descrevendo as atuais iniciativas da escola e do distrito. "Na primavera do ano passado, lançamos uma nova iniciativa de alfabetização, que exigiu uma mudança radical nas estratégias de ensino para muitos de nossos professores. Um ano depois, estamos tentando entender o que aprendemos e o que ainda não dominamos e se isso se traduziu em diferentes tipos de aprendizagem para os alunos." Após Randall ter descrito o problema de prática, ele chamou a atenção dos membros do grupo para seus horários a fim de saber a que equipe de observação eles se juntariam e onde eles visitariam: "A numeração das salas de aula é bastante criativa, portanto se vocês se perderem, o melhor é perguntar a um aluno".

Os participantes reuniram seus pertences, pegaram um mapa da escola e o esquema de observação em uma mão e papel para tomar notas na outra, e encontraram e cumprimentaram os outros membros de sua equipe de observação. Havia uma expectativa no ar, como um grupo de cientistas prestes a embarcar em um trabalho de campo para coletar dados.

Após uma rede ter se preparado com o aprendizado sobre o núcleo pedagógico e as teorias da ação, o lançamento de uma rede e o desenvolvimento da disciplina de ver, passa-se à prática das rodadas: é hora de entrar nas escolas e nas salas de aula. Neste capítulo e no próximo, descrevemos um ciclo "tradicional" de rodadas e as metas relacionadas a sua aprendizagem. Embora cada rede tenha colocado seu próprio selo no processo de rodadas, há um conjunto de elementos comuns que são consistentes entre todas as redes: um problema de prática; a observação da prática; o balanço da observação (*debriefing*); e o próximo nível de trabalho. Adicionar um elemento ainda mantém fidelidade ao modelo de rodadas. Retirar qualquer um dos quatro elementos, entretanto, não mais constituiria rodadas. Esses elementos da prática de rodadas são resumidos no Quadro 5.1. Este capítulo trata dos dois primeiros elementos das rodadas: identificar o problema de prática e observar a prática.

Quadro 5.1 Os quatro elementos das rodadas

Problema de prática	Observação da prática	Reunião de balanço da observação	Próximo nível de trabalho
A escola identifica um problema de prática que: • foca o núcleo pedagógico; • é diretamente observável; • é passível de ação (está dentro do controle da escola/distrito e pode ser melhorado em tempo real); • conecta-se a uma estratégia de melhoria mais ampla (escola, sistema); • é adotado pela rede como foco para a aprendizagem dela.	As equipes de observação coletam dados que são: • descritivos e avaliativos; • específicos; • sobre o núcleo pedagógico; • relacionados ao problema de prática.	As equipes de observação discutem os dados: • *descrevem* o que viram; • *analisam* a evidência descritiva (Que padrões você vê? Como você poderia agrupar os dados?); • *prediz* o que os alunos estão aprendendo. Se você fosse aluno desta classe/escola e fizesse tudo o que a professora dissesse para você fazer, o que saberia e seria capaz de fazer?	Cada participante debate o próximo nível de trabalho por meio das seguintes ações: • compartilhar a teoria da ação no nível distrital; • compartilhar o contexto distrital, incluindo recursos, capacitação profissional e iniciativas atuais; • discutir o próximo nível de trabalho para esta semana/ou próximo mês/ou final do ano; • discutir sugestões no nível da escola e no nível do distrito; • vincular sugestões para a teoria da ação do distrito (e da escola).

continua

Quadro 5.1 Os quatro elementos das rodadas (continuação)

Problema de prática	Observação da prática	Reunião de balanço da observação	Próximo nível de trabalho
Passos adicionais para suporte a esse elemento de rodadas			
Fornecer um contexto no nível de escola ou distrito para o problema de prática. Descrever o ensino e a aprendizagem ideais em relação a esse problema de prática. • O que os alunos estariam fazendo/dizendo? • O que os professores estariam fazendo/dizendo? • Criar um projeto de trabalho que capture o desenvolvimento da aprendizagem do grupo.	Pode incluir um formato específico para anotação da observação ou um conjunto de diretrizes: • O que os alunos estão fazendo/dizendo? • O que os professores estão fazendo/dizendo? • Qual é a tarefa?	Usar um protocolo de afinidade para agrupar os dados. Usar padrões externos para agrupar os dados.	Fazer perguntas adicionais: • O que os professores precisam saber para apoiar a aprendizagem ideal (descrita no projeto de trabalho)? • O que a escola/o distrito precisa saber para apoiar a aprendizagem ideal? • Desenvolver um projeto de trabalho do que é uma liderança e aprendizagem ideais no nível de escola e de distrito (O que os professores, diretores e gestores da secretaria de educação estão dizendo/fazendo?).

Fonte: Os autores.

As rodadas têm duas metas de aprendizagem principais que se complementam entre si:

1. Desenvolver as habilidades dos membros da rede chegando a um entendimento comum da prática efetiva e de como apoiá-la.
2. Apoiar a melhoria do ensino no local anfitrião (escola ou distrito), compartilhando o que a rede aprende e desenvolvendo habilidades no nível local.

Sobretudo no início do desenvolvimento de uma rede, muitos participantes focam primariamente a segunda meta: como podemos ajudar as pessoas que são os anfitriões da visita? Esse é um objetivo louvável e importante, mas não é o único. As visitas de rodadas ajudam a rede a desenvolver-se como um grupo que, ao longo do tempo, cria um sentido rico do que esperam ver nas salas de aula, uma concordância sobre o que estão realmente vendo e estratégias para como tornar a esperança realidade. As rodadas também auxiliam a todos os indivíduos na rede, sejam eles o anfitrião de uma visita ou um colega participando da visita e aguçam seu entendimento em relação ao núcleo pedagógico e sua teoria da ação pessoal sobre seu papel na melhoria dele. Se as rodadas não alcançarem todas essas metas, a rede não durará muito. É necessário muito tempo e muita energia para participar das rodadas, e se o único benefício fosse ser o anfitrião, isso provavelmente não seria suficiente para segurar os participantes, sobretudo porque na maioria das redes, cada participante é anfitrião apenas uma vez a cada dois ou três anos. Mais frequentemente, as rodadas não alcançam todas essas metas, mas, às vezes, os participantes não têm consciência do quanto eles estão aprendendo, visto que o foco deles tende a ser mais externo do que interno. Há diversas formas de ajudar os participantes a focar tanto o exterior como o interior, conforme descrevemos neste capítulo e em outra parte do livro.

PROBLEMAS DE PRÁTICA

O primeiro passo nas rodadas é identificar um problema de prática no qual a rede se concentrará durante a visita de rodadas. Um problema de prática rico:

- foca o núcleo pedagógico;
- é diretamente observável;
- é passível de ação (está dentro do controle da escola ou do distrito e pode ser melhorado em tempo real);
- conecta-se a uma estratégia de melhoria mais ampla (escola, sistema);
- é de alta influência (se sofresse ação, faria uma diferença significativa para a aprendizagem dos alunos).

Em resumo, o problema de prática é algo que o preocupa e que faria uma diferença para a aprendizagem dos alunos se você o melhorasse. Outrossim, é um componente crítico das rodadas por diversas razões: ajuda a focar a atenção da rede – "De todos os aspectos a que poderíamos prestar atenção nas salas de aula, vamos nos concentrar particularmente nas (perguntas, tarefas, conversas, etc.)". Também ajuda a tornar mais provável que a visita seja uma aprendizagem proveitosa tanto para os anfitriões como para os participantes da rede. Verificamos repetidamente que os problemas de prática que não satisfazem os critérios anteriores (i.e., eles não são fundamentados em um dilema atual que os professores e a administração enfrentam, evitam aspectos difíceis de falar ou tentam de maneira indiscriminada encobrir tudo sobre o que os anfitriões têm dúvidas) não são tão úteis quanto poderiam ser. O Quadro 5.2 apresenta alguns exemplos de problemas de prática.

Quadro 5.2 Exemplos de problemas de prática

Nossas crianças frequentemente não têm oportunidades de praticar o raciocínio, de trabalhar em grupo ou de solucionar problemas por meio de tipos de modalidades diferentes. Como resultado, nossos alunos geralmente são desmotivados, desfocados e alheios à tarefa. As aulas não estão satisfazendo consistentemente as necessidades motivacionais e de aprendizagem dos alunos.

- Qual é a natureza da tarefa?

Quando tentam resolver problemas escritos não familiares, nem todos os alunos aplicam o que aprenderam nas aulas de matemática. Os professores se sentem frustrados ao verificar que os alunos não usam o que ensinaram. Os alunos não fazem associações entre as aulas dos professores e a tarefa que devem resolver sozinhos. Os professores podem não verificar a compreensão frequentemente ou de forma significativa durante a aula.

- Como os professores sabem o que os alunos sabem durante a aula de matemática que você observa?
- O que os alunos saberiam e seriam capazes de fazer a partir da aula de matemática que você observa?

De nossos alunos na educação especial, 70% não passaram no exame estadual do ano passado. Em particular, eles não foram bem nas perguntas de resposta aberta tanto em matemática como em português. Em muitos casos, eles deixaram as questões em branco. Podemos não estar fornecendo a esses alunos prática suficiente em perguntas de resposta aberta. Além disso, podemos estar dando assistência demasiada aos alunos de modo que quando eles têm de enfrentar essas tarefas sozinhos, não sabem como começar.

- Que tipos de tarefas os alunos estão sendo solicitados a fazer na aula?
- De que formas diferentes você observa que os alunos iniciam o trabalho atribuído em aula?

Fonte: Os autores.

DESENVOLVENDO O PROBLEMA DE PRÁTICA

De onde vem o problema de prática? Ele não é uma fantasia e não surge do nada. Ele se origina de dados, de diálogo e do trabalho atual. O problema de prática está fundamentado em algum tipo de evidência, de preferência evidência compartilhável (em outras palavras, não apenas na intuição do anfitrião, que provavelmente é baseada na observação, mas que não é de forma alguma para compartilhar com a rede). É algo em que os anfitriões já estão trabalhando ou pensam que poderia ser necessário lidar. Os planos de melhoria da escola e do distrito são frequentemente bons recursos para os problemas de prática, embora, às vezes, aqueles documentos sejam mais sobre conformidade do que sobre em que o sistema está de fato trabalhando.

Por exemplo, em uma escola que estava preocupada com a aprendizagem de sua população de educação especial, o problema de prática fluiu naturalmente do trabalho relacionado.

A escola compartilhou com os membros da rede a seguinte lista de objetivos que tinha preparado para fazer um progresso anual adequado (AYP, do inglês *adequate yearly progress*) e para ultrapassar o AYP no ano seguinte:

- Diminuir a lacuna de aprendizado entre alunos da educação especial e alunos do ensino regular em nossa escola.
- Levar nossos alunos da educação especial a alcançar níveis de aprendizado tão altos quanto os dos alunos da educação especial do estado.
- Levar todos os alunos do ensino regular a aumentar seu nível de desempenho no teste estadual em um nível. Para conseguir isso, estamos focando duas áreas de debilidade indicadas por nossa análise: vocabulário matemático (pré-escola ao quinto ano) e sentido numérico (sexto ao oitavo ano).

A escola, então, compartilhou algumas perguntas que estava fazendo e desejava que a rede investigasse:

- Nós, como adultos, estamos modelando o uso de vocabulário matemático de alto nível relacionado a nossas aulas de currículo matemático de modo que os alunos possam ser observados usando-o independentemente em sua própria linguagem?

- De modo geral, em qualquer classe, *todas* as crianças estão envolvidas em uma tarefa de alto nível? Uma tarefa de alto nível pode ser definida como: (1) baseada em padrões (usando os currículos de ciência, de matemática, ou de alfabetização colaborativa); (2) de alto interesse para os alunos; (3) prática sempre que possível; (4) uma tarefa que estimula o pensamento deles de alguma forma nova; e (5) uma tarefa que exige que eles apliquem seu conhecimento. Essa questão surge como resultado de nossa lacuna de aprendizado entre os alunos do ensino regular e os da educação especial. Os alunos da educação especial devem ser observados fazendo tarefas de alto nível, mas com adaptações que lhes permitam sucesso na realização das tarefas.

O problema de prática surge durante várias conversas na sede do anfitrião e entre os anfitriões e o facilitador:

- Os anfitriões debatem alguns possíveis problemas de prática.
- O facilitador ajuda os anfitriões a aprimorar aquelas possibilidades em um projeto de prática que será proveitoso tanto para os anfitriões quanto para a rede.
- Os anfitriões refinam o projeto, às vezes com mais assistência do facilitador, para sua forma final.

O processo é muito repetitivo e pode incluir outras conversações e revisão.

Para o primeiro passo, os anfitriões imediatamente partem para a pergunta de quem envolver no processo de debate e como fazê-lo. No mínimo, o diretor anfitrião estará envolvido; e se for uma rede de secretários de educação, o secretário também estará envolvido. Contudo, fica a critério dos anfitriões. Às vezes, os anfitriões envolveram outras pessoas de uma variedade de papéis, incluindo funcionários da secretaria de educação (p. ex., vice-secretário de educação, chefe da capacitação profissional, chefe de determinada área de conteúdo que o distrito está focando) e o pessoal da escola (p. ex., diretor-assistente, líderes docentes, coordenadores pedagógicos). Alguns anfitriões utilizam as estruturas existentes, como uma equipe de liderança escolar ou distrital, para iniciar a conversação sobre possíveis problemas de prática, enquanto outros reúnem um grupo de líderes docentes especialmente para a visita de rodadas. Alguns anfitriões têm uma conversação ampla (p. ex., reunião de todo o corpo docente), e outros limitam a conversação a algumas pessoas. Vimos um diretor convidar membros do corpo docente para debater ideias para o problema de prática e escrevê-las em folhas de papel. Então, o diretor levou essas folhas para uma reunião da equipe de liderança pedagógica, e a equipe agrupou ideias semelhantes e escolheu uma para focar. Também vimos um secretário de educação e um diretor reunirem-se e decidirem sobre o problema de prática por conta própria.

Essas escolhas dependem fortemente do contexto, e não há uma abordagem "correta". Não obstante, é fundamental pensar sobre o papel dos professores no processo de articulação de um problema de prática, já que a prática deles está sendo observada de forma direta e que muitos justamente se perguntarão o que fazer com todos esses educadores visitando sua classe. Também consideramos mais fácil e geralmente mais significativo compartilhar os dados resultantes com os professores que estiveram envolvidos em sua petição desde o início.

Embora o façam, os participantes emergem do primeiro passo com uma lista curta de possíveis problemas de prática. Eles frequentemente acham útil neste estágio ver exemplos de problemas de prática a fim de terem uma noção do que são problemas ricos.

No passo seguinte, um facilitador ajuda os anfitriões a pegar o material bruto do debate e moldá-lo em um problema de prática refinado. Algumas perguntas que o facilitador pode fazer no início da conversação são:

- Quais são alguns dos pontos fortes de sua escola? Que áreas precisam ser fortalecidas?
- Como você sabe sobre os pontos fortes e os fracos? Quais são suas fontes de dados? Como você sabe se está fazendo progresso nessas áreas?
- O que mais você ficou sabendo por essas fontes de dados?
- O que você considera confuso em relação aos dados?
- O que pareceu desafiador? Com o que seu corpo docente continua a ter dificuldades?

Enquanto o facilitador escuta as ideias dos anfitriões para o problema de prática, de onde veem essas ideias, e o contexto da escola ou do distrito anfitrião está retornando aos anfitriões o que está sendo ouvido e sendo oferecida uma linguagem para captar suas ideias: "O que ouvi você dizendo é... É isso mesmo?" e "Parece que temos várias possibilidades para um problema de prática: X, Y, Z... Qual delas você sente que é a que deve abordar?". Frequentemente, o papel do facilitador é ajudar a diminuir as possibilidades; essa é uma oportunidade de considerar as necessidades tanto do anfitrião quanto da rede. Visto que uma das metas das rodadas é aprofundar o entendimento da rede, o facilitador está pensando em que etapa do desenvolvimento a rede está. Às vezes, os anfitriões estão pensando sobre isso também, mas a maioria deles acha difícil pensar sobre suas próprias necessidades e as necessidades da rede ao mesmo tempo. Muitas vezes, funciona melhor para os anfitriões se concentrar em seu próprio trabalho, enquanto o facilitador pensa sobre os interesses da rede mais ampla. O facilitador pode orientar o anfitrião na direção de uma ideia se é algo que a rede tem discutido ou que a levaria a um entendimento mais profundo da aprendizagem e do ensino – ainda é autenticamente um problema para os anfitriões e um problema que ajudará a rede. O problema de prática sempre vem dos anfitriões, não do facilitador.

No passo final do processo, é útil dar algum tempo para avaliar cuidadosamente o problema de prática. Ele satisfaz os critérios de um problema de prática rico? Ele parece relevante e significativo? Ele é suficientemente restrito e focado? É claro? A linguagem mais simples pode substituir qualquer palavra técnica? Às vezes, os anfitriões trazem o problema de prática de volta para um corpo docente mais amplo nesse ponto. Quando os anfitriões e o facilitador estiverem satisfeitos com o problema de prática, é hora de participar de outra preparação para a visita (ver Apresentação A.4 no Apêndice para informação sobre a logística requerida para a visita).

OS DESAFIOS DE DESENVOLVER UM PROBLEMA DE PRÁTICA

Há diversos desafios comuns que surgem quando uma rede desenvolve um problema de prática. Muitos desses desafios são simplesmente questões de profundidade. Por exemplo, as declarações do problema são muito detalhadas ou muito gerais; os anfitriões fornecem muito ou pouco contexto para um problema; ou as redes têm habilidade ou conhecimento insuficientes para tratar adequadamente de um problema de prática. Examinemos alguns dos desafios mais comuns.

Concentração demasiada no problema de prática

É comum que os anfitriões desejem que a rede examine muitos aspectos, em parte porque todos nós temos diversos problemas com os quais nos preocupamos em determinado momento e é difícil escolher um. Isso é especialmente um desafio no início para a rede, quando todos estão aprendendo como fazer as rodadas pedagógicas: os anfitriões ainda não veem o valor da focalização, e a rede ainda não está muito habilidosa e, portanto, terá dificuldades para lidar com problemas multidimensionais e com as perguntas feitas. Após adquirir alguma experiência e habilidade, uma rede pode ter várias perguntas em mente nas salas de aula, mas, inicialmente, é útil possuir apenas uma pergunta: Qual é o problema que está na raiz dos outros ou com o qual você deve se preocupar mais, ou que você acha que é da mais alta influência? Mesmo quando o grupo é mais experiente e habilidoso, é difícil ater-se a mais de três perguntas ou áreas de foco nas salas de aula. No início de nossa própria prática de rodadas, permitíamos que os anfitriões apresentassem até seis perguntas, e nos víamos tendo conversas que eram pouco úteis para a escola ou para a rede – havia simplesmente aspectos demais para reunir e discutir – e acabávamos sendo superficiais.

Síndrome da implementação/auditoria

Frequentemente, os anfitriões desejam que a rede procure evidências de algo que estão tentando implementar, como estratégias de alfabetização ou um novo currículo de matemática. Há uma linha tênue entre usar as rodadas como uma auditoria para verificar se as pessoas estão fazendo o que deveriam estar fazendo (não é bom) e empregá-las para encontrar evidências de que o núcleo pedagógico é como deveria ser se a implementação estivesse acontecendo (é bom). Em outras palavras, o que você esperaria ver nas salas de aula se o novo currículo de matemática estivesse sendo bem-implementado? Uma estratégia simples para desviar a conversa é focar o tipo de *aprendizagem* que você quer ver, em oposição ao tipo de *ensino* que espera ver – resumindo, foco nos alunos, não nos professores. Às vezes, voltar ao problema que está sendo tratado ou ao tipo de aprendizagem que você quer ver pode ser útil (p. ex., os alunos estão envolvidos demais nos processos matemáticos, e queremos que eles entendam os conceitos ou que eles escrevam e leiam de forma independente).

De modo similar, basear-se em dados pode ajudar. Por que você está interessado em verificar esta questão? O que você já sabe sobre ela?

Em uma escola que visitamos, o distrito tinha investido fortemente na capacitação profissional em relação às estratégias de alfabetização. Por meio de autorrelatos e observações, ele sabia que os professores estavam realizando o número de estratégias necessário. O distrito achava que nem os professores nem os alunos tinham internalizado as estratégias; portanto, após a conversação, ele reestruturou o que havia sido inicialmente uma verificação de implementação para as seguintes questões:

- Que estratégias de alfabetização os alunos estão usando?
- De que formas os professores ensinam estratégias de alfabetização?

É possível notar, aqui, que em vez de fazer perguntas do tipo "Você acha que...?", que poderiam ser respondidas com sim ou não, eles fizeram perguntas mais abertas e que estimulavam os membros da rede a coletar evidências naquelas áreas.

Em outra rede, a escola anfitriã tinha investido em um ano de capacitação profissional em relação a "questões de ordem superior" (de acordo com a taxonomia de objetivos educacionais de Bloom), e se perguntava se os observadores da rede veriam alguma evidência daquelas questões.[1] A escola articulou seu problema de prática: "Os alunos não estão aprendendo em níveis elevados e os professores estão focados principalmente em memorização e procedimento". As questões de foco eram "Que perguntas você ouve?" e "Quem as está perguntando ou respondendo?". Notamos que o problema de prática não pede evidências de questões de ordem superior; ele amplia o foco um pouco mais, porque a escola anfitriã queria coletar todas as perguntas e examiná-las e ver a distribuição de que tipos de perguntas estavam sendo feitas. Na reunião de balanço (*debriefing*) das observações da sala de aula, logo tornou-se evidente que a maioria das perguntas estava focada em memorização e procedimento, embora houvesse mais de uma série de perguntas do que quando a escola começou a trabalhar com perguntas. Isso motivou um debate tanto na rede quanto, mais tarde, na escola sobre o crescimento que era evidente na prática, bem como sobre qual deveria ser o próximo nível de trabalho após a consideração dos dados.

Uma parte da tensão da implementação/auditoria é em relação a estruturação e intenção – estamos indo nas salas de aula para aprender sobre o núcleo pedagógico (interação de professores e alunos e conteúdo) ou para checar os professores? Se for o primeiro, são rodadas. Se for o último, não são rodadas. As auditorias de implementação podem ter seu lugar em nossa estratégia de melhoria, mas elas não são rodadas. As rodadas devem ser acerca de enigmas e pesquisa compartilhada e sobre ver cada fragmento de dados como uma oportunidade de aprendizagem e uma sinalização para a "Estrada do Apoio", não como responsabilização disfarçada. Não realizamos as rodadas para outras pessoas. Fazemos para nós mesmos e para os nossos alunos. Fazemos as rodadas juntos. Se parece que elas estão sendo feitas para alguém, elas necessitam de ajuste.

Declaração do problema muito ampla ou muito vaga

Quanto mais específico for o problema de prática, mais específicos e úteis serão os dados de observação e as recomendações no próximo nível de trabalho. Problemas de prática vagos levam a observações e recomendações vagas.

Uma anfitriã com quem trabalhamos não queria focar seus colegas em determinada questão – em suas palavras, ela não queria influenciá-los e gostaria da opinião deles sobre todo o quadro. Portanto, ela lhes deu várias perguntas que eram variações sobre três questões centrais com as quais iniciamos: O que os professores estão fazendo e dizendo? O que os alunos estão fazendo e dizendo? Qual é a tarefa? Estas são perguntas excelentes para usar como ponto de partida, mas elas não focam qualquer elemento da prática em particular. Como resultado, os dados e a conversa produzida são abrangentes e um produto do que cada indivíduo na rede valoriza e não do que o anfitrião precisa ser ajudado. A mesma rede teve uma conversa muito produtiva em resposta ao estímulo recém-apresentado sobre que perguntas eles tinham ouvido e um debate genérico, improdutivo em resposta a essas questões gerais.

Não é influenciar o grupo pedir que os participantes se concentrem quando estão em uma sala de aula – o foco ajuda as pessoas a serem melhores observadoras. De fato, nesse caso, a anfitriã tinha em mente problemas de prática particulares (como todos temos, mesmo que eles sejam implícitos em nossas mentes) e queria ver se seus colegas perceberiam os mesmos aspectos sem estímulo. O *feedback* foi muito abrangente para servir como confirmação ou rejeição.

Os anfitriões frequentemente querem alguma verificação do que acham que estão vendo em seu próprio sistema. A melhor forma de verificar isto é ser claro sobre qual é o problema de prática e ver que evidências seus colegas coletam acerca dele. Uma vice-presidente do sindicato dos professores enfatizou essa ideia quando explicou o que a evidência significava para ela: "Eu a vejo apenas como dados. Se você retorna ao problema de prática que foi gerado pelos professores, vê como eles querem que ele [o ensino] seja. Tudo o que estamos fazendo é mostrando a eles, o panorama e a aprendizagem, é eles pegarem esse panorama e fazerem alguma coisa com ele. Temos o cuidado de dizer – sem juízo de valor – apenas diga o que é. Apenas diga o que vemos".

Ao contrário de outras conversas entre colegas que podem ser influenciadas por preconcepções, os debates durante as rodadas são inteiramente fundamentados em evidência e, portanto, não tão suscetíveis a agendas individuais. Se não houver evidência, isto aparecerá na reunião de balanço (*debriefing*).

Contexto demais ou de menos

Às vezes, perguntas gerais podem funcionar se o contexto for específico. Por exemplo: "Qual é a tarefa?", pode ser uma pergunta rica para uma rede e ajuda a saber como são algumas das evidências em torno da aprendizagem e no que o sistema tem trabalhado. Com alguns problemas de prática, é útil ter algum contexto.

No mínimo, é útil saber algumas informações básicas, como quantos são os alunos e professores na escola e no distrito anfitriões, dados demográficos e destaques do desempenho dos alunos. Às vezes, os anfitriões também compartilham informações sobre programas ou aspectos especiais da escola ou do distrito (p. ex., classes multisseriadas, inclusão de alunos com deficiências no ensino regular, programa de mandarim, foco nas artes). O princípio condutor é: O que os membros da rede necessitam saber antes de observar? Posteriormente no processo de rodadas, os anfitriões podem compartilhar mais informações, como o que eles estão fazendo para tratar o problema de prática. Constatamos que é pouco provável que os membros da rede leiam várias páginas de contexto. É mais provável que eles leiam um documento de uma página, prestem atenção aos anfitriões que dão o contexto em voz alta e consultem quaisquer artigos sobre o contexto (p. ex., gráficos e tabelas), enquanto fazem o balanço e discutem o próximo nível de trabalho.

Rede com conhecimento ou habilidade inadequados para o problema em questão

Se o problema de prática é algo em que a rede não esteve envolvida antes, ela deve perguntar se necessita de algum tipo de conhecimento, habilidade ou entendimento comum para tratar do problema. Se a resposta for sim, a rede deve decidir se os participantes necessitam antes de irem para as salas de aula ou se eles podem tratar tal deficiência em outro momento, como após as observações e a reunião de balanço, mas antes do próximo nível de trabalho. Abordamos essa questão mais completamente no Capítulo 7. Ao projetar o problema de prática, a rede deve considerar e planejar essa questão. Se o problema requer mais conhecimento e desenvolvimento de habilidade do que a rede tem tempo, então pode ser mais sensato escolher um problema de prática diferente. Raramente esse é o caso em nossa experiência, mas, às vezes, uma estruturação mais genérica pode mudar o problema para algo em que a rede pode se envolver.

OBSERVAÇÃO DA PRÁTICA

O propósito de visitar salas de aula é obter diretamente dados sobre o trabalho de ensino e de aprendizagem. Isso será o material bruto que os participantes usam ao longo do dia de aprendizagem.

Frequentemente para as rodadas, não há instrumentos de anotação específicos – apenas blocos de notas em branco. Em outras visitas, as escolas podem fornecer folhas específicas para anotações, dependendo do problema de prática e do tipo de evidência que os anfitriões gostariam de reunir. As escolas podem querer que os observadores mantenham registros ou organizem suas anotações de uma forma que seja mais útil para elas após a visita. Algumas redes desenvolvem suas próprias folhas de observação para usar durante todas as visitas.

A cada visita de rodada, antes de sairmos para as salas de aula, revisamos nossas diretrizes de observação:

- Escutem; não interrompam o professor ou perturbem a aula.
- É bom fazer perguntas aos alunos desde que pareça apropriado naquele ponto da aula.
- Conversem com outros membros da rede durante a reunião de balanço, *não* nas salas de aula ou no corredor.

As redes fazem suas próprias variações dessas diretrizes. Embora as equipes estejam nas salas de aula, sua meta de observação é coletar dados significativos sem interromper a aprendizagem. Conversar entre si (mesmo sussurrando!) nas salas de aula é perturbador e desrespeitoso, e concordamos em evitar discutir o que vimos até a reunião de balanço formal após todas as observações. As conversas de corredor costumam ser tendenciosas e críticas (p. ex., "Não foi o máximo!", "Eu ficaria muito entediada se fosse aluna desta classe!").

As equipes de observação de quatro a seis pessoas se espalham pela escola. (Ver exemplo de horário de observação no Quadro 5.3.) Elas entram nas salas de aula e geralmente procuram um lugar discreto para ficar enquanto se orientam na sala. Algumas escolas colocam cadeiras dobráveis no fundo das salas; em outras escolas, os membros da rede sentam em carteiras vazias ou se encostam em armários. Em qualquer caso, a posição é apenas temporária, já que os observadores se movimentam pela sala de aula para ver o trabalho dos alunos e, quando apropriado, para conversar com eles. Em algumas escolas, o professor deixa cópias extras da tarefa atual em uma pilha para os membros da rede. Em todas as escolas, o professor é encorajado a continuar com sua aula quando os visitantes entram; não são necessários apresentações e/ou agradecimentos.

Uma das melhores maneiras de entender o que está acontecendo no núcleo pedagógico é conversar com os alunos, o que recomendamos a menos que o professor os esteja instruindo diretamente. Alguns membros da rede se sentem muito à vontade fazendo perguntas aos alunos, e outros precisam de alguma ajuda para saber que tipos de perguntas fazer. Debater o que fazer quando estiver nas salas de aula e, em particular, que perguntas fazer aos alunos é uma boa atividade para os membros da rede realizarem juntos. Aqui, há algumas de nossas perguntas favoritas:

- O que vocês estão aprendendo? No que vocês estão trabalhando?
- O que você faz quando não sabe a resposta ou fica em dúvida?
- Como você saberá quando terminar?
- Como você saberá se o que você fez é de boa qualidade?

Geralmente, agradecemos aos alunos por compartilhar seu trabalho e por falar conosco ao final de uma troca. As respostas dos alunos fornecem dados valiosos, que os observadores anotam para compartilhar com seus colegas posteriormente.

Quadro 5.3 Exemplo de horário de uma visita de rodadas

	Grupo 1	Grupo 2	Grupo 3	Grupo 4
				Caz B.
	Carole L.	Joe D.	Larry B.	Russell C.
	Barbara V.	Candace D.	Mike A.	Robin H.
	Richard E.	Jack H.	Sarah F.	Chris S.
	Vinnie M.	Linda M.	Laura M.	Kathy W.
9:10-9:35	Sala A3, 1º ano, Park	Sala E3, 6º ano, Matemática/Ciências	Sala A6, 3'º ano, Rodriguez	Sala C6, 5º ano, Benelli
9:35-10:00	Sala B7, pré--escola, Kleindorf	Sala A3, 1º ano, Park	Sala E5, 6º ano Espanhol, Costa	Sala E3, 6º ano Matemática/ Ciências
10:00-10:25	Sala E7, 7º ano SS, Lawrence	Sala A2, 2º ano, Gomez	Sala A4, 3º ano, McConnell	Sala E5, 6º ano, Espanhol, Costa
10:25-10:45	Sala A2, 2º ano, Gomez	Sala E7, 7º ano, Lawrence	Sala E1, 6º ano, Construção de habilidades	Sala A4, 3º ano, McConnell

	Grupo 5	Grupo 6	Grupo 7	Grupo 8
				Tim G.
	Mary E.	Pat B.	Kete C.	Tim G.
	Joellen S.	Barbara B.	Liz C.	Maryann M.
	Joe P.	Damon S.	Paulette J.	Mary R.
	Carolyn T.	Debbie S.	Nancy M.	Ed Mc.
9:10-9:35	Sala E1, 6º ano, Humanities, Heller	Sala E8, 7º ano ELA, Baker	Sala E6, 8º ano Matemática, Mozzer	Sala C5, 5º ano, Jerumal
9:35-10:00	Sala E8, 7º ano, ELA, Baker	Sala B6, pré-escola, Fellino	Sala C5, 5º ano, Jerumal	Sala E6, 8º ano, Matemática. Mozzer
10:00-10:25	Sala B7, pré--escola, Kleindorf	Sala D3, sem ano, Watson	Sala C3, 4º ano, Lawry	Sala C1, 4º ano, Schiavone
10:25-10:45	Sala A1, 2º ano, Hunter	Sala B7, pré-escola, Kleindorf	Sala C1, 4º ano, Schiavone	Sala C3, 4º ano, Lawry

Fonte: Os autores.

Um dilema que os observadores frequentemente enfrentam é se devem dar instruções individuais quando estão conversando com os alunos. Enquanto você está conversando com os alunos sobre o que eles estão fazendo, pode perceber que eles têm dificuldades com uma tarefa ou estão realmente errados ou tendo uma ideia interessante. Você pode achar que poderia estender, redirecionar ou diminuir o nível de frustração deles se assumisse o papel de professor e fizesse uma pergunta ou comentasse algo. Você faz isso? Ou isso distorce seus dados ou invade o terreno do professor? Você está lá como observador, não como auxiliar do professor, portanto agora não é hora de ser o superprofessor. Contudo, todo esse trabalho é para ajudar os alunos a aprender, portanto se o aluno com quem você está conversando precisasse de ajuda e você tivesse uma ideia sobre como orientá-lo(a) (não fazer o trabalho!), não há regra das rodadas contra isso. Nós mesmos já fizemos isso muitas vezes. Afinal de contas, somos educadores. Apenas tentamos lembrar que estamos lá como observadores e reservamos nossas tendências a super-heróis para quando estivermos pensando em uma maneira de ajudar todo o sistema a auxiliar cada um desses alunos.

■ ■ ■

Dicas e pontos importantes

Aqui estão algumas dicas sobre o problema de prática e de observação. Mais uma vez, a questão é que você está tentando melhorar a aprendizagem em uma rede e não avaliar os educadores.

- *Não vise ao problema de prática "perfeito".* A rede ficará melhor aperfeiçoando os problemas de prática ao longo do tempo, e o problema não precisa ser perfeito para ser útil. Se ele satisfaz os critérios de um problema de prática rico, descrito anteriormente no capítulo, ele será útil.
- *Olhe para baixo, não para cima.* Ao observar uma sala de aula, concentre-se no que os alunos estão realmente fazendo, não no que o professor pediu para fazer ou sobre o que parece ser a conversa. Lembre os princípios do núcleo pedagógico e o papel da tarefa e como ela prediz o desempenho. Você deve ver como os alunos estão realizando a tarefa para ter um panorama satisfatório a respeito do núcleo pedagógico.
- *Foque nos alunos, não no professor.* Nas salas de aula, a tendência natural da maioria dos educadores é focar o professor. O foco no professor é algo como observar a bola em um jogo de basquete ou futebol, ou observar o maestro em uma sinfonia – muito do que está acontecendo longe da bola ou na frente da sala importa para o resultado. Mais uma vez, com o núcleo pedagógico, você está in-

teressado nas interações de professor, aluno e conteúdo, não apenas em uma porção de qualquer um. Você deseja coletar evidências sobre o professor, mas em sua experiência, a maioria das pessoas não precisa ser lembrada de fazê-lo. As pessoas devem ser lembradas de focar nos alunos. Isso é particularmente desafiador se os professores estiverem falando durante uma observação. Entretanto, os dados sobre o que os alunos estão fazendo nas salas de aula, enquanto o professor está falando, podem ser bastante reveladores.

NOTA

1 Para mais informações sobre as categorias de Bloom, ver ANDERSON, L. W. et al. *A taxonomy for learning, teaching, and assessing*: a revision of Bloom's taxonomy of educational objectives. New York: Longman, 2001.

6

Fazendo as rodadas – Parte 2: reunião de balanço e próximo nível de trabalho

Os diretores na rede conversavam tranquilamente enquanto aguardavam o sinal dos facilitadores para a próxima etapa das rodadas. Eles tinham acabado de retornar das visitas a salas de aulas e, quando todas as equipes voltassem à biblioteca, começaria a reunião de balanço. Visto que esta era a terceira visita deles, havia menos ansiedade na sala em relação às etapas do processo. Entretanto, havia uma percepção cada vez maior de que se inscrever para participar das rodadas era diferente de outros exercícios de capacitação profissional. Os participantes não saíam das sessões com uma pasta cheia de respostas. Na verdade, eles frequentemente saíam com mais perguntas. Como uma diretora explicou: "Eu cheguei neste grupo achando que era uma boa juíza do ensino. Mas agora eu percebo que não sei tanto quanto pensava. Naquele primeiro dia, assim que as pessoas da minha equipe começaram a compartilhar suas observações, eu percebi que estava me faltando muita coisa. É uma experiência de humildade".

"Quando eles vão definir para nós o que é um bom ensino?," perguntou Jonathan depois que os facilitadores orientaram os grupos para encontrar seus lugares e iniciar a triagem de suas observações em busca de porções específicas de evidência para escrever nas etiquetas adesivas. "Eu não tenho problemas em fazer essas visitas escolares e gastar tanto tempo observando. Eu só queria que eles fossem um pouco mais diretos sobre o que acham que deveríamos ver."

"Jonathan, eu acho que você está perdendo o foco", respondeu sua colega Marsha. "Eles querem que nós mesmos descubramos. Temos que usar o que aprendemos a partir de nossas observações para chegarmos a uma definição que possamos todos realmente compartilhar."

"E como vamos fazer isso?", resmungou Jonathan.
Embora Marsha ainda estivesse ela própria aprendendo a entender as etapas, sentia que as rodadas a ajudariam a ser uma líder melhor. Na última sessão do grupo, ela obteve algum entendimento real das técnicas de questionamento que ainda estava remoendo. "Eu acho que é sobre entender o que leva ao aprendizado do aluno."

Os dois últimos passos do processo de rodadas são a reunião de balanço, na qual os participantes peneiram e discutem as evidências que eles reuniram das salas de aula, e o próximo nível de trabalho, em que os participantes utilizam o que aprenderam da reunião de balanço para recomendar os passos seguintes para progredir no problema de prática. Esses passos podem parecer lentos a princípio. Vale a pena ser ponderado e minucioso com esses passos, entretanto, visto que é nessa etapa que os participantes da rede começam a expressar o que sabem e acreditam, bem como o que estão começando a entender e questionar em relação ao ensino e à aprendizagem. Por meio do balanço e do próximo nível de trabalho, os membros da rede começam a construir seu entendimento coletivo e sua prática baseada no núcleo pedagógico.

BALANÇO DA OBSERVAÇÃO

Quando as equipes retornam para a biblioteca, ou outro espaço de reunião, eles tomam um café e tentam não falar sobre as visitas às salas de aula até terem se sentado para um balanço formal de suas observações. A conversação dirige-se sistematicamente "escada da inferência" acima, enquanto o grupo processa o que observou. O propósito da reunião de balanço é considerar as evidências coletadas e passar de concordar sobre o que as pessoas viram para eventualmente concordar com que tipo de aprendizagem resultaria do que elas observaram. Há três passos para o balanço: descrição, análise e previsão. As redes gastam quantidades de tempo variáveis em cada etapa. Elas geralmente precisam gastar a maior parte do tempo na descrição no início de sua experiência das rodadas, porque ainda estão se acostumando a tal habilidade e calibrando seu entendimento de ensino e de aprendizagem. Todos os três passos estão incluídos em cada visita de rodada. Mesmo grupos experientes gastam tempo considerável na descrição, pois essa tarefa é uma fonte de aprendizagem importante.

Descrição

Imediatamente após as observações da sala de aula, sempre parece tentador, sobretudo no início, saltar para uma análise do problema, sugerir algumas medidas que o diretor ou os professores poderiam tomar, ou envolver-se na resolução do problema. Esse não é o propósito da discussão em tal ponto. Esse passo das rodadas redireciona as lentes da indagação diretamente de volta para os dados. Ele mantém nosso olhar lá quando estamos ansiosos para irmos em frente. Para tanto, fazemos deliberadamente o balanço das visitas às salas de aula por meio de um processo que requer que os participantes permaneçam na voz descritiva e escutem e aprendam com os colegas. Primeiro, as pessoas precisam de tempo para refletir sobre o que viram e selecionar porções de dados – frequentemente denominadas fragmentos de evidência – que são relevantes para o problema de prática. Então, geralmente em grupos pequenos, os participantes compartilham o que selecionaram. O que se qualifica como relevante é um conceito que evolui ao longo do tempo à medida que o grupo se torna mais consistente tanto no que está procurando como no que entende que é importante.

Como resultado desse foco ininterrupto e prolongado sobre as salas de aula, os membros de uma rede aprendem a ampliar seu campo de visão para ver mais do que normalmente enxergam sozinhos. Após o balanço de sua primeira observação com sua equipe, uma secretária de educação disse: "Eu percebi que todas as minhas observações eram sobre a professora. Outras pessoas na minha equipe observaram o que os alunos estavam fazendo, e isso me fez perceber que eu não tinha prestado atenção neles." Tais discussões revelam rapidamente que estar na mesma sala não resulta em ver as mesmas coisas. Como a secretária observou, um primeiro passo importante nessas conversações é dar-se conta daquilo que você não percebeu.

Análise

Após chegar a um entendimento comum sobre o que o grupo viu, o próximo passo da reunião de balanço é procurar a evidência e começar a analisar o quadro que ela apresenta. Entender os dados reunidos é uma atividade crítica. A técnica que usamos com mais frequência neste ponto é as equipes de observação agruparem os dados de forma que sejam significativos para eles. Com os dados dispostos na frente deles, os membros do grupo fazem perguntas e procuram padrões. Por exemplo, uma equipe de observação percebeu que, em várias salas de aula, as professoras frequentemente faziam perguntas que requeriam respostas de uma palavra ("Um quadrado tem quantos lados?", "A razão de eles terem visto o camaleão foi porque ele ficou...?") A equipe escreveu "perguntas com respostas de uma palavra" como uma categoria e colocou diversos exemplos sob o título.

Além dos padrões que surgem dos dados, às vezes consideramos útil usar uma estrutura ou padrão externo, como a taxonomia de Bloom revisada ou um conjunto de padrões da área de conteúdo. Em uma rede que escolheu usar a taxonomia de Bloom, todas as etiquetas adesivas se agruparam sob os títulos "memorizar" e "entender". Embora a conversação tanto na descrição como na análise seja focada no problema de prática, damos espaço para a coleta de evidências que pareçam relevantes, mesmo que não seja algo que os anfitriões solicitaram. Com frequência, padrões que aparecem na categoria "relevante" fornecem material para sugestões posteriores, durante a sessão do próximo nível de trabalho. Por exemplo, durante uma reunião de balanço, uma observação na categoria "relevante" citou que as carteiras estavam em carreiras de frente para a professora. Isso motivou uma discussão sobre como poderia ter reduzido a capacidade dos alunos de conversar entre si e possivelmente diminuído a aprendizagem possível naquele contexto.

Temos feito a reunião de balanço de muitas formas diferentes e continuamente a adaptamos de acordo com o que achamos que está e não está funcionando. Aqui, estão alguns princípios básicos comuns a todas as nossas reuniões de balanço:

- *Mantenha-se fiel à evidência.* Como discutimos, durante a reunião de balanço, a conversação deve incluir apenas a evidência. Os participantes podem ajudar uns aos outros a aprender a reapresentar declarações críticas na forma descritiva. Estímulos – como "Qual é a evidência que apoia aquela ideia?" ou algo mais lúdico como "Só os fatos, madame!" – encorajam os colegas a pressionar uns aos outros quando percebem alguém escorregar para a linguagem normativa que mascara as especificidades da prática. Assim, por exemplo, quando alguém diz sobre uma professora que acabou de observar: "Ela é boa em motivar os alunos", um colega usa um estímulo introduzido anteriormente para perguntar: "O que você viu que o fez pensar isso?".

- *Designe um facilitador/cronometrista.* Ter alguém para controlar o tempo e mover os grupos de balanço de uma pergunta para a seguinte ajuda. Geralmente, fazemos um rodízio dessa responsabilidade de uma visita para outra (usando várias estratégias, como "a pessoa cujo aniversário é mais próximo do dia da visita é o facilitador/cronometrista", ou voluntário, etc.).
- *Balanço por perguntas.* Às vezes, fazemos balanços por sala de aula (p. ex., primeiro falamos sobre a sala 101; depois, a 102, etc.). Outras vezes, fazemos balanços pela(s) pergunta(s) de foco do problema de prática. Isso pode ajudar o grupo a permanecer focado na pergunta (se houver várias perguntas, discutimos a pergunta 1 em todas as salas de aula; então, a pergunta 2, etc.) e a observar se há algum padrão entre as salas de aula.
- *Balanços em grupos pequenos e então em grupos médios.* Geralmente fazemos as reuniões de balanço em grupos pequenos (observamos com uma equipe de quatro ou cinco pessoas), e então em grupos combinados (grupos de oito ou dez, com dois grupos que viram as mesmas salas de aula em horas diferentes). Redes menores podem ter uma estrutura de grupo pequena seguidas por um grupo inteiro.
- *Equilibre o tempo de conversação.* Frequentemente, usamos uma diretriz do tipo "todos falam uma vez antes de alguém falar duas vezes" ou "três antes de mim" para ajudar a equilibrar o tempo e ouvir a todos.
- *Escreva para focar a conversação.* Às vezes, fazemos anotações nos grupos pequenos de quatro ou cinco, o que fornece ao diretor anfitrião evidência detalhada para mais tarde, no caso de não tomarmos notas em folhas de observação específicas. Consistentemente, solicitamos aos grupos de tamanho médio, de oito a dez participantes, para anotar algo em um quadro de papel; em geral três padrões de evidência.

As reuniões de balanço (Quadro 6.1) ajudam as redes a desenvolver normas para o que procurar nas salas de aula e como conversar sobre isso, conforme o relato de um membro da rede: "Os grupos frequentemente têm definições diferentes do que é rigor. As atividades e os balanços me fizeram reanalisar o que eu acreditava anteriormente ser bons exemplos de rigor e de pensamento de alto nível e nos ajudaram a chegar a um entendimento comum do que significa rigor para nossa rede".

Quadro 6.1 Exemplo de uma reunião de balanço (descrição e análise)

Individualmente (cerca de 10 minutos):
1. Leia suas anotações.
2. Coloque uma estrela do lado das observações que parecem relevantes ao problema de prática.
3. Selecione cinco a dez porções de dados e escreva cada uma em uma etiqueta adesiva.

Com seu grupo pequeno (cerca de 40 minutos):
4. Compartilhe observações de cada sala de aula que você visitou. Ajude a permanecer na voz descritiva (não avaliativa).
   - "O que você viu/ouviu que o vez pensar isso?"
5. Em um quadro de papel, agrupe a evidência de forma que faça sentido para você. Fragmentos de evidência isolados podem ser um "grupo". Se um fragmento de evidência pertencer a mais de um grupo, copie em várias etiquetas adesivas.

Alternativa
- Se você estiver usando padrões externos (tais como a taxonomia de Bloom ou padrões matemáticos NCTM), enquanto discute cada sala de aula, empregue esse padrão para escolher suas etiquetas. Acrescente observações à categoria "relevante" em um gráfico separado. Essas são observações que não se ajustam ao gráfico (de Bloom), mas são relevantes ao problema de prática.

6. Classifique seus agrupamentos.
7. Identifique padrões.

Com seu grupo de parceiros (15 a 20 minutos):
8. Designem um facilitador (um mestre de obras!).
9. Comparem seus gráficos e identifiquem padrões e elementos contrastantes.
10. Preencham uma grade de quatro quadrantes que resuma os dois gráficos que cada um dos grupos pequenos tem quando se reúnem.
    - Padrões.
    - Contrastes.
    - Evidência específica ao problema de prática.
    - Perguntas.

Com todo o grupo (10 minutos):
11. Façam um balanço do que os grupos aprenderam. Que padrões as pessoas viram? O que as pessoas querem saber?

EXEMPLO DE REUNIÃO DE BALANÇO (DESCRIÇÃO E ANÁLISE) PARA UM PROBLEMA DE PRÁTICA DE VÁRIAS PARTES

Individualmente:
1. Leia suas anotações.
2. Coloque uma estrela do lado das observações que parecem relevantes ao problema de prática.
   Tente obter pelo menos um fragmento de evidência para cada uma das perguntas da escola em seu problema de prática.

continua

Quadro 6.1 Exemplo de uma reunião de balanço (descrição e análise) (continuação)

Com seu grupo pequeno:
3. Escolham um facilitador/cronometrista.
4. Afixados na parede estão três a cinco quadros de papel, cada um com diferentes aspectos do problema de prática. Cada equipe de observação pequena gasta alguns minutos em cada pedaço de papel discutindo a evidência que a equipe viu que diga respeito a esta pergunta. Os grupos então passam para o próximo papel gráfico e acrescentam sua evidência àquela que um grupo anterior adicionou.

Alternativa
- Permaneça sentado com seu grupo pequeno. Gaste cinco a dez minutos por pergunta. Para cada pergunta, cada pessoa compartilha um fragmento de evidência ou abre a conversação para uma discussão mais ampla da evidência que viu relacionada àquela pergunta. Após você ter tratado das perguntas, gaste mais três minutos discutindo "outros" – há outras coisas que você percebeu que deseja que os anfitriões ponderem?
- Nos grupos de parceiros: compartilhe sua evidência e discuta que padrões você percebe entre as evidências. Gaste cinco minutos em cada pergunta e três minutos em "outros". Resuma brevemente três padrões que você percebeu nos quadros de papel e afixe seu papel.

5. Ajudem uns aos outros a permanecer na voz descritiva (não avaliativa) – ("O que você viu/ouviu que o fez pensar isso?")
6. Terminem com uma categoria "relevante" em um quadro separado.
7. Depois, façam uma "excursão" para rever os gráficos e identificar padrões.

Com todo o grupo:
8. Compartilhem os padrões que os grupos observaram. Que dados as pessoas perceberam na categoria "relevante"?

Fonte: Os autores.

Previsão

Às vezes, cometemos o erro de ignorar a previsão, presumindo que todos nós vemos qual é a direção da análise. De fato, é a etapa da previsão que frequentemente leva a momentos *"aha"* coletivos e produz aprendizagem grupal importante. A meta dessa etapa é conectar ensino e aprendizagem. Os grupos se perguntam: "Se você fosse aluno desta escola e fizesse tudo o que esperavam que fizesse, o que você saberia e seria capaz de fazer?". Ligando a tarefa e a instrução do professor diretamente à aprendizagem do aluno, os membros da rede enfrentam a questão central: O que causa a aprendizagem que queremos ver? Que movimentos de ensino específicos, que tipos de tarefas, que formas de envolvimento dos alunos levam à aprendizagem consistente? Esse processo finalmente ajuda a identificar possíveis áreas para melhoria e fornece indícios de *como* essas áreas poderiam ser melhoradas, incluindo os movimentos específicos que um professor poderia usar.

Às vezes, fazemos a pergunta de previsão de todo o grupo para discussão. Outras vezes, os grupos envolvem-se em um processo mais formal, inicialmente escrevendo o que os alunos saberiam e seriam capazes de fazer em cada sala de aula visitada, e, então, de modo gradual desenvolvendo suas habilidades para fazer previsões para toda a escola em vez de para salas de aula individuais. Os grupos escrevem essas previsões em gráficos e fazem uma excursão e uma reunião de balanço de todo o grupo para ver se há um consenso no grupo.

A seguir, é um exemplo da etapa de previsão durante uma sessão de balanço. Uma equipe de observação discutiu as seguintes porções de dados: "A professora referiu-se ao livro e perguntou: 'Quais eram os (ramos do governo) poderes na Grécia antiga?', 'Quais eram as três classes sociais na Grécia?', 'Qual era o principal recurso?'". E de outra classe, "A classe lê a história. Professora: 'Com quantas pessoas Clifford falou nesta história? Quem disse que o ajudaria?... Quem disse que estava muito ocupado?'". Em resposta à pergunta de previsão (Se você fosse aluno desta escola e fizesse tudo o que esperavam que fizesse, o que você saberia e seria capaz de fazer?), o grupo levantou – e finalmente resolveu – uma diferença fundamental de compreensão que as pessoas não sabiam que existia no grupo. Uma diretora experiente falou primeiro: "Se eu fosse aluna nessas classes, eu teria habilidades de compreensão de leitura sólidas – eu seria capaz de entender o que lia". A líder da escola ficou surpresa ao descobrir que seus colegas discordavam. Até aquele ponto, eles haviam concordado com o que tinham visto – eles até tinham classificado essas mesmas perguntas em um grupo que rotularam de "memorização de informação". O ponto em que diferiam era na determinação de quais seriam os resultados dessas interações de aluno-professor. Como aprenderam a fazer no processo, eles retornaram à evidência da sala de aula para examiná-la minuciosamente.

O grupo eventualmente concordou que um aluno nessas classes saberia como recuperar informações específicas do texto, como ouvir o que a pergunta está pedindo e responder e como ler para obter informações factuais. Tornando-se mais específicos, eles também concordaram que a evidência não era suficiente para determinar se os alunos seriam capazes de entender o que liam. Talvez se eles tivessem ficado mais tempo na sala de aula teriam coletado evidências que levariam àquela conclusão. Entretanto, a partir das interações que observaram, eles puderam apenas ter certeza de que os alunos sabiam como responder as perguntas de memorização. Ao final da discussão, todos os membros concordaram que isso não era o mesmo que compreensão da leitura. Tal percepção foi um novo *insight* para a diretora que tinha falado primeiro e que havia equiparado perguntas de memorização com ensinar compreensão da leitura.

Nesse ponto, as pessoas novas no processo às vezes protestam: "Mas nós não assistimos à aula inteira. Como podemos tirar conclusões sobre a aprendizagem dos alunos apenas com este breve contato?". E o questionador está absolutamente certo – não podemos tirar conclusões de uma observação de 20 minutos de uma classe, e nem pretendemos. A meta dessa conversação não é avaliar o ensino que vimos naquela única sala de aula, mas entender a prática do ensino e o processo de aprendizagem investigando interações muito específicas entre os elementos do núcleo pedagógico. Por meio dessa investigação, os grupos chegam a um acordo sobre a natureza da aprendizagem que resulta de diferentes interações no núcleo. Finalmente, quando realizamos esse processo em muitas salas de aula e observamos padrões entre elas, os dados podem ser valiosos para compartilhar com a escola anfitriã e fornecer um ponto de partida para a discussão posterior sobre os próximos passos.

A etapa de previsão ressalta a importância dos dados descritivos detalhados como uma base de toda a conversação. Se as observações dessa equipe em vez disso fossem: "A professora fez perguntas sobre a Grécia antiga" e "A professora fez perguntas sobre o livro de leitura", os participantes não seriam capazes de determinar o que os alunos saberiam – seria mais difícil fazer as ligações entre ensino e aprendizagem. A descrição refinada revela as práticas reais que resultam – ou não – em aprendizagem do aluno.

Consideradas cumulativamente, essas práticas de balanço permitem que os participantes descrevam os comportamentos e as estruturas específicos que observam que causam, permitem ou, às vezes, diminuem a aprendizagem. Tal processo estabelece o passo final da dinâmica de rodadas, o próximo nível de trabalho.

O PRÓXIMO NÍVEL DE TRABALHO

De acordo com o princípio da reciprocidade, os líderes que buscam melhorar a prática são obrigados a fornecer os recursos e o apoio que os professores necessitam para alcançar o padrão melhorado.[1] Durante a fase "próximo nível de trabalho" das rodadas, os membros da rede pensam sobre quais deveriam ser esses recursos e que tipos de apoio satisfariam melhor as necessidades dos professores e gestores para levar o ensino ao próximo nível. Neste ponto no processo, não é uma surpresa que quanto mais específicas e refinadas forem as sugestões, mais úteis elas serão. Sugestões detalhadas, que vão além de "formar grupos de estudo" ou "usar as reuniões de professores", ajudam a escola anfitriã a avançar concretamente e forçam o restante da rede a buscar apoio administrativo para a ação dos professores da forma que eles associem a ação dos professores com a aprendizagem dos alunos.

Este é o passo – propor soluções e recomendar ações – que muitos participantes desejaram dar desde o início. Não se surpreenda, entretanto, se esse também for o passo mais difícil de dar. Aqui, novamente, as pessoas estão acostumadas a falar em "pinceladas largas", e a usar jargão educacional (sem mencionar a "cultura da simpatia" que aumenta a não sinceridade, sobretudo sobre qualquer aspecto que poderia ser visto como *feedback* crítico). Quando os participantes sugerem "compartilhar exemplos" ou "observação dos pares", como o próximo nível de trabalho, os colegas podem concordar com a cabeça em reconhecimento dessas ideias – talvez eles tenham lido sobre elas em jornais ou as experimentado em suas próprias escolas. Esse consenso aparente desmente as diferenças substanciais que existem na prática real. É provável que a variação em como os líderes de escola visualizam essas estratégias coincida com aquela em como eles imaginam as "técnicas de questionamento eficazes" ou outras práticas de ensino amplamente definidas. Para que as sugestões sejam úteis, elas precisam ser descritas em um nível de especificidade que associe a ação recomendada com o problema de prática declarado. As associações entre sugestões do próximo nível de trabalho e o núcleo pedagógico precisam ser transparentes.

Iniciamos com a suposição de que os professores e os gestores já estejam trabalhando duro com seu melhor entendimento da meta em mente. Por isso, a fim de que todos os jogadores envolvidos façam mudanças que irão produzir melhoria, eles precisam pensar e agir – pelo menos em parte – de novas formas. O que eles precisam aprender para serem capazes de fazê-lo? Como o sistema poderá apoiar essa aprendizagem?

Antes de saltar para as recomendações, é útil que o diretor ou secretário de educação anfitrião forneça algum contexto adicional e o grupo dê uma outra olhada na folha distribuída de manhã sobre o contexto da escola e do distrito: Quais são as iniciativas atuais? Que recursos estão disponíveis (p. ex., instrutores de matemática, reuniões mensais)? O que já foi feito acerca desse problema de prática? Que dilemas os anfitriões enfrentam? Em que perguntas eles estão pensando?

No nível da escola, a folha com informações de contexto pode tratar das seguintes questões: Os anfitriões têm um tempo de planejamento comum para os professores? Como eles usam as reuniões de professores? Quantas iniciativas são novas neste momento na escola? Os professores têm um meio de comunicação formal entre os anos? Quantos membros do corpo docente receberam treinamento em X (p. ex., o novo currículo de matemática ou outra iniciativa inédita)?

No nível distrital, a informação pode abordar as seguintes questões: Qual é a teoria da ação do distrito em relação à capacitação profissional? Como os diretores se informam sobre o currículo e as expectativas do distrito? Com que frequência os diretores se reúnem para trocar ideias? Que tipo de capacitação profissional é oferecida aos diretores? Os membros da rede também podem ter perguntas específicas. O contexto ajuda o grupo a fazer associação com o que está em vigor e a evitar a sugestão de ideias que foram tentadas e auxilia os anfitriões a passarem para o próximo nível. Se os anfitriões não apresentam um quadro perfeito, mas revelam com o que estão lutando, a rede pode ajudar.

Após esse passo de definição do contexto, o anfitrião anterior facilita a parte do próximo nível de trabalho das rodadas. Com o olhar dos pares voltado para a relevância e o aspecto prático, esse colega (ou colegas, em alguns lugares) assegura que a sessão determinando o próximo nível de trabalho seja significativa para o anfitrião atual. O anfitrião anterior guia a rede para gerar uma lista de sugestões para a escola e o distrito anfitrião, combinando o problema de prática, o que eles observaram, o que eles entendem sobre aprendizagem do adulto, a história e o contexto da escola, e o que a escola e o distrito fizeram em relação a tal questão. Após a sugestão de um membro da rede, os grupos frequentemente propõem o que a escola ou o distrito poderiam fazer no curto e longo prazos em três colunas: "próxima semana", "próximo mês" e "no final do ano". Em algumas redes, os grupos criam um gráfico de três colunas para sugestões no nível do distrito e outro para sugestões no nível da escola.

Mais uma vez, a aprendizagem ocorre quando os membros do grupo pressionam uns aos outros para serem específicos. Quando um grupo escreveu "visitar as salas de aulas uns dos outros", um membro da rede perguntou qual seria o foco das visitas, como ele estaria ligado ao problema de prática, se eles incluiriam múltiplos anos, e como as pessoas acompanhariam o que eles tinham aprendido. A escola anfitriã não usará todas as ideias geradas, mas os membros da rede certamente irão se beneficiar ao sugerir o equivalente a planos de aula eficazes para os líderes da escola.

Embora o foco seja melhorar o ensino e a aprendizagem na sala de aula, as sugestões para o próximo nível de trabalho não são sobre "corrigir" qualquer professor ou grupo de professores; são sobre desenvolver uma clareza a respeito da boa prática pedagógica e das práticas de liderança e organizacionais necessárias para apoiar o ensino em larga escala. As sugestões do próximo nível de trabalho, se houver, são mais para os gestores e outros líderes (incluindo os docentes) do que para professores individuais.

Ainda que a fase do próximo nível de trabalho pareça beneficiar mais diretamente a escola anfitriã, ela é uma fonte incrível de aprendizagem para toda a rede – se for feita em um nível de especificidade e detalhe que requeira trabalho real dos participantes. Os membros questionam e examinam as ligações causais que seus colegas fazem. Por exemplo, o caso de uma rede que observou que os professores faziam poucas perguntas abertas, e, portanto, os alunos produziam principalmente respostas de uma palavra. Os membros da rede podem supor que se o corpo docente aprender a fazer perguntas abertas e as fizer mais, os alunos produzirão respostas mais ponderadas. Isso levaria um grupo a sugerir que a escola ou o distrito forneçam capacitação profissional ou grupos de estudo focados em como fazer perguntas abertas. Entretanto, um membro da rede poderia perguntar se é suficiente que o professor simplesmente faça mais perguntas abertas. Os alunos não precisariam ser ensinados a como responder perguntas que requerem um nível de pensamento diferente das perguntas às quais eles estão acostumados? Neste caso, os professores também precisariam aprender como ensinar novas habilidades de pensamento aos alunos, como responder a perguntas incompletas e como fornecer *feedback* para apoiar as habilidades emergentes.

Discussões como essas ensinam aos líderes do distrito e da escola o processo necessário para revelar o que envolve o apoio aos professores para aprender uma nova habilidade. Finalmente, as sugestões para o próximo nível de trabalho para o distrito (ou a escola) anfitrião pode fornecer soluções muito práticas para os membros da rede visitante que enfrentam problemas semelhantes. Um membro da rede confirmou o seguinte: "Quando vemos o que os outros estão fazendo e o que eles precisam fazer para chegar ao próximo nível, muitas vezes são coisas que todos nós podemos usar em nossa própria escola".

Em uma rede com equipes distritais e escolares, ter um tempo específico ao final de uma visita para sentar, refletir e entender as implicações é extremamente útil e produtivo. Uma pergunta simples, como "O que você aprendeu na visita de hoje, e como isso afeta seu papel e sua prática na volta para casa?", é suficiente para iniciar discussões produtivas. Em redes de membros únicos (p. ex., secretários de educação ou diretores ou professores), a pergunta ainda é produtiva, e os participantes podem escrever, refletir e discutir com um colega próximo. Pode ser tentador pular esse passo no final do dia, quando o grupo sente que já realizou muito. Mesmo uma reflexão de apenas alguns minutos vale o tempo gasto, pois permite que as pessoas apliquem o que aprenderam em seus próprios contextos e assumam compromissos internos com as práticas que discutiram e passaram a valorizar.

As redes desenvolvem suas formas de concluir as visitas. Algumas delas afixam um cartaz de "obrigado" para os professores durante o almoço, e os membros da rede o assinam antes de sair. Uma rede apresenta finais "carinhosos", nos quais os membros fazem declarações positivas ao término do dia – a rede desenvolveu essa prática no início de seu trabalho, quando dar *feedback* parecia difícil (as pessoas que davam o *feedback*, não os anfitriões, sofriam com isso). Os membros da rede têm sentimentos diferentes acerca do *feedback* agora, mas eles ainda gostam dos finais carinhosos. Na maioria das redes, os anfitriões têm a última palavra, que é uma chance de eles agradecerem a seus colegas e refletirem sobre a visita. Os anfitriões são desencorajados a dar respostas "nós tentamos isso" ou "isso não vai funcionar aqui". Em vez disso, são convidados a experimentar as ideias por um tempo. Eles sabem que terão uma oportunidade de atualizar a rede em um mês sobre o acompanhamento imediato.

O QUE ACONTECE EM SEGUIDA?

O propósito das visitas é apoiar a aprendizagem da rede e fornecer *feedback* e sugestões para os anfitriões. O próximo passo envolve a aplicação pelos membros da rede do que aprenderam em seus próprios contextos. Às vezes, o facilitador pode atribuir uma tarefa ou um "dever de casa" para assegurar que isso aconteça. Após as rodadas focadas em habilidades de pensamento de ordem superior em um distrito, os membros da rede voltam às salas de aula e observam com o mesmo foco. Eles levam suas evidências para a próxima sessão a fim de compartilhar e classificar novamente como uma forma de solidificar os *insights* que obtiveram sobre a demanda cognitiva. Em outra rede, os participantes usam sua definição coletiva de ensino eficaz de matemática e visitam as salas de aula para ver como ele estava se sustentando. Eles voltam para a sessão de rodadas seguinte com sugestões de modificações baseadas no que eles sentiam que fora e não fora capturado no pensamento atual do grupo. Outras vezes, os participantes da rede se comprometiam a praticar sua escolha de protocolo com um grupo antes da próxima reunião da rede.

Mais importante, a aprendizagem que ocorre na rede muda a prática individual das pessoas, conforme os membros da rede aplicam o que aprenderam de diferentes formas. A seguir, há um exemplo de como os membros da rede descreveram o modo pelo qual aplicam o que aprendem nas rodadas em seu próprio trabalho.

Uma diretora em Ohio relatou que, em suas reuniões de professores imediatamente após as rodadas, implementou os mesmos exercícios de capacitação profissional que tinha acabado de experimentar, tais como protocolos para interagir com leituras, atividades para se familiarizar com as estratégias de Marzano e a taxonomia de Bloom (ver "Leituras e recurosos adicionais" no final deste livro). Ela riu quando explicou: "Agora quando eu volto das rodadas, todos os professores me dizem: 'Certo, o que você aprendeu desta vez?'". Ela explicou com sua habitual franqueza corajosa como a rede influenciou sua própria prática:

> Ela me fez ver o que fazemos de diferente. Antes [de participar das rodadas], eu estava observando se as crianças estavam seguindo as instruções, escutando os professores, se comportando bem. Era o que envolvimento costumava significar para mim. Depois que comecei a participar dessas sessões e a integrar a taxonomia de Bloom, estamos olhando de forma diferente para o que os professores estão planejando. Nós não estávamos procurando analisar a tarefa que pedíamos que eles realizassem até eu começar a participar desse processo. Quando passamos a conversar mais, percebemos que não se trata de se as crianças estão fazendo a tarefa; trata-se de se as crianças estão conversando entre si e sobre as tarefas que lhes damos. Nossas crianças não estão ativamente envolvidas no que está acontecendo – mas, então, percebemos que tem muito a ver com como planejamos... [Quando a rede vem à nossa escola] queremos que nosso problema de prática seja: "As crianças estão colaborando e solucionando os problemas com espírito crítico? Os professores estão planejando atividades que permitem a colaboração e a resolução de problemas em torno de habilidades de pensamento crítico?".

Uma vice-secretária de educação disse que como resultado das rodadas, os gestores pensam mais especificamente sobre qual é o papel deles no próximo nível de trabalho: "O 'próximo nível de trabalho' se tornou uma frase muito comum agora nas conversas de nosso distrito. Todos nós [na secretaria de educação] estamos pensando mais profundamente sobre os apoios – os apoios estão em vigor para ajudá-los a fazer a transição? As rodadas estão nos ajudando a obter aqueles dados em primeira mão e nos levando a pensar mais profundamente sobre elas, junto ao tempo para pensar de modo mais profundo". Esse distrito também decidiu focar a tarefa ao longo de toda sua capacitação profissional.

Um professor compartilhou como sua participação nas rodadas afetou tanto seu ensino como o seu trabalho como líder dos professores. Antes de participar das rodadas, ele pensava em si mesmo como um professor muito bom. Após algumas sessões de rodada, ele disse: "Percebi que eu não estava incorporando habilidades cognitivas de níveis crescentes em minhas aulas tanto quanto eu poderia". Além disso, após a rede ter visitado sua escola, ele relatou que a visita mudou a forma como ele e os outros professores desenvolviam o plano de melhoria da escola. "Nós estávamos focados em como mudaríamos os pontos percentuais nas notas da prova e percebemos que precisávamos focar na *aprendizagem* que queríamos ver – é disso que se trata."

Em Cambridge, as rodadas se tornaram a forma de diretores e funcionários da secretaria de educação decidirem colaborativamente onde focar seu trabalho. O secretário de educação explicou: "Aprendemos mais sobre nossa organização e nossas práticas por meio das rodadas – elas nos ajudam a ver o que precisamos aprender. Se há algo que nos preocupa, sabemos que as rodadas nos ajudarão a entender melhor – nos ajudarão a resolver o problema e a decidir sobre os próximos passos. E quando usamos as rodadas, outras coisas surgem para nós como preocupações que sabemos que temos de lidar". Os participantes da rede tinham altas expectativas em relação às rodadas, como ficou evidente na primeira reunião de diretores no início do quarto ano de uso do modelo. O secretário de educação descreveu a reunião: "Em nossa reunião de diretores da semana passada, desenvolvemos uma agenda sobre qual deveria ser o foco para as rodadas e o nosso próximo nível de trabalho este ano. Acabamos com essa longa lista e todos rimos porque levaria anos para tentar cumpri-la toda. Mas isso não nos impediu". Ele se juntou à discussão do "*think tank*" da semana seguinte a fim de reduzir a lista para consideração da rede.

Muitas pessoas perguntam: "Mas, o que acontece na escola anfitriã depois que vocês vão embora?". Nossos meios principais de apoiar a melhoria na escola anfitriã é por meio da aprendizagem que os líderes da escola e do distrito têm como membros da rede. Esperamos que eles aprendam – em cada reunião da rede – como apoiar a melhoria pedagógica e trazer seu entendimento do núcleo pedagógico para sua prática diária. Ao mandá-los para casa com um sentido mais claro das práticas que melhoram o ensino e a aprendizagem, esperamos que eles tomem decisões melhores como líderes de escolas e distritos. Entretanto, no dia em que se tornam anfitriões, eles também saem com uma quantidade enorme de dados e sugestões específicos a seu distrito e sua escola.

Não há um processo único para o que acontece em seguida para o anfitrião nas redes de rodadas. Em grande parte, temos deixado isso a critério das redes individuais. Alguns diretores devolvem os dados para seu corpo docente e conduzem as discussões baseadas no que as pessoas veem. Outros usam a informação para planejar capacitação profissional para o próximo ano. Alguns secretários de educação repensam o currículo de seu distrito ou percebem que precisam fornecer capacitação profissional mais específica para os diretores aprenderem o novo currículo. Outros descobrem que uma abordagem por disciplina para todo o distrito está sufocando capacidades intelectuais e se comprometem a reconsiderar sua abordagem. A quantidade de dados que os anfitriões recebem é significativa e pode ajudar para que eles tenham apoio a fim de saber o que fazer com tudo isso.

Em todas as redes, os anfitriões se reportam ao grupo na sessão seguinte. Eles compartilham o que aprenderam, o que fizeram como consequência e os próximos passos que estão considerando. Devido aos horários nos dias de rodadas, essa troca é geralmente unilateral, sem muito tempo para que as pessoas façam perguntas ou forneçam *feedback*. Em Connecticut, os superintendentes queriam mais. Eles desenvolveram um sistema formal de acompanhamento pelo qual os secretários de educação se visitam como parceiros de pensamento. Juntos, eles debatem e resolvem problemas relativos ao que veio à tona na visita e compartilham de volta com o resto da rede o que planejaram e o que o anfitrião realizou. Outra rede resistiu em adotar esse modelo por medo do compromisso de tempo, mas concordou em verificar com seus pares em uma base voluntária até ter experiência suficiente para determinar se valia a pena formalizar o sistema. Na verdade, os colegas ficaram felizes em ser voluntários para fazer o acompanhamento. Como esse grupo demonstrou, o melhor acompanhamento é planejado pelas próprias redes. Perguntar aos membros da rede o que eles esperam uns dos outros produz um sistema de responsabilização poderoso dentro da rede.

■ ■ ■

Dicas e pontos importantes

O diálogo que ocorre na reunião de balanço e no próximo nível de trabalho é a essência da aprendizagem da rede. Aqui estão alguns conselhos para se ter em mente:

- *O tempo sempre parece curto.* Não importa o quanto a reunião de balanço seja longa, sempre parece que não é longa o suficiente. Os protocolos, como descrito neste capítulo, ajudam as pessoas a gerir o tempo de maneira eficiente e chegar a discussões profundas mais rapidamente. Também auxilia a lembrar que as conversas são cumulativas ao longo da vida da rede. Com o tempo, as sessões de balanço começam a parecer mais adequadas conforme as habilidades dos participantes são aguçadas e a rede desenvolve uma linguagem e um entendimento comuns.
- *Faça todos os passos do processo.* Com a pressão do tempo e a urgência para a ação, pode ser tentador saltar passos. Resista a essa tentação. Há uma razão para todos os passos antes do próximo nível de trabalho. As rodadas pedagógicas prosseguem da descrição para a análise para a previsão do próximo nível de trabalho. Permanecer na voz descritiva e evitar a voz avaliativa constituem um princípio central no desenvolvimento de uma linguagem comum forte da prática pedagógica. A análise fornece uma forma de criar categorias comuns de discurso para compreensão e comunicação. A previsão propicia um modo de passar da tarefa como é observada na sala de aula para a provável aprendizagem resultante do aluno. E o próximo nível de trabalho fornece uma forma de dar conselhos úteis com base na prática real da sala de aula.
- *Associe a descrição, a análise, a previsão e o próximo nível de trabalho.* Às vezes, os elementos do balanço podem parecer desconexos entre si e em relação ao próximo nível de trabalho. Os grupos geram sugestões para o próximo nível, e não é claro como tais sugestões estão ligadas à evidência coletada. Documentar a conversa pode ajudar a estabelecer a linha condutora da descrição para o próximo nível de trabalho, que é especialmente útil quando os anfitriões fazem seu trabalho de acompanhamento e conversam com pessoas que não fazem parte da rede e não souberam como a rede chegou ao próximo nível de trabalho. Nossas redes frequentemente usam quadro de papel para documentar as partes fundamentais de suas conversas e, às vezes, tornam as conexões explícitas. Por exemplo, elas podem escrever os padrões observados em uma parte do papel e sugestões para o próximo nível de trabalho em outra.
- *Fale fora da rede sobre o que acontece no acompanhamento.* Não obstante uma rede decida tratar da questão do que acontece em seguida, é importante tornar público esse trabalho individual. As redes devem incluir um tempo para

que as pessoas compartilhem como estão aplicando sua aprendizagem fora das rodadas. As pessoas colhem boas ideias dos colegas e são lembradas de que a aprendizagem não para quando elas deixam a escola anfitriã. Em muitos sentidos, é nesse momento que o verdadeiro trabalho começa.

NOTA

1 O *princípio da reciprocidade* significa que a responsabilização deve ser um processo recíproco. Para cada aumento de desempenho que exijo de você, tenho uma responsabilidade igual de lhe proporcionar a capacidade de satisfazer aquela expectativa. Da mesma forma, para cada investimento que você faz em minha habilidade e conhecimento, tenho uma responsabilidade recíproca de demonstrar algum novo aumento no desempenho. Este é *o princípio da reciprocidade de responsabilização e capacidade*. É a cola que, na análise final, une os sistemas de responsabilização (ELMORE, R. F. *Building a new structure for school leadership*. Washington: Albert Shanker Institute, 2000). No momento, as escolas e os sistemas escolares não visam a fornecer apoio ou capacidade em resposta às demandas por responsabilização (ELMORE, R. F. *The price of accountability*: want to improve schools? Invest in the people who work in them. [S.l.]: National Staff Development Council, 2002).

7

Facilitando as rodadas

Os cofacilitadores Gary e Charlotte estavam ocupados elaborando o plano para a próxima visita de rodadas. "O que precisamos fazer com o grupo a fim de estar pronto para o problema de prática?", perguntou Gary. "Eu sinto como se os próximos níveis de trabalho parecessem todos a mesma coisa de uma visita para a outra, não importa qual seja o problema de prática."

"Concordo", disse Charlotte, "mas eu não acho que o grupo esteja pronto para nós insistirmos nisso ainda. Eu acho que precisamos apoiar e focar mais a descrição. Penso que uma das razões de as sugestões do próximo nível de trabalho não serem tão úteis é que as descrições não são refinadas. Talvez pudéssemos pegar algumas das evidências coletadas da última visita e fazer as pessoas examiná-las e falar sobre o que foi útil, o que não foi e por quê."

"Provavelmente é uma boa ideia", disse Gary, "mas nosso tempo é tão limitado, e eu realmente acho que precisamos aprofundar o conhecimento das pessoas sobre ensino e aprendizagem. Estávamos usando uma linguagem como se nós todos quiséssemos expressar a mesma coisa – rigor, envolvimento, pensamento de ordem superior e verificação da compreensão. Há muito balançar de cabeças quando as pessoas dizem aquelas palavras, mas não tenho certeza de que todos nós queremos dizer a mesma coisa. Visto que o problema de prática desta vez está realmente focado em 'verificar a compreensão', que tal se tentássemos ajudar as pessoas a desenvolver um quadro do que seria para um professor avaliar se os alunos estão entendendo? Talvez pudéssemos mostrar um vídeo? Ou existe um bom artigo sobre isso?".

"Faz sentido para mim", disse Charlotte. "Vamos fazer um rápido lembrete da descrição na manhã, antes da observação, e então fazer algum tipo de capacitação profissional em verificação da compreensão antes de falarmos

sobre o próximo nível de trabalho. Penso que precisamos criar uma lista do que professores e alunos estariam fazendo e dizendo se a 'verificação da compreensão' estivesse acontecendo."
"Certo", disse Gary. "Precisamos apenas encontrar um bom vídeo ou texto – e, então, eliminar alguma coisa desta agenda lotada, como sempre. O que podemos cortar?"

Gary e Charlotte estão envolvidos no processo divertido e desafiador de construir deliberadamente o conhecimento, a habilidade e o entendimento comum dos indivíduos e grupos – em outras palavras, de ajudar adultos a aprender. Embora todos na rede sejam responsáveis por ajudar o outro a aprender, os facilitadores desempenham um papel especial em alimentar, monitorar e acelerar tal aprendizagem.

Os facilitadores concentram-se no conteúdo e no processo e avançam o trabalho da rede intencionalmente, enquanto respondem às necessidades e oportunidades que surgem, conforme a rede se desenvolve. Para os facilitadores que são novos nas rodadas, mesmo aqueles com experiência rica em ajudar adultos a aprender, o processo pode parecer um pouco misterioso ou intimidador inicialmente. Ajuda lembrar os princípios da capacitação profissional eficaz, que as rodadas tanto incorporam como reforçam: focada no conteúdo; aprendizagem contínua próxima da prática; específica ao contexto com tempo para os profissionais aplicarem o que estão aprendendo em seus próprios contextos.[1] Também ajuda pensar no papel do facilitador como essencial para o bom processo de ensino e aprendizagem. Você precisa entender o suficiente do conteúdo: fazer associações causais entre ensino e aprendizagem, compreender o papel de cada elemento do núcleo pedagógico e captar que não podemos ajudar os alunos a aprender no século XXI fazendo as mesmas coisas que temos feito para ensinar habilidades básicas. Você entende esse conteúdo nas rodadas por meio de práticas de ensino eficazes, como usar o tempo deliberadamente com metas de aprendizagem claras, compreender que as pessoas aprendem falando umas com as outras e processando sua aprendizagem de diversas formas, ajudando os indivíduos a interagir com o texto de formas significativas, e assim por diante.

Contudo, os facilitadores são guias, não especialistas. Eles não têm de saber tudo. Eles devem pensar como professores, bem como ser aprendizes. Os facilitadores de rodadas eficazes modelam o tipo de aprendizagem que esperam que os adultos e as crianças reproduzam no sistema escolar. Quando a facilitação deles cria esse tipo de experiência de aprendizagem para os adultos na rede, constitui uma das formas de aprendizagem mais eficazes dos participantes da rede. Este capítulo descreve como é ajudar adultos a aprender no processo de rodadas e oferece sugestões para fazer as rodadas acontecerem, escutar e orientar, e cultivar a rede.

FAZENDO AS RODADAS ACONTECEREM

Esta seção amplia a descrição das rodadas para incluir algumas das formas de os facilitadores construírem deliberadamente a habilidade da rede com cada passo das rodadas, bem como o entendimento da rede sobre a aprendizagem, o ensino e a liderança sistêmica necessários para apoiar o ensino e a aprendizagem. Os facilitadores maximizam a aprendizagem da rede por meio do planejamento cuidadoso e visando à capacitação profissional.

Capacitação profissional

Ao longo do tempo, muitos membros da rede passavam a compreender, de modo profundo, o processo e o conteúdo das rodadas simplesmente por meio da experiência acumulada. Entretanto, a maioria dos educadores realiza as rodadas porque deseja tratar dos desafios da aprendizagem dos alunos agora, não eventualmente, quando os adultos acumularem experiência suficiente. Felizmente, os facilitadores podem acelerar a aprendizagem de toda a rede de modo deliberado construindo conhecimento e habilidades como parte da experiência do grupo.

O primeiro aspecto a focar são os fundamentos do processo de rodadas: (1) problema de prática; (2) observação da prática; (3) balanço da observação; e (4) próximo nível de trabalho. Em relação ao problema de prática, o grupo inteiro se beneficia de uma visão geral do que faz um bom problema de prática, incluindo alguns exemplos. Os participantes usam os exemplos como modelos, especialmente no início, portanto você deve escolher exemplos de modo cuidadoso. A aprendizagem sobre os problemas de prática continua em uma base individual, enquanto os facilitadores trabalham com os anfitriões da visita para aperfeiçoar seus problemas de prática. O grupo aprofunda seu entendimento por meio de reflexão regular a respeito de como o processo de rodadas está funcionando, incluindo o problema de prática. Em uma rede com quem trabalhamos, essa reflexão levou ao aperfeiçoamento da definição do grupo de um bom problema de prática, incluindo a diferença entre verificação da implementação e foco na aprendizagem que você quer ver nas salas de aula.

A combinação de ensino direto, prática e reflexão também funciona para os outros elementos do processo de rodadas. Para a fase de observação, muitas pessoas não têm certeza de como fazer anotações ou descobrem que seu método para tomar notas não é tão útil quanto elas gostariam, quando chegam na reunião de balanço. Uma técnica que desmistifica o processo é os facilitadores e os membros da rede compartilharem suas anotações. Se você fizer isso enquanto assiste a um vídeo (p. ex., quando as pessoas estão aprendendo a ver nos primeiros estágios das rodadas), todos têm um ponto de referência comum a partir da observação da mesma sala de aula.

Tivemos sucesso com dois facilitadores fazendo anotações em transparências e, então, compartilhando as notas em um retroprojetor (p. ex., "Foi assim que eu me orientei na sala. Eu percebo... Então, eu comecei a realmente me concentrar no problema de prática... Eu não captei bem tudo o que a professora disse, mas tentei anotar muito precisamente o que os alunos estavam dizendo. Aqui é onde eu simplesmente não consegui acompanhar, então coloquei elipses para mostrar que havia mais coisas acontecendo lá. Aqui embaixo, eu voltei e completei algumas das minhas anotações. Eu percebi que estava me focando muito na professora, então eu rastreei a sala para ver o que os alunos estavam fazendo enquanto a professora falava..."). Ver mais de um exemplo é útil para mostrar que há mais de uma forma "correta". Após verem com detalhes como registramos alguns aspectos, os participantes com frequência fazem suas anotações de forma mais acurada, o que posteriormente ajuda quando estamos fazendo o balanço. Você pode fazer um tipo semelhante de "mostre e conte" ou "pense em voz alta", mais tarde no processo de rodadas, quando convidar os participantes a compartilhar, comparar e discutir suas anotações. Se as pessoas compartilham no mesmo grupo pequeno com o qual estavam fazendo a observação, todas fazem anotações sobre as mesmas classes.

As anotações fornecem a matéria-prima para as reuniões de balanço. Portanto, as questões importantes a considerar são: Que tipos de evidência promovem a aprendizagem do grupo? Que tipos são menos úteis? Há diversas formas de considerar essas questões, de uma breve conversa a métodos mais formais como examinar exemplos de evidências descritivas passadas da rede ou propor uma rubrica para orientar as pessoas sobre os tipos de evidência a coletar e compartilhar. Para o próximo nível de trabalho, pergunte aos participantes que habilidades um professor, diretor ou secretário de educação necessitaria para apoiar o tipo de aprendizagem em que você está focado para determinada visita. Isso prepara as pessoas para pensar mais especificamente sobre os próximos passos que a escola ou o distrito anfitrião devem dar.

Há mais aspectos acerca das rodadas do que apenas o problema de prática, a observação, a reunião de balanço e o próximo nível de trabalho. Os facilitadores também ajudam as redes a aprofundar seu entendimento de determinados aspectos do ensino e da aprendizagem relacionados com o problema de prática. Uma meta das rodadas é que os participantes cheguem a um entendimento compartilhado de ensino e aprendizagem. Para tanto, algumas redes realizam discussões focadas em torno de aspectos da prática muito específicos antes e após as observações de sala de aula. Isso permite que as pessoas obtenham dados mais relevantes durante as observações e aprofundem a conversa sobre a prática real uma vez que têm um entendimento comum do que esperam ver.

Por exemplo, após visitar salas de aula em uma escola que pediu que a rede focasse as habilidades de questionamento dos professores, os membros da rede leram exemplos de perguntas dos professores e as agruparam de acordo com a demanda cognitiva. Isto preparou as pessoas para analisarem o que tinham visto nas salas de aula naquela manhã. Uma rede focando o pensamento de ordem superior examinou transcrições de interações entre professor e alunos para identificar os tipos de inter-relações que promoviam o maior crescimento cognitivo para os alunos.

Ler e discutir artigos relevantes é uma introdução útil para o problema de prática de uma escola. Os membros de um distrito anfitrião compartilharam um artigo que tinha sido foco de discussões do distrito sobre rigor acadêmico. Isso permitiu que a rede começasse a definir rigor e, então, analisasse os dados de sala de aula subsequentes de acordo com tal definição. Às vezes, os facilitadores identificam uma leitura relevante e usam um protocolo com base no texto para estruturar a conversação do grupo (ver "Leituras e recursos adicionais" para algumas sugestões sobre onde encontrar os protocolos). Textos comuns ajudam as redes a desenvolver uma linguagem e um entendimento comuns a respeito de aprendizagem e ensino.

As redes estruturam essa meta de capacitação profissional de diferentes formas, em parte de acordo com o tempo disponível para a reunião da rede e em parte conforme quando a capacitação profissional parece mais útil. Algumas redes integram a capacitação profissional ao dia da visita. Por exemplo, as redes podem designar aproximadamente uma hora antes da visita às salas de aula e uma hora em algum momento durante a reunião de balanço para focar um aspecto específico da prática. Às vezes, a pragmática do horário não permite muito tempo na manhã, antes das observações da sala de aula, e o grupo fica limitado a algum tempo no final do dia. Algumas redes realizam um ciclo de rodadas em uma escola e, então, dedicam um tempo no final do dia a fim de se prepararem para a próxima visita. Isso pode ser difícil, porque as pessoas estão cansadas no final de um dia de rodadas e, portanto, não se encontram tão receptivas para aprender, mas tem a vantagem de permitir um tempo para os participantes digerir a nova aprendizagem antes de aplicá-la. Naturalmente, tal abordagem também significa que os facilitadores já devem ter trabalhado com o próximo anfitrião para identificar o problema de prática e já designaram a capacitação profissional para acompanhar o problema, que requer planejamento antecipado.

Outras redes desenvolvem sessões adicionais para atender a necessidade de capacitação profissional. No dia da visita à escola, esses grupos percorrem os quatro componentes do processo de rodadas. Então, o grupo reúne-se novamente em uma data posterior para investigar de modo mais profundo o que as pessoas viram e ligar isso a questões mais amplas de ensino, aprendizagem e sua própria prática de liderança. O tempo e a frequência dessa reconvocação variam (ver Capítulo 3 para um resumo de nossas reuniões de rede atuais). As redes fazem escolhas sobre capacitação profissional com base nas estruturas de reconvocação existentes, da distância que os participantes viajam, do tempo que os participantes estão dispostos a comprometer e o de quanto tempo o grupo precisa para aprender.

Em qualquer um desses casos, há sempre muito mais o que aprender e discutir do que tempo para tanto. Parte da tarefa dos facilitadores é buscar que porção crítica da aprendizagem promova o conhecimento e a habilidade da rede e, então, planejar a experiência de aprendizagem em uma estrutura de tempo limitada. Frequentemente, isso significa escolher *um* artigo, *um* exercício ou *uma* experiência em vez dos quatro que você acredita que o grupo realmente necessita. Não esqueça que a aprendizagem da rede, como toda a capacitação profissional eficaz, continua ao longo do tempo. Pode haver apenas duas horas em um mês, mas tem o próximo mês e o seguinte também. Como em toda a capacitação profissional, a qualidade importa mais do que a quantidade.

Planejamento cuidadoso

A estruturação deliberada de conhecimento e habilidade durante as rodadas envolve planejamento estratégico. O bom planejamento requer tempo adequado, absorção e colaboração dos colegas, bem como atenção cuidadosa aos recursos do grupo e como gerenciá-los.

Geralmente, dedicamos de uma hora e meia a três horas de tempo de preparação para cada hora de tempo face a face que temos. O planejamento pode incluir procurar literatura relevante e planejar como o grupo irá interagir com o texto de forma significativa. Também pode envolver o planejamento de uma atividade que requeira que os líderes construam um modelo ou uma rubrica para aprendizagem ou liderança. Ainda pode englobar tempo para reunir-se com os líderes da escola e do distrito a fim de determinar o problema de prática, bem como tempo para planejar a reunião de balanço e o acompanhamento sobre considerações logísticas, como o horário de visita com a escola anfitriã.

Facilitar as rodadas envolve aprendizagem considerável para o facilitador. Trabalhar com colegas é um meio crítico de aumentar essa aprendizagem. Uma das razões de encorajarmos fortemente as redes para ter cofacilitadores é oportunizar aos facilitadores que, juntos, debatam os planos de aula, diagnostiquem por que uma rede pode sentir-se presa, avaliem o que o grupo necessita rever e identifiquem os alunos com dificuldades e os apoios que eles necessitam para refocar sua aprendizagem. Os colegas trazem uma perspectiva nova sobre o que o grupo necessita e ajudam a elevar a consciência de nossos próprios vieses (p. ex., talvez você esteja focando mais o processo do que o conteúdo, favorecendo os que perguntam mais sobre os tipos calados ou perdendo oportunidades de impulsionar a aprendizagem do grupo). Se você não tiver um cofacilitador, recomendamos altamente envolver um colega ponderado para executar ideias.

Além de um cofacilitador, as redes de facilitadores podem ser uma excelente fonte de apoio e de aprendizagem. Por exemplo, a Iowa Leadership Academy Superintendents' Network está desenvolvendo uma rede separada apenas para facilitadores, que se reúnem mensalmente para compartilhar ideias, perguntas, desafios e estratégias de suas redes.

Por meio de videoconferência, eles se conectam com um facilitador de rodadas mais experiente (neste caso, um de nós) por uma hora durante as reuniões. A tecnologia pode apoiar as redes de facilitadores de outras formas, como ter uma página na internet, onde inicialmente sejam postados alguns documentos complementares (p. ex., ver Apêndice, Apresentação A.4). Os facilitadores podem usar a página como uma biblioteca virtual ativa que abrigue materiais que eles desenvolvem, bem como as inúmeras opções disponíveis com a tecnologia *online*, como realizar e se envolver em discussões ou fazer um "seminário virtual" sobre determinado aspecto da aprendizagem com o qual os facilitadores necessitam de apoio. Os facilitadores de rede em Ohio usam um sistema semelhante, que chamam de "despensa", porque ele armazena componentes úteis para os facilitadores empregarem quando estão montando suas aulas.

As colaborações dos facilitadores podem ser menores e mais informais também. Mensalmente, nós quatro nos reunimos para compartilhar nossa aprendizagem por meio de diversas redes. Essas conversas continuam a gerar mais perguntas do que respostas e "alimentam" nosso trabalho de modo substancial. Gradualmente, decidimos compartilhar nossa aprendizagem e nossos desafios com uma plateia mais ampla, tanto em conferências como por escrito. Constatamos que a preparação para essas apresentações públicas nos ajudou a aprender mais sobre nossas crenças e suposições individuais e coletivas e impulsionou nossa prática. Encorajamos você a iniciar com seus colegas alguma troca pública de seu trabalho. Escrever particularmente força um tipo de clareza além de uma apresentação em conferência.

Outra dimensão do planejamento é pensar estrategicamente sobre os recursos da rede, em particular tempo, energia e agrupamento. Um recurso fundamental à sua disposição é o tempo, e você precisa gerenciá-lo cuidadosamente. Como você otimiza a aprendizagem? Não é compactando o máximo possível ou tendo uma jornada de trabalho de 10 horas. Nós cometemos esses erros, e os olhares vidrados nos rostos dos participantes bem como seu *feedback* nos convenceram a evitar cometê-los novamente. As perguntas que nos ajudam a reduzir nossas metas incluem as seguintes:

- O que queremos realmente que os participantes entendam no final desta sessão? Embora saibamos mais, às vezes ficamos presos em atividades e perdemos de vista o objetivo.
- O que é mais essencial para a aprendizagem dos participantes? Qual(is) atividade(s) poderíamos cortar? Uma regra de ouro para

nós é cortar pelo menos uma atividade que planejamos em um dia. Sempre planejamos a mais.
- Como todas as atividades estão conectadas? Elas estão firmemente ligadas? Há uma oportunidade para mais profundidade do que abrangência? Em nosso desejo de tratar vários tópicos que parecem essenciais agora, às vezes passamos pouco tempo em dois ou três temas ou atividades em vez de dedicar todo o tempo disponível para um único ponto principal. Sempre funciona melhor quando nos aprofundamos.

Outro recurso crítico é a energia dos participantes da rede, tanto mental quanto física. As rodadas pedagógicas são um trabalho esgotante. As pessoas só podem absorver tanta coisa, uma de cada vez. Prestar atenção à interação do grupo assegura que você mantenha as pessoas mentalmente alertas e capazes de contribuir para o processo. Gostamos da metáfora de Bob Garmston para encontrar o equilíbrio de processo e conteúdo: goma de mascar.[2] Ele concebe o chiclete como o conteúdo e a mastigação como o processo. Muito chiclete sem tempo para mastigar é desconfortável e frustrante, e muita mastigação com pouco chiclete também é desagradável. Dar um tempo para as pessoas falarem com um colega de mesa fornece uma oportunidade para "mastigar" questões instigantes e ajuda os participantes a se aterem ao que estão aprendendo. Um tempo de processamento também restaura a energia mental do grupo. A mudança na sala é perceptível quando as pessoas escutaram por algum tempo (o facilitador ou as colegas durante uma discussão de grupo) e, então, é feita uma pergunta reflexiva para ser discutida com um colega. Antes, há um pouco de conversa preliminar, que – com um estímulo convincente – cresce até que a sala esteja cheia de energia enquanto as pessoas se inclinam umas para as outras, balançam suas cabeças, movimentam suas mãos e riem. É como se você despejasse energia dentro da sala. É como se, após toda aquela respiração presa para escutar você, finalmente houvesse tempo para expirar por meio do processamento com os outros.

A energia física importa também. As pessoas não conseguem escutar passivamente durante horas. Ou, antes, elas conseguem, mas não o fazem muito bem, e isso geralmente não resulta em muita aprendizagem. As tardes sonolentas são um bom momento para fazer as pessoas levantarem e afixarem gráficos na parede, andarem pela sala para refletir com um colega o que acabaram de ouvir ou darem uma caminhada para ver os gráficos dos outros grupos. Usamos muito as etiquetas adesivas, em parte porque elas convidam as pessoas a atravessar a mesa para se mover fisicamente em torno das ideias. Em uma bela tarde ensolarada, saímos com os grupos para a rua para uma "caminhada e conversa" de 15 minutos sobre um artigo a respeito do programa de avaliação. Eles voltaram para a sala renovados e prontos para debater os méritos e limitações do conteúdo. Há sempre um propósito de conteúdo nessas atividades, mas tentamos ter o cuidado de incorporar movimento e orientar a energia física. Os intervalos também são importantes e ajudam os participantes a aprender mais no tempo em que estão "ligados". Tentamos fazer um intervalo (uma pausa curta ou um lanche) a cada 90 minutos e definitivamente não ficamos mais de duas horas sem um intervalo. Se ficarmos muito tempo sem fazer um intervalo, os participantes nos avisam ficando inquietos, olhando para o vazio ou dormindo na cadeira. Quando vemos isso, é hora de fazer um intervalo, mesmo que ele não tenha sido planejado.

As pessoas na rede são um recurso, e a forma que você as agrupa é outra estratégia para tentar maximizar a aprendizagem. Pensamos muito sobre agrupamento quando planejamos e geralmente temos uma variedade de agrupamentos durante um dia de rodadas, sobretudo na hora da capacitação profissional. As considerações para o agrupamento incluem quando ser aleatório e quando não ser; o tamanho dos grupos; quando todo o grupo necessita falar e quando não necessita; e como compartilhar ideias no grupo inteiro. Queremos que todos na rede falem com todos; portanto, às vezes, fazemos agrupamentos aleatórios ou misturamos os grupos de uma sessão ou de parte de um dia para outro. Fazemos os agrupamentos, da maneira mais eficiente e transparente possível. Se os participantes podem ver que os grupos são aleatórios, eles são menos propensos a desperdiçar tempo e energia tentando imaginar por que estão com determinadas pessoas ou desejando estar com outros indivíduos. Eis algumas formas de agrupar aleatoriamente com eficiência e transparência:

- Calcule o número de grupos desejados.
- Deixe os participantes escolherem uma escova, um pedaço de papel, ou um palito de picolé coloridos com o número do grupo nele.
- Dê a cada participante um adesivo quando eles entrarem na sala, e tenha um número de adesivos diferentes igual ao número de grupos desejados (p. ex., flores, carros, peixe e sapatos). Isso é um pouco bobo, mas ser bobo não é necessariamente algo ruim.

Às vezes, faz sentido agrupar os participantes por uma característica comum (p. ex., papel em uma rede de papéis cruzados, nível escolar fundamental ou ensino médio em uma rede de diretores, tamanho da escola ou do distrito). Outras vezes, faz sentido planejar os grupos por experiência e personalidade. Também damos atenção a gênero, raça, etnia e experiência quando criamos grupos – nosso objetivo nem sempre é distribuir essas características uniformemente entre os grupos, mas tentamos estar atentos a elas, porque podem influenciar a aprendizagem dos participantes. Por que escolhemos uma estratégia em vez de outra depende do contexto e do propósito; o segredo é ser intencional.

Tendemos muito a usar grupos de quatro ou cinco pessoas, porque eles são grandes o suficiente para uma série de ideias e pequenos o suficiente para todos terem tempo de falar. O tamanho do grupo faz a conversa ter sentido para toda a rede. Quanto maior a rede, mais tendemos a aumentar o tempo do grupo pequeno e diminuir o tempo do grupo inteiro. Em redes menores (p. ex., de aproximadamente 20 pessoas), com frequência temos mais tempo para o grupo inteiro, porque há oportunidade de diálogo e de várias vozes. Entretanto, ainda usamos muito o tempo do grupo pequeno mesmo em redes menores, porque é em tal contexto que os participantes frequentemente têm espaço e segurança suficientes para discutir os detalhes da linguagem e da compreensão. Muitas pessoas estão mais dispostas a compartilhar em um grupo pequeno do que em um grande.

Naturalmente, mesmo funcionando bem, grupos pequenos são apenas espaços de aprendizagem. É importante criar responsabilização e apoio no trabalho de grupo. Direcionar as pessoas a representar seu trabalho em gráficos geralmente torna os grupos mais focados na tarefa. Atribuir papéis, como cronometrista e facilitador, ajuda a manter as coisas em movimento nos grupos. Tendemos a atribuir papéis aleatoriamente, assim dando a diferentes pessoas a oportunidade e a responsabilidade por essas tarefas ao longo do tempo.

Outra vantagem de usar grupos pequenos é possuir maneiras de compartilhar suas conversas com o grande grupo. Você deseja a profundidade que sobressai dos grupos pequenos e o entendimento compartilhado que sobressai das conversas do grupo todo. Algumas formas de passar as informações incluem quadro de papel, excursões, orientações e intervenções específicas durante as trocas. É difícil ouvir diversos relatos; orientações como "apenas compartilhe o que for novo" ou ter um tempo-limite de um minuto ajuda os participantes a compartilharem o essencial.

ESCUTANDO E ORIENTANDO

Conforme declarado anteriormente neste capítulo, facilitar a rede significa pensar como um professor e ser um aluno. Os facilitadores escutam continuamente os membros do grupo para entender o que o grupo *quer* aprender. Ao mesmo tempo, eles pensam continuamente sobre o que o grupo *precisa* aprender e o que ajudará nesse processo. Eles escutam e orientam solicitando informações e opiniões, seguindo uma agenda coerente e diferenciada.

O melhor recurso em qualquer situação de aprendizagem são os próprios alunos, portanto é importante criar diversas formas para que os participantes da rede informem o que desejam aprender, bem como, deem um retorno sobre o que eles aprenderam e como o processo poderia ter sido melhorado. Os bons facilitadores estão sempre coletando opiniões e informações do grupo – às vezes, informalmente por meio de observação das respostas das pessoas a diferentes protocolos e estímulos, outras vezes por meio de sistemas de informação formais. Há várias formas de solicitar essa informação dos alunos durante as rodadas:

- *Gráfico* plus/*delta*. No final de cada sessão, desenhe um gráfico de duas colunas. No lado esquerdo, escreva um sinal de mais (*plus*). No lado direito, desenhe um triângulo pequeno, um delta, que é o símbolo para mudança. Estruture as questões para reflexão como: "O que o está ajudando a aprender? O que funcionou bem para você hoje?" e "O que poderia ajudá-lo a aprender mais? Como a aprendizagem poderia ser melhorada?". Quando você pede um retorno como esse, é importante comunicar que a informação sobre o que não funcionou será bem-recebida. Às vezes, um grupo sente que pode demonstrar sua simpatia por um facilitador dizendo que não há coisa alguma que possa ser melhorada. Isso priva o facilitador de uma informação importante e fornece uma chance para aumentar a aprendizagem do participante. Com frequência encorajamos os grupos dizendo: "Nós realmente amamos deltas. Por favor, nos deem alguns deltas". Uma forma de comunicar a abertura ao *feedback* é pedir esclarecimentos em vez de ficar na defensiva. De fato, em geral tentamos não comentar coisa alguma enquanto registramos os *plus/deltas*. A melhor maneira de deixar o grupo saber que as sugestões para melhoria são bem-vindas é segui-las o mais rápido possível.

Às vezes, trazemos o gráfico *plus*/delta da reunião anterior e conversamos sobre como a agenda do dia se baseia nos *plus* e aplica os deltas, até mesmo sendo honestos quando a agenda do dia não realiza exatamente qualquer dessas ações. É incrível a rapidez com que a aprendizagem de um grupo melhora se você passar cinco minutos de cada sessão fazendo um *plus*/delta. Se você realmente está pressionado pelo tempo ou quer uma variedade maior de respostas anônimas, os participantes podem escrever seus *plus*/deltas em etiquetas adesivas e postá-las no gráfico na saída.

- *"Think tank"*. Em nosso trabalho mais recente com as redes, descobrimos que é útil pedir que um pequeno grupo de voluntários se reúna entre as sessões com os facilitadores para refletir sobre as sessões anteriores e planejar as futuras. Os membros do *"think tank"* devem ser representativos do grupo (i.e., atuar em diversos papéis se a rede for de papéis cruzados), que pode requerer um recrutamento um pouco proativo. Encontrar-se pessoalmente produz uma dinâmica mais pessoal, mas teleconferências também funcionam bem. Embora os facilitadores ainda planejem a essência das sessões, o *"think tank"* fornece informações valiosas sobre todo o quadro e ajuda a garantir que a rede seja significativa para os participantes. Os membros do *"think tank"* também ficam mais bem-informados sobre as rodadas participando do planejamento e frequentemente desempenham papéis de liderança importantes no grupo inteiro, ajudando a transferir a responsabilidade pela aprendizagem do grupo para a rede em vez de para os facilitadores.
- *Pesquisas*. As pesquisas via internet são fáceis de montar (ver SurveyMonkey.com ou Zoomerang.com) e podem fornecer uma avaliação por conta própria rápida de qualquer aspecto da rede – sobre o que as pessoas mais querem aprender, como querem aprender, quando querem se encontrar, etc.
- *Área de estacionamento*. Postar quadro de papel como uma "área de estacionamento" para perguntas e comentários dá aos participantes um meio informal de comunicar-se, quando estão pensando sobre algo, e fornece um lugar para a rede manter as perguntas que surgem na discussão, mas que não são apropriadas para exploração mais profunda no momento. A rede, então, exa-

mina a "área de estacionamento" periodicamente para ver se os conteúdos foram tratados ou necessitam de mais diálogo.
- *Acompanhamento individual.* O acompanhamento com membros individuais da rede é uma forma crucial de obter informação e opinião sobre o que está funcionando e o que não está. As pessoas que ficam em silêncio têm dificuldades com a prática de rodadas, estão frustradas ou se mostram céticas são fontes ricas de informação útil. Entender o pensamento delas ajuda o facilitador a esclarecer mal-entendidos e equívocos ou a ajustar a estrutura de determinada parte do processo. Procure essas pessoas nos intervalos e na hora do almoço! Iniciar um processo desconhecido como as rodadas é frequentemente desorientador, e os facilitadores podem construir a confiança escutando e respondendo às preocupações das pessoas. Você não será capaz de remover o desequilíbrio que vem da aprendizagem do processo, mas pode eliminar as distrações que impedem que algumas pessoas confrontem o mundo real.

Com visitas a diferentes escolas, cada vez que vocês se reúnem com os membros da rede frequentemente de distritos distintos, há um risco real de que as sessões de rodada pareçam desconexas e não relacionadas aos contextos de trabalho individuais das pessoas. Para evitar essas armadilhas, os facilitadores equilibram cuidadosamente as necessidades da escola anfitriã com as necessidades da rede e procuram formas de encadear a aprendizagem contínua de uma sessão para outra. Essa é a "dança" da liderança para obter ideias do grupo e simultaneamente direcioná-lo. Os facilitadores autenticamente assumem a direção do grupo e fazem as peças se encaixar de modo coerente, procurando temas e tornando a aprendizagem do grupo visível.

Um foco comum para as visitas ajuda sobremaneira a coerência. O foco deve ser em uma área onde cada participante sente que tem desafios (i.e., problemas de prática), que, se tratados, melhoram a aprendizagem dos alunos. Se o critério for satisfeito, os participantes permanecerão envolvidos e aprenderão, mesmo se o foco não for sua escolha principal. Se tal critério não for satisfeito, a rede não está atendendo a todos os seus membros e os participantes podem perder o interesse. Um facilitador pode ajudar os participantes a escolher um enfoque sugerindo a noção de foco e seu potencial para promover profundidade e progresso. Ele pode impulsionar as pessoas a selecionar os primeiros problemas de prática da rede com temas semelhantes e enfatizar alguns dos desafios que são comuns entre as redes. Se as pessoas resistem a escolher um foco, deixe para lá. Os participantes podem precisar experimentar a rede por um ano, antes de verem o benefício potencial de um foco comum. Em nossas redes, os participantes às vezes escolhem o foco explicitamente; outras vezes, o foco surge como um interesse comum ao longo de várias visitas de rodadas. Os focos apresentam-se geralmente em uma variedade de granulações, e as redes tendem a refiná-los com mais especificidade à medida que se aprofundam no tema. Exemplos de focos são pensamento de ordem superior, matemática, como as redes trabalham em todos os níveis de um distrito e habilidades para o século XXI.

Com qualquer tema, o uso de textos e estruturas externas contribui para uma agenda coerente construída de uma sessão para outra. Como já foi mencionado, os textos e estruturas externos (p. ex., a definição de alguém com habilidades para o século XXI ou padrões de matemática do currículo) fornecem um ponto de referência comum. Eles também mostram que não é apenas o que o grupo pensa; outras pessoas têm feito algumas reflexões sobre esse tema também, e, às vezes, tal reflexão eleva os próprios padrões do grupo ou molda o entendimento dele de um tópico. A despeito de tudo isso, os textos e estruturas externos são úteis uma vez que ajudam o grupo a desenvolver seu próprio entendimento comum em determinada área. O propósito deles não é fornecer "uma resposta" ou atalhar o esforço do grupo para entender o assunto. A rede ainda deve negociar sua própria visão de aprendizagem, ensino e liderança.

Os facilitadores precisam ajudar a fazer conexões bem como lembrar o grupo sobre o propósito da rede. Em outras palavras, os facilitadores ajudam a rede a "manter a floresta e as árvores" em vista em todos os momentos. A maioria dos participantes foca as árvores e pode não enxergar a floresta, a menos que alguém a aponte. Documentar a aprendizagem fornece diversas oportunidades para conexões e visões da floresta. As sessões de rodadas geralmente resultam em muitas folhas do quadro de papel preenchidas com as reflexões do grupo. Esses gráficos ajudam o grupo a lembrar das discussões e dos acordos das sessões anteriores. Vimos redes manterem rascunhos de "ensino e aprendizagem eficazes" em sua área de foco e continuarem a aprimorar os projetos ao longo do tempo. Refletir o trabalho de volta para o grupo ("Isto é no que estávamos trabalhando no mês passado", "Aqui estão alguns exemplos de descrição que vocês escreveram um ano atrás. De que forma sua coleta e compartilhamento de dados mudou?") cria uma linha condutora entre as sessões da rede e torna visível a aprendizagem do grupo.³ Reanalisar seu próprio trabalho como dados ajuda os membros do grupo a ver o quanto eles aprenderam e a identificar áreas potenciais de crescimento.

Documentar a aprendizagem também fornece indícios ricos sobre o entendimento do grupo, nos quais os facilitadores podem se basear em seu planejamento. Por exemplo, os gráficos com dados de observação classificados fornecem uma boa avaliação, tanto se o grupo entende como ser descritivo quanto como as pessoas pensam sobre ensino e aprendizagem. Ler as sugestões do próximo nível de trabalho dá uma ideia do que o grupo entende sobre liderança e se ele está conectando as ideias diretamente ao contexto do distrito ou se necessita de instrução mais explícita sobre como fazê-lo.

CULTIVANDO A REDE

Ser um participante envolve assumir riscos. Um participante da rede refletiu para o grupo, "Me sinto seguro participando aqui". Os facilitadores ajudam a criar as condições sob as quais a aprendizagem ocorre por meio da construção de confiança dentro do grupo, desenvolvimento de responsabilização lateral entre os membros da rede e de transferência de responsabilidade para o grupo.

A pesquisa sobre confiança reforça o que sabemos pela prática: a confiança importa muito para a aprendizagem e o desempenho (ver Capítulo 8 para saber mais sobre confiança).⁴ A confiança leva tempo, e há varias ações que os facilitadores podem realizar para acelerar e estimular seu desenvolvimento. Primeiro, use protocolos para fornecer espaços seguros para a aprendizagem. Um de nossos favoritos no início do desenvolvimento de uma rede é o protocolo *Esperanças e Medos*, no qual você pede que os participantes descrevam suas esperanças e medos para as rodadas pedagógicas.⁵ Os protocolos variam de métodos formais, para discutir textos a diretrizes, informais e para gerenciar a vez de cada um falar. Em seguida, ajude as pessoas a se conhecerem, incluindo elementos de quem são eles fora do ambiente educacional. "Quebra-gelos" podem parecer uma perda de tempo, mas eles ajudam os participantes a se conhecerem como pessoas e podem encorajá-los a assumir riscos construindo o risco gradualmente. Por exemplo, os participantes podem responder a estímulos como os seguintes:

- "Do que você tem orgulho?"
- "O que você está esperando?"

- "Conte a alguém alguma coisa sobre você não relacionada a educação que outras pessoas provavelmente não sabem."
- "Conte a alguém alguma coisa que você gostaria de aprender."
- "Conte a alguém sobre qual era seu estilo de vestir no ensino médio."
- "Conte a alguém em que parte das rodadas você se sentiu menos à vontade."

Assumir riscos com segurança é tanto um produto como um produtor de confiança. Uma forma de encorajar uma pessoa a assumir riscos é servir de exemplo. Seja transparente sobre sua própria aprendizagem: "Eu realmente estou tentando não sobrecarregar a agenda... Eu me esforço para permanecer no modo descritivo. Às vezes, só quero ficar sentado em uma cadeira e dizer o que penso realmente... Eu sou um aluno aqui também. Sinto como se estivesse entendendo mais profundamente por que é importante ter uma teoria da ação. Eu não entendia muito antes – mesmo quando estávamos esboçando nossas teorias da ação."

Outra forma de encorajar um indivíduo a assumir riscos é comunicar e comemorar publicamente quando ele assume riscos: "Linda, eu ouvi que você discorda de Justin. Isso pode ser realmente arriscado. O que a ajudou a fazê-lo? Poderia ter sido mais fácil simplesmente acompanhar a conversa e balançar a cabeça. Esse precedente ajudará as pessoas a falar honestamente aqui". Após responder uma pergunta, você poderia observar: "Collette acabou de fazer uma pergunta que vai ajudar a aprendizagem de todos!". Ou após uma sessão de balanço: "Levantem a mão se vocês discordaram de alguma coisa que alguém disse durante o balanço. Agora levantem a mão se vocês discordaram *e* disseram alguma coisa sobre isso em voz alta. Olhem em volta – esses colegas estão ajudando a criar um ambiente honesto e aberto para todos nós". Você também pode encorajar o grupo a adotar a tomada de risco como uma meta e, então, refletir sobre como ele se saiu com aquela meta no final de uma sessão. Apoiar os indivíduos para reconhecer sua tomada de risco ou encorajá-los a fazê-lo também é útil.

Outra forma de construir a confiança é fornecer um tempo social. Nossas redes frequentemente se misturam durante a hora do café ou almoço no início de um dia de rodadas. Costumávamos pensar que isso era tempo social suficiente e tínhamos almoços de 30 minutos, frequentemente almoços de trabalho. Possuíamos a mesma abordagem em relação aos intervalos, inicialmente os mantendo em cinco a sete minutos. Estávamos planejando a quantidade de tempo mínima necessária para o intervalo a fim de termos mais tempo para aprendizagem. Por meio do processo de *feedback*, os participantes declararam que necessitavam de intervalos mais longos, incluindo o almoço, e que não queriam trabalhar durante o almoço. Não porque eles fossem preguiçosos. Na verdade, a maioria deles geralmente não almoçava todos os dias e ficava horas sem ir ao banheiro. O que eles perceberam mais rápido que nós foi que os intervalos eram momentos críticos para se conhecerem e conversarem sobre tudo, desde os desafios do trabalho aos planos para as férias. Uma boa parte da construção da confiança e dos relacionamentos no grupo acontece nesses momentos informais, e é importante criar espaço suficiente no horário a fim de que esse tipo de conversa possa ocorrer. Em outra rede, tivemos que obrigar o tempo social – alguns participantes preferiam trabalhar o dia todo, enquanto outros preferiam trabalhar durante o intervalo e ir para casa mais cedo. Nós simplesmente dizemos às pessoas que elas aprenderão melhor se fizerem intervalos e que o tempo informal é importante para o grupo.

 Finalmente, uma forma excelente de construir pontes com os colegas é rir juntos. Como ocorre com outras atividades de desenvolvimento da confiança, o riso às vezes está ligado a conteúdo e às vezes não. Em ambos os casos, ele pode ser bastante rápido e não é uma perda de tempo. Por exemplo, fazemos as pessoas cantar *My bonnie lies over the ocean* e mudar de posições (ou sentado ou de pé) toda vez que cantam uma palavra que começa com *b*. E zombamos muito de nós mesmos – descobrimos que nunca ficamos sem material. Além do espírito de coleguismo que as risadas geram, elas também ajudam a criar um estado de alerta relaxado, que é a circunstância ideal para a aprendizagem. Após uma dessas atividades, um dos participantes declarou: "Eu lembrei hoje que não há problema em se divertir. Trabalhamos tanto todo o tempo que esquecemos de nos divertir. Este trabalho é divertido também, e precisamos lembrar disso. Vou tentar incorporar mais diversão com meus professores".

 O segundo componente de cultivar a rede é desenvolver um sentido de *responsabilização lateral*. Em outras palavras, os participantes da rede assumem a tarefa de cobrar o cumprimento dos acordos uns dos outros e de impulsionar uns aos outros. Isso não acontece naturalmente em um grupo sem o encorajamento do facilitador. Um passo inicial crítico é estabelecer as normas do grupo e recorrer a elas. As normas não são simbólicas; elas são um documento vivo que guia o comportamento e as expectativas do grupo. Porém, isso pode apenas ser verdadeiro se você trabalhar explicitamente com elas. Uma forma de trabalhar com as normas é verificar frequentemente com os membros da rede com quais normas eles querem trabalhar hoje, em quais eles acham que o grupo se saiu bem, quais eles viram em ação, e assim por diante. Em uma rede, fizemos *displays* de mesa das normas de modo que todos pudessem recorrer a elas facilmente. Em todos os casos, asseguramos que as normas sejam visíveis durante cada sessão e nos referimos a elas. Além disso, ocasionalmente os membros da rede assumem função de monitoramento do processo no qual dão um retorno sobre quão bem o grupo estava cumprindo suas normas.

Outra forma de trabalhar com as normas é instruir periodicamente o grupo a revisá-las. Vimos uma diminuição marcante no uso de celulares após perguntarmos aos participantes de uma rede qual eles queriam que fosse a norma em relação ao uso do aparelho. Após uma sessão particularmente desafiadora, uma rede decidiu acrescentar uma norma determinando o uso de linguagem descritiva durante as rodadas. No final de seu primeiro ano, uma rede aprimorou sua longa lista de normas para um punhado que eles pudessem lembrar. Durante uma verificação da norma no início de seu segundo ano, outra rede ajustou o critério "aderir ou ficar de fora" para deixar claro que o grupo estava comprometido a se envolver nos quatro elementos das rodadas pedagógicas, mas também queria encorajar o *feedback* crítico para melhorar o processo. A discussão sobre essa norma despertou um novo sentimento de propriedade dentro do grupo. Após encorajar publicamente mais envolvimento ativo, o grupo focou o trabalho com maior vigor e entusiasmo.

Os facilitadores novatos nas rodadas pedagógicas têm perguntado se podem poupar tempo pegando emprestado um conjunto de normas de outro grupo. Embora essas normas pudessem orientar seu trabalho, a rede perderia o sentido de responsabilização pessoal que nasce quando as normas são criadas *pelo* grupo e *para* o grupo. As normas são pedidos que colegas específicos fizeram uns aos outros – comportamentos que os ajudariam a aprender. Aqui estão alguns exemplos: seja honesto; diga quando não concorda; escute reflexivamente; verifique se você entende; apoie o trabalho da equipe quando juntos e entre as reuniões (seja presente, dê tempo para o trabalho, forneça recursos); foque na prática e na evidência; comemore o sucesso; confiança, respeito e honestidade substituem a "cultura da simpatia"; seja presente e participe. As normas servem como base para a responsabilização lateral porque são uma articulação dos compromissos dos participantes da rede uns com os outros.

Uma vez articuladas, as normas são algo com que os participantes podem ajudar uns aos outros e cobrar uns dos outros.

Outra dimensão da responsabilização lateral é os colegas considerarem uns aos outros responsáveis pela tomada de ação por meio de sua participação na rede. Por exemplo, o anfitrião da visita anterior pode compartilhar o que aconteceu desde a última visita ou anfitriões anteriores, e algumas pessoas que não foram visitadas recentemente, podem compartilhar um relatório de seu trabalho. Isso aumenta um pouco o custo e é mesmo mais distante da maioria das experiências compartilhadas entre colegas dos participantes do que é cobrar as normas dos outros ou ser fiel à descrição na parte inicial da reunião de balanço. Parte de ter uma prática profissional é responsabilizar uns aos outros pela prática, que, no caso das rodadas, inclui ação de acompanhamento. A rede decide como é essa responsabilização. Esteja preparado para insistir na importância dela cedo e com frequência e para dar algumas ideias sobre como ela pode ser. A responsabilização pela ação funciona melhor como responsabilização e apoio, quer informal ou formal.

A princípio, a maioria dos participantes da rede quer que os facilitadores sejam os aplicadores, os solucionadores de problemas e os portadores de resposta. Nossa estratégia é devolver essas responsabilidades e oportunidades ao grupo, ao mesmo tempo apoiando a rede em resposta a elas. Uma das metas principais de devolver as coisas para o grupo é o que chamamos de *transferência de agência (ação)*. A transferência de agência (ação) é institucionalizada a partir da segunda visita. Neste ponto, os participantes da rede começam formalmente conduzindo o trabalho. Os anfitriões da visita anterior facilitam o próximo nível de trabalho. Eles conduzem o grupo ao longo dessa fase de rodadas e asseguram que o anfitrião atual seja bem-atendido. Na terceira visita, os segundos anfitriões facilitam o próximo nível de trabalho, e assim por diante.

A ideia é que a responsabilidade pelo grupo passe dos facilitadores para o grupo. A hora de começar a dar responsabilidade ao grupo é geralmente mais cedo do que você pensa. A meta final da "dança da liderança" referida anteriormente é que o grupo dirija cada vez mais sua própria aprendizagem. Com o tempo, podemos esperar que o papel dos facilitadores mude de ensinar o processo de rodadas para ser um "amigo crítico" observando o que o grupo aprendeu, aprimorando pontos de dificuldade, refletindo sobre formas de expressar essas tensões, fornecendo fontes externas que sejam relevantes à aprendizagem do grupo e usando protocolos ou planos de aula para ajudar o grupo a interagir efetivamente com os recursos. O grupo não tem tempo para fazer todo o planejamento para cada sessão. Mas uma vez que os membros do grupo tenham maior propriedade em relação ao planejamento, eles podem direcioná-lo mais ("Precisamos de mais trabalho no próximo nível – você pode planejar uma aula sobre isso para nós da próxima vez?" ou "Precisamos saber mais sobre práticas de avaliação – quais são os achados de pesquisa sobre o assunto?").

Transferir decisões importantes para o grupo é uma forma de sinalizar que os membros da rede regem o trabalho. Em Cambridge, quando o comitê escolar quis participar de uma visita de rodadas, transferimos a decisão para a rede. Ela respeitosamente respondeu que não e arranjou uma outra forma de compartilhar o trabalho. De modo similar, em Ohio, um membro de um distrito a princípio nos pediu permissão para convidar outros representantes distritais para participar da rede. Submetemos à rede. Após o membro apresentar seu caso e o grupo concordar com seu pedido, ele suspirou e disse um sincero: "Obrigado, colegas". Depois de uma amostra de uma sessão de rodadas em Iowa, membros potenciais da rede decidiram com que frequência fariam as visitas e que tipos de acompanhamento desejavam. Eles também passaram bastante tempo resolvendo os detalhes de quem seria elegível para participar da rede (p. ex., o que dizer de pessoas que inicialmente declinam do convite, mas então reconsideram; ou aquelas que começam na rede, mas então trocam de empregos e se mudam para outra cidade?). Esse tempo foi bem gasto porque as pessoas estavam começando a tomar posse do grupo por meio de tal conversa.

■ ■ ■

Dicas e pontos importantes

Enquanto você explora o terreno da jornada da rede, lembre que as pessoas ficam melhores no processo de rodadas ao longo do tempo – incluindo os facilitadores. Preveja isso e considere sua curva de aprendizagem mais um recurso do que uma deficiência. Os dilemas são muitos: Quem decide o quê? Quanta estrutura a rede necessita no início? Que variação das rodadas é inovação, e o que é desvio? Se apresentar minha própria aprendizagem e perguntas, vou parecer um aluno modelo e gerar confiança ou vou parecer incompetente? Esperamos que este capítulo tenha antecipado algumas questões e fornecido um ponto de partida para você respondê-las. Temos certeza, entretanto, que aqueles que se envolvem nas rodadas geram tanto novas perguntas como novas respostas. Confie na rede e no processo de rodadas para ajudá-lo a encontrar seu caminho. A prática é poderosa, confusa, divertida e desafiadora. Eis algumas sugestões:

- *Modele o trabalho e seja explícito(a)*. Em tudo o que faz, você está tentando modelar o tipo de prática que espera ver nas salas de aula e nos sistemas escolares. A experiência da aprendizagem eficaz percorre um longo caminho para ajudar os participantes da rede a desenvolver um entendimento comum do que é aprendizagem eficaz. Entretanto, aprendemos da maneira difícil e lenta que a modelagem é necessária, mas não suficiente. Os alunos, inclusive os adultos, também precisam de instrução explícita, incluindo expectativas claras sobre retomar o que estão aprendendo (tanto conteúdo como processo) e aplicá-lo à sua própria prática. Em participantes da rede nunca ocorre usar um protocolo que experimentaram como parte das rodadas em seu próprio trabalho diário – até que alguém menciona, encoraja e mesmo espera por ele. Os alunos também se beneficiam da oportunidade de citar o que aprenderam e de refletir sobre o que ajudou ou impediu sua aprendizagem.
- *Espere que os indivíduos tenham diferentes necessidades e preferências*. Os facilitadores que trabalham com alunos adultos não estão imunes ao grande desafio de ensinar participantes com vários níveis de experiência e expectativas. Pode ser difícil encontrar o equilíbrio entre satisfazer necessidades individuais e fazer todo o grupo avançar. Por exemplo, algumas pessoas querem ideias sobre o que fazer amanhã, enquanto outras desejam pensar na aprendizagem a longo prazo. Cada grupo apresenta cada tipo de aluno, e é útil tentar dar algo para cada um desses grupos. As pessoas também apresentam diferentes habilidades com a prática das rodadas. Algumas jamais conversaram sobre a prática com os colegas; outras fazem parte de várias redes ou conduzem elas próprias a capacitação de pessoal. Certos participantes fazem perguntas quando estão confusos; outros não. É importante assistir a todos os alunos na rede. Ensinar deliberadamente os quatro elementos das rodadas, seguir as normas de comportamento e comunicação e fornecer estruturas claras para a aprendizagem garantem o avanço de todos.
- *Ajude mais com perguntas do que com respostas*. Os participantes prosperam com diferentes níveis de apoio e esforço. Algumas pessoas querem que seja dito o que fazer, enquanto outras preferem descobrir o que fazer ou pelo menos podem tolerar um pouco mais de ambiguidade. Os facilitadores devem resistir ao impulso de dar as respostas – esse impulso pode ser forte e sedutor, já que faz os participantes se sentirem melhor no curto prazo e os facilitadores se sentirem competentes e necessários. Em vez disso, permita que os participantes se esforcem enquanto você oferece apoio suficiente e reafirmação de que houve envolvimento por tempo satisfatório e com profundidade, então eles começarão a elaborar suas próprias respostas.
- *Mantenha a vigilância sobre ser fiel à evidência descritiva*. Com o tempo, os participantes da rede melhoram sua capacidade de permanecer no modo descritivo em vez de avaliativo. Eles também ficam desleixados em relação à prática, particularmente em grupos pequenos. Os velhos hábitos avaliativos estão profundamente enraizados no "músculo observacional" da memória dos educado-

res. Os facilitadores podem ajudar antecipando esse deslize e fazendo lembretes e regulagens da prática periodicamente durante as reuniões da rede, mesmo com redes experientes.

- *Menos é mais.* Cometemos o erro de nos abarrotarmos de tantas experiências interessantes que temos de restringir o tempo reservado para conversar e refletir. Por conseguinte, embora tenham "coberto" muito território, os participantes perderam a oportunidade de consolidar sua aprendizagem, de personalizá-la e de realmente aprender. Devemos sempre manter em mente que menos verdadeiramente é mais. Respire fundo e crie tempo para reflexão e compreensão. Aprendizagem tem a ver com qualidade, não com quantidade.

NOTAS

1 Ver os padrões para capacitação de pessoal e a pesquisa relacionada no *site* do National Staff Development Council, em www.nsdc.org.
2 GARMSTON, R. *The presenter's fieldbook*: a practical guide. Norwood: Christopher-Gordon, 2005.
3 PROJECT ZERO. *Making teaching visible*: documenting individual and group learning as professional development. Cambridge: Project Zero, 2003.
4 BRYK, A.; SCHNEIDER, B. *Trust in schools*. New York: Russell Sage, 2002. Para mais informação sobre confiança, ver também COVEY, S. M. R. *The speed of trust*: the one thing that changes everything. New York: Free, 2008.
5 Ver MCDONALD, J. P. et al. *The power of protocols*: an educator's guide to better practice. New York: Teachers College, 2007. p. 23-25.

PARTE III

As rodadas e a melhoria sistêmica

8
Aprendendo com as rodadas

A equipe de liderança do distrito – diretores, líderes docentes e gestores do sistema – esteve envolvida nas rodadas pedagógicas por quase um ano. Os integrantes da equipe encontravam-se todo mês, em um horário previamente programado para reuniões dos diretores, em um local da escola, e passavam a melhor parte do dia trabalhando em questões pedagógicas relacionadas à estratégia de aprimoramento global do distrito. Os diretores e os líderes distritais desenvolveram suas teorias da ação pessoais e as discutiram com outros membros da equipe de liderança. Os membros da equipe relatam que fizeram progresso real em seu próprio entendimento a respeito do que estavam procurando nas salas de aula, e existe uma linguagem emergente para descrever como é o ensino de alto nível. Os membros da equipe também relatam que seu trabalho é mais satisfatório e as reuniões comuns são mais produtivas em torno das questões pedagógicas.

Na reunião do conselho escolar mais recente, um membro virou-se para o secretário de educação e o vice-secretário e disse: "Eu tenho algumas preocupações a respeito deste processo de rodadas sobre o qual temos ouvido falar. Eu entendo que vocês estão entusiasmados, mas parece uma enorme quantidade de tempo longe do trabalho real de gerir uma escola. Não há uma forma mais rápida de aprender o que precisamos aprender? Eu preferia ver os líderes deste distrito fazendo melhorias em suas próprias escolas em vez de excursionar por outra escola no sistema a cada semana".

Após a reunião, o secretário de educação virou-se para o vice e disse: "Acho que precisamos de um argumento melhor para explicar a razão de estarmos fazendo este trabalho".

O modelo de rodadas funciona, uma vez que ele se entrelaça com uma estratégia de melhoria da escola no nível do sistema e reforça os relacionamentos de responsabilização mútua entre alunos, professores e gestores. Se as rodadas forem consideradas uma atividade – apenas mais um aspecto que os educadores devem ajustar a uma agenda já superlotada – elas provavelmente seguirão o caminho da maioria das boas ideias sobre melhoria escolar, ou seja, afundarão de modo suave no desuso e no esquecimento. Ao mesmo tempo, é uma prática desconhecida da maioria das pessoas que estão acostumadas a trabalhar nas e em torno das escolas, e os sistemas geralmente não aderem com facilidade a novas práticas. A situação do distrito mencionado não é tão incomum em nossa experiência. As pessoas ao dominarem as rodadas pedagógicas e verem seus benefícios, começam a reconhecer a dificuldade dos problemas que a prática revela em seu próprio trabalho, mas elas acham difícil, mesmo após alguma experiência, afirmar a razão para fazê-las.

A razão para as rodadas foi declarada sucintamente por Paul Toner, o dedicado ex-presidente do sindicato dos professores de Cambridge, Massachusetts, e agora vice-presidente do sindicato estadual, que participou como membro da Cambridge Leadership Network durante seu primeiro ano. Quando começamos a visitar escolas em Cambridge, Paul, por iniciativa própria, procurava os professores nas escolas antes das visitas e respondia suas perguntas sobre o processo. Ele dizia, com seu jeito prático: "É uma forma de tornar os gestores mais inteligentes sobre o trabalho de ensinar, e tudo o que faz esse efeito não dói".

Por mais lógico que possa parecer, não é raro que as pessoas questionem a prática nos distritos que estão realizando as rodadas pedagógicas. O fato de ser controverso, pensar nas escolas como organizações de aprendizagem para adultos, bem como para alunos, é um comentário interessante sobre a cultura escolar norte-americana e a situação do ensino na sociedade mais ampla. Mas tal situação não é incomum. Não estremecemos quando firmas de advocacia, de contabilidade, de consultoria e outras organizações baseadas no conhecimento reservam um tempo para seus empregados frequentarem cursos de capacitação profissional – na verdade, eles são *obrigados* a fazê-lo por seus gerentes e por suas associações profissionais. Por que, então, seria controverso afirmar que pessoas que organizam, dirigem e ensinam nas escolas deveriam tirar um tempo de seu horário de trabalho regular para tornar sua prática mais eficaz? Talvez os sistemas escolares e o público em torno deles estejam simplesmente reconhecendo agora que funcionar de modo efetivo como educador requer aprendizagem contínua ao longo de toda a carreira. Há muitas formas de aprender continuamente e tornar o ensino mais eficaz. Acreditamos que as rodadas são um excelente recurso para conseguir ambos, e neste livro tentamos mostrar o que elas são.

Neste capítulo, voltamos às perguntas com as quais começamos o livro – por que e como as rodadas levam à melhoria sistêmica? A teoria da ação subjacente às rodadas frequentemente faz mais sentido para as pessoas após terem participado das redes de rodadas pedagógicas por vários meses. Antes de lançar uma rede, a teoria parece boa, mas é tão discrepante da experiência passada dos participantes que se parece mais com atividades do que como uma prática profissional, e a diferença entre as duas não está clara. As rodadas pedagógicas se baseiam em um conjunto de princípios de aprendizagem profissional que desenvolvemos e que, posteriormente ao conduzirmos as rodadas, refinamos com nossos colegas no processo. Esses princípios podem ser usados para construir a lógica para as rodadas como parte de um processo mais geral de aprendizagem e melhoria nos sistemas escolares. Eles também podem ser empregados para desenvolver e testar sua própria teoria da ação sobre as rodadas. Este capítulo examina os princípios, com base em material de cada um dos capítulos anteriores, e termina com nossa teoria da ação de como as rodadas levam à aprendizagem e ao ensino e à prática de liderança mais eficazes.

PRINCÍPIO NÚMERO 1: *Aprendemos a fazer o trabalho fazendo o trabalho, refletindo sobre o trabalho e criticando o trabalho*

Como foi observado na seção anterior sobre o núcleo pedagógico, colocar o ensino no centro da melhoria da escola fundamenta as decisões sobre estrutura, processo e alocação de recursos no trabalho real dos professores e dos alunos nas salas de aula. A questão central sobre qualquer decisão administrativa ou política sempre deve ser: "De que forma esta decisão em particular permite ou restringe o ensino de alto nível nessas salas de aula e escolas em particular? Esta pergunta pode ser respondida apenas examinando em primeira mão o que está realmente acontecendo nas salas de aula, realizando uma análise e uma discussão sérias sobre qual é o próximo nível de trabalho nas salas de aula e tentando alinhar decisões organizacionais mais amplas com o que consideramos ser ensino de alto nível. A aprendizagem nas rodadas movimenta-se continuamente para frente e para trás, das particularidades da prática na sala de aula para os padrões de prática mais gerais em todas as salas de aula, para as condições organizacionais que promovem e sustentam a boa prática, e de volta outra vez.

Existe apenas uma forma de aprender como fazer esse trabalho: fazendo. As rodadas são uma prática, e práticas são aprendidas praticando. Isso significa que os profissionais devem ter uma oportunidade de fazer o trabalho, de experimentar as dificuldades iniciais de adaptar suas ações a protocolos desconhecidos, de refletir sobre o trabalho, de expressar seus sentimentos e entendimento sobre o trabalho e de criticar sua própria prática. Simplesmente fazer o trabalho sem reflexão e crítica significa que as questões e preocupações que os indivíduos têm sobre o trabalho não são discutidas e ficam sem resposta. Quando perguntas importantes não são respondidas, o trabalho torna-se rotina e *pro forma*, mas este princípio geral é frequentemente difícil de entender exceto no contexto de problemas pedagógicos e práticas de ensino específicos. Muitas observações podem ser interpretadas como descritivas ou normativas (Quadro 8.1). Por exemplo, algumas pessoas entendem a declaração "mais meninos do que meninas participaram na discussão da sala de aula" como a descrição de um padrão de interação de sala de aula, enquanto outros a consideram um julgamento sobre desigualdade de acesso à aprendizagem na sala de aula.

Por exemplo, um dos maiores problemas que os educadores enfrentam nos primeiros estágios do trabalho de rodadas é que tipo de linguagem usar para descrever o ensino. As redes de rodadas criam normas fortes em relação ao uso de linguagem descritiva em vez de normativa no discurso sobre o ensino, mas esse princípio geral é frequentemente difícil de entender, exceto no contexto de problemas pedagógicos e práticas de ensino específicos. Esses e muitos outros dilemas surgem geralmente no início das discussões das observações das salas de aula. Questões sobre se tais declarações são descritivas ou normativas se misturam com algum constrangimento dos profissionais sobre parecer que estão fazendo julgamentos sobre a prática dos professores e suscitam dúvidas sobre se é possível fazer declarações de valor neutro a respeito do ensino em benefício do acúmulo de um conjunto de evidências.

Ao trabalharmos essas questões com os profissionais, tentamos não dar respostas diretas aos tipos de perguntas que eles fazem, e sim *levá-los* a refletir sobre *por que* essas questões são importantes, *por que* elas são problemáticas e *como* elas contribuem para o entendimento deles sobre a melhoria do ensino. O que preferimos observar nas salas de aula, pelo menos inicialmente, é um produto de quem somos, quais são nossos compromissos, o que nossa experiência anterior nos diz que é importante e como usamos a linguagem no passado. Tentamos ajudar os profissionais a entender que criar uma linguagem comum para descrever e tirar conclusões, a partir do ensino, requer que eles questionem suas próprias categorias e linguagem e usem essa reflexão para produzir um entendimento comum do que é importante com seus pares. Portanto, em vez de dizer aos profissionais que há uma resposta certa ou uma resposta errada para suas preocupações sobre linguagem descritiva e normativa, tentamos levá-los a dizer por que eles escolheram observar certas coisas na sala de aula (e não outras) e como suas observações se comparam com outras na mesma sala de aula. Colocamos a questão: "Como você poderia concordar sobre o que é importante neste contexto e como você observaria?".

Quadro 8.1 Dificuldade para interpretar as observações da sala de aula

Declaração da observação	Sentido descritivo da declaração	Sentido normativo da declaração
Mais meninos do que meninas participaram da discussão na sala de aula.	Refere-se a um padrão específico de interação da sala de aula.	Chama atenção para a desigualdade do acesso à aprendizagem.
A professora parecia chamar os mesmos cinco ou seis alunos durante toda a observação.	Refere-se a padrões de participação.	Refere-se à falta de atenção do professor a esses padrões.
Os alunos conduziram uma discussão de um livro sem referir-se diretamente ao texto real.	Refere-se ao conteúdo da discussão.	Sugere que discussões ricas devem referir-se ao texto.
Os alunos não foram capazes de explicar por que estavam fazendo determinada experiência de ciências.	Refere-se à interpretação dos alunos da tarefa.	Implica que a tarefa foi de modo insatisfatório explicada e entendida.
Os alunos eram organizados em grupos na sala de aula, mas a natureza das tarefas solicitadas era principalmente individual.	Aborda a organização da sala de aula.	Julga o entendimento do professor do trabalho de grupo.

Fonte: Os autores.

Obviamente, você não pode tratar dessas questões detalhadas sem realmente se envolver nas rodadas pedagógicas e refletir sobre elas. É a prática de rodadas que produz as questões interessantes e que ajuda a converter essas questões em aprendizagem individual e coletiva. A maioria da aprendizagem que ocorre nas rodadas *não* está nas discussões anteriores ou em estar preparado para fazer as rodadas, embora esses aspectos sejam importantes. Antes, está em fazer as próprias rodadas e em permanecer com as questões preocupantes que elas suscitam.

PRINCÍPIO NÚMERO 2: *Separe a pessoa da prática*

Um legado permanente da cultura da prática atomizada nas escolas é que a maioria dos educadores acredita que sua prática é uma parte inerente deles próprios; é uma parte de sua identidade como educadores; e é mais ou menos inseparável de quem eles são. Por conseguinte, o discurso sobre o ensino e as práticas de liderança das pessoas gira ligeiramente em torno das diferenças. Muitas das diferenças são atribuídas a questões de "estilo", que é uma forma educada e anódina de dizer que um profissional não deve questionar a prática de outro profissional porque, afinal de contas, estamos todos interessados em alcançar os mesmos resultados e apenas chegamos lá com métodos diferentes.

Não cometa erros, a prática das rodadas vai diretamente contra esse sistema de crença. Podemos ser educados e dizer que cada participante tem o direito a sua própria visão da prática efetiva e que as rodadas são simplesmente uma forma de "compartilhar" nossos estilos diferentes com o objetivo de respeito e entendimento mútuos. Mas isso definitivamente *não* é o que as rodadas significam, e afirmar seu propósito de tal forma é banalizá-las.

As rodadas se baseiam na suposição altamente controversa e problemática de que para as escolas melhorarem de modo sistêmico, elas devem desenvolver *práticas* e um *entendimento compartilhados* da relação de causa e efeito entre ensino e aprendizagem. Caracterizar as diferenças na prática como questões de gosto ou estilo, tendo pouca ou nenhuma consequência para a aprendizagem, é banalizar a importância da prática dos professores e seu efeito cumulativo sobre a aprendizagem dos alunos.

Além disso, a visão de que a prática é uma questão de gosto individual é profundamente antiprofissional. Os profissionais não são pessoas que agem de acordo com suas idiossincrasias e predisposições, mas indivíduos que concordam com um conjunto comum de conhecimentos e de práticas que combinam entre si, e que usam o domínio como a base para determinar quem adquire a prática. Pedimos aos participantes nas rodadas para imaginar que estão em um avião que se aproxima da pista de um aeroporto, quando o comandante vem ao intercomunicador e diz: "Os senhores irão perceber algo diferente nesta aterrissagem. Eu sempre quis tentar isto sem os *flaps*". Ou em sua última consulta antes da cirurgia com seu cirurgião cardiovascular, o médico diz: "Eu tive uma epifania enquanto dirigia para o trabalho esta manhã e decidi fazer seu procedimento da maneira que aprendi em minha residência em 1972". Esses exemplos intencionalmente extremos ilustram a questão sobre o que significa ser um profissional. Em cada um desses casos, se o profissional em questão fizer qualquer uma dessas ações, ele não será um ex-profissional.

Profissionais são pessoas que compartilham uma prática, não pessoas cujas práticas são determinadas por gosto e estilo. Além disso, a única forma de *melhorar* sua prática é se permitir pensar que sua prática *não* é quem você é. Antes, ela é uma forma de expressar seu entendimento atual de seu mundo, seu conhecimento sobre o mundo e suas crenças sobre o que é importante acerca dele. Todas essas coisas podem mudar – *devem* mudar, se você é um profissional – à medida que seu conhecimento, sua habilidade, sua *expertise* e sua compreensão de seu trabalho aumentam. Se acreditar que você *é* sua prática, a probabilidade de que ela mude em resposta a novos conhecimentos e *insights* é mínima. Ademais, você pode manter todos os valores e compromissos que o tornam uma pessoa e ainda se permitir mudar sua prática. Ela é um instrumento para expressar quem você é como profissional; ela não é quem você é.

Parte das rodadas, então, é separar, delicada mas insistentemente, as pessoas de suas práticas. Fazemos isso essencialmente objetivando a prática dessas pessoas e pedindo-lhes para descrever sua prática e codificá-la em uma teoria da ação; então as encorajamos a testar aquela teoria em relação às realidades diárias de seu trabalho, modificando-a de modo contínuo diante de novas evidências sobre seu efeito. Também incentivamos os participantes a tratar a prática de outras pessoas da mesma forma. Desencorajamos deliberadamente linguagem que se refira ao "estilo" de ensino ou liderança dos indivíduos e pedimos que as pessoas usem linguagem descritiva na maneira de caracterizar a prática umas das outras. Ações que não são coisas fáceis de fazer. A confusão entre pessoa e prática está profundamente enraizada na cultura das escolas, e é em especial resistente porque reside nas crenças e na linguagem das pessoas da escola. Falamos de professores "dotados" ou "naturais", por exemplo, sem jamais pensar nas implicações dessa linguagem para como as pessoas melhoram sua prática. Se a prática é um dom que cai do céu para as pessoas, então a probabilidade de que melhoremos a prática em qualquer medida é absolutamente mínima. Há tantos raios de sol descendo do céu, e não há o suficiente para todos.

A premissa do modelo de rodadas é que *práticas são aprendidas* por meio da aplicação de conhecimento e habilidade a problemas concretos. Melhoramos nossa prática realizando análises detalhadas se os resultados que estamos produzindo com os alunos são consistentes com o que acreditamos que estamos tentando fazer. A lacuna entre o que estamos tentando fazer e o que estamos realmente fazendo é onde ocorre nossa aprendizagem. Entender aquela lacuna requer que tratemos nossa prática como algo que pode ser mudado, não como uma parte indelével de nossa personalidade.

PRINCÍPIO NÚMERO 3: *Aprender é uma atividade individual e coletiva*

Alguns professores estão envolvidos em aprender sobre sua própria prática o tempo todo. Nem todos, entretanto, têm a mesma predisposição para aprender e evoluir ao longo de uma carreira. Portanto, se valorizarmos a aprendizagem individual exclusivamente na forma como organizamos o ensino e a capacitação profissional, agravamos o problema que estimulou a necessidade por melhoria da escola em primeiro lugar: que é aumentar a variabilidade na qualidade da aprendizagem dos alunos entre as salas de aula. A aprendizagem individual é boa para o ser humano; não devemos fazer coisa alguma para desencorajá-la. Entretanto, a aprendizagem individual nem sempre é boa para as organizações, se o problema que você estiver tentando resolver não for apenas o desempenho de professores individuais, mas também a variabilidade da aprendizagem dos alunos nas salas de aula. Se a *escola* é a unidade de melhoria, então os professores individualmente devem trabalhar nas salas de aula para produzir melhoria. Uma sala de aula de cada vez não vai funcionar. Até pouco tempo, a capacitação profissional nas escolas e nos sistemas escolares era relativamente desorganizada. Professores individuais se inscreviam em programas de sua escolha com pouca atenção ao efeito cumulativo de sua aprendizagem sobre a organização como um todo. O que era bom para os indivíduos, dizia a teoria, deve ser bom para a organização. Sabemos agora que esse modelo de capacitação profissional não apenas deixa de levar à melhoria cumulativa das escolas, como, na verdade, pode agravar o problema de variabilidade na prática entre as salas de aula.

O modelo de rodadas visa mudar as escolas e os sistemas dessas práticas de aprendizagem com capacitação profissional altamente individualizadas para práticas mais coletivas, objetivando melhoria cumulativa em larga escala. Para fazer tal transição é necessário que os educadores deixem de pensar na aprendizagem como um processo individual e passem a considerá-la um processo coletivo. Embora a aprendizagem individual seja importante, é a acumulação da aprendizagem nas salas de aula e nas escolas que aprimora a aprendizagem geral e o desempenho dos alunos.

O processo de rodadas modela explicitamente o movimento da aprendizagem individual para a coletiva, reunindo as pessoas em equipes para observações e discussões, envolvendo-as em atividades, usando protocolos que requerem a construção pelos indivíduos de uma linguagem comum para descrever e analisar o que observam, gerando compromissos coletivos para ação nas questões pedagógicas. Os produtos desse trabalho são coletivos e destinados a modelar como indivíduos, trabalhando juntos com um conjunto de processos e protocolos comuns, podem produzir uma coleção de *expertise* e conhecimento comuns sobre sua prática.

PRINCÍPIO NÚMERO 4: *A confiança aumenta a aprendizagem individual e coletiva*

Um dos achados de pesquisa básicos sobre aprendizagem organizacional é que a aprendizagem coletiva requer um espaço seguro no qual as pessoas possam compartilhar seus entendimentos e dúvidas sem medo de serem julgadas severamente por seus pares ou seus supervisores. Na ausência dessas condições, as pessoas nas organizações tendem a suprimir informações importantes sobre sua própria prática ou sobre os problemas que elas observam por medo de que falar honestamente resulte em ostracismo ou retaliação. As organizações de aprendizagem têm normas e processos claros que produzem altos níveis de confiança e franqueza entre os participantes.

Nas rodadas, pedimos que os grupos criem suas próprias normas e, periodicamente, revemos essas normas tanto para avaliar o quanto o grupo está indo bem em relação a suas próprias normas como para perguntar se as normas necessitam de revisão à luz da experiência do grupo. Como descrevemos anteriormente neste livro, insistimos em duas normas no início. A primeira é a confidencialidade: os participantes estão vinculados pela obrigação mútua de não identificar nomes, salas de aula ou escolas específicos em suas discussões fora do processo de rodadas. A fim de sentir que podem falar com franqueza, as pessoas precisam acreditar que o que elas dizem dentro não será usado para colocá-las em risco fora. Outra norma na qual insistimos no início é especificamente sobre a participação. Uma formulação que temos usado é: "Todos falam uma vez antes que qualquer um fale duas vezes, e os profissionais falam antes dos consultores e dos facilitadores". Também fornecemos *feedback* regular aos grupos sobre os padrões de participação e os envolvemos em discussões sobre a capacidade de monitorar sua própria participação e a do grupo. Além dessas duas normas básicas, cada grupo cria suas próprias regras sobre processo e conteúdo.

A pesquisa sobre confiança nas escolas é clara a respeito do achado básico de que a maior confiança relacional entre indivíduos nas escolas está vinculada ao maior foco no ensino e ao desempenho mais alto dos alunos.[1] *Confiança relacional* é a forma mais elevada de confiança organizacional; baseia-se em uma história de relacionamentos de confiança e apoio mútuo dentro da escola e não está condicionada a troca de favores ou recompensas materiais específicas. A confiança relacional não se desenvolve espontaneamente nas organizações, em especial onde, como nas escolas, a cultura trabalha contra o trabalho colaborativo permanente. A confiança deve desenvolver-se nos padrões de prática ao longo do tempo, nos quais as pessoas aprendem que podem depender umas das outras para se comportar de formas previsíveis em atividades desafiadoras. Para muitos professores e gestores, expor sua prática ao escrutínio dos outros é uma atividade tão desafiadora quanto se possa imaginar.

O processo de rodadas visa desenvolver a confiança relacional por meio da interação repetida em torno de normas, processos, expectativas e protocolos estáveis. De modo relevante, as normas, os processos, as expectativas e os protocolos substituem a confiança relacional nos estágios formativos de construção de uma rede de profissionais. Eles constituem o que os pesquisadores chamam de *confiança transacional*.[2] Confiança transacional é simplesmente um acordo de que se você agir de certa forma, eu também agirei dessa forma; se você não cumprir seu compromisso, eu não cumprirei o meu. A confiança transacional fornece um tipo de rede de segurança processual que as pessoas podem usar para resolver seus relacionamentos, ou seja, um conjunto de padrões previsíveis para orquestrar o comportamento das pessoas, enquanto estão trabalhando na tarefa mais sensível e difícil de construir a confiança relacional. É importante entender que as normas, os processos, as expectativas e os protocolos que elaboramos aqui não substituem a confiança relacional. Eles apenas fornecem um ambiente previsível dentro do qual se possa construir a confiança relacional. As normas não são a confiança; elas possibilitam a construção da confiança.

Uma das questões mais difíceis que enfrentamos em nosso trabalho com profissionais é o que já descrevemos como a "Terra da Simpatia". Uma forma de os educadores se adaptarem a uma cultura na qual a prática é uma propriedade privada e não um bem coletivo, desenvolvendo padrões de linguagem nos quais eles nunca falam diretamente uns aos outros algo que possa ser interpretado, de modo implícito ou explícito, como uma crítica. De forma curiosa, essa norma não se aplica quando as pessoas estão fora do alcance da voz de seus colegas – elas, amiúde, dizem coisas devastadoramente negativas sobre seus colegas em tais circunstâncias. A cultura da simpatia torna extremamente difícil instituir normas de franqueza na discussão da prática. As pessoas em geral estão medindo cuidadosamente suas palavras, com frequência usando voz passiva, jargões e indiretas para evitar dizer qualquer coisa que possa ser percebida como negativa.

Aprendemos que há uma relação complexa entre confiança e franqueza. Na ausência de confiança relacional, apenas os colegas mais autoconfiantes ou impertinentes fazem um discurso sincero sobre a prática de seus colegas. Mas a existência de confiança relacional não resulta necessariamente em franqueza. Aprender a falar com franqueza sobre sua própria prática e a dos outros requer a aprendizagem de uma nova linguagem – como já observamos, uma linguagem primariamente descritiva, não normativa. Também requer normas comuns de discurso de modo que quando falo para você em um discurso descritivo, o que você ouve não é uma avaliação negativa de seu trabalho. Em uma cultura de indiretas, eufemismos e jargões, falar diretamente na linguagem descritiva pode ser interpretado como um ato hostil. Consequentemente, é importante que os grupos tenham normas claras e visíveis sobre o uso da linguagem descritiva a fim de permitir que as pessoas empreguem tal linguagem sem serem acusadas de hostis. Mesmo quando as normas são claras, as pessoas com frequência voltam para a cultura da simpatia quando os problemas se tornam particularmente sensíveis, e isso requer que o grupo assuma o controle de impor suas próprias normas de discurso. É muita coragem nessas circunstâncias um membro do grupo reagir e dizer que as palavras estão atrapalhando o significado.

Quando pessoas de fora visitam periodicamente nossas sessões da rede, um dos primeiros aspectos que elas observam é a especificidade da linguagem usada para falar sobre questões pedagógicas e a honestidade e a franqueza que os participantes manifestam um para com o outro ao discutirem questões sensíveis. Esses padrões e práticas não vêm naturalmente para os educadores; são comportamentos aprendidos largamente contraculturais no atual contexto institucional das escolas.

PRINCÍPIO NÚMERO 5: *A aprendizagem aumenta a eficácia individual e coletiva*

Outro achado substancial da pesquisa sobre as organizações é que a eficácia coletiva tem uma relação positiva razoavelmente forte com a efetividade organizacional.[3] Curiosamente, a eficácia individual dentro das organizações não tem uma relação forte como desempenho. Ou seja, o sentido individual das pessoas, de sua capacidade de influenciar a aprendizagem dos alunos, pode predizer seu próprio desempenho, mas medidas de eficácia individual não profetizam o desempenho organizacional de maneira eficaz. Todavia, as percepções dos indivíduos da eficácia *organizacional* – ou seja, suas crenças sobre se elas podem envolver-se de modo coletivo em ações eficazes que influenciem na aprendizagem dos alunos – predizem o desempenho razoavelmente bem.

Parte da teoria da ação subjacente às rodadas é que se você colocar as pessoas em situações regulares nas quais precisam observar, analisar e prever o que os alunos aprenderão a partir da instrução que vislumbram, então desenvolverão um forte senso da relação de causa e efeito entre como os professores ensinam e o que os alunos aprendem. Mas as pessoas podem fazer isso como indivíduos sem fornecer benefício para a organização. Sempre é bom se as pessoas entenderem sua própria eficácia e se compreenderem, como indivíduos, a maneira de apoiar o desenvolvimento da eficácia nos outros. Porém, a pesquisa sugere que isso não é suficiente para a melhoria em larga escala. As ideias de eficácia devem infiltrar-se do nível individual para o organizacional a fim de que a eficácia tenha um efeito em larga escala sobre a aprendizagem dos alunos. A eficácia coletiva requer trabalho e normas coletivos, não apenas entendimento individual.

Portanto, as rodadas pedagógicas tentam exemplificar o relacionamento entre aprendizagem individual e aprendizagem coletiva sobre eficácia, colocando as pessoas em situações nas quais precisem desenvolver normas e um entendimento comuns sobre as condições que produzem seu sucesso. É importante escrever esses entendimentos coletivos. Ao desenvolver suas teorias da ação em torno da melhoria pedagógica, pedimos às equipes que produzam um gráfico do tamanho da parede, para esclarecer a relação entre os elementos de sua estratégia, e solicitamos que elas o expliquem a seus pares de outras equipes. A ideia básica aqui é que a teoria deve ser compreensível para os outros e representar um modelo de eficácia coletiva útil para a melhoria da escola.

A TEORIA DA AÇÃO DAS RODADAS PEDAGÓGICAS

Quando pedimos aos participantes em nossas redes de rodadas pedagógicas para desenvolver suas teorias da ação pessoais e, então, compartilhá-las com seus colegas da rede e de suas escolas e de seus distritos de origem, estamos basicamente solicitando que eles façam o que acabamos de realizar neste capítulo. Ou seja, pedimos que eles revelem algumas das suposições sobre os processos essenciais que constituem a base de seu trabalho. No centro da prática das rodadas pedagógicas, há um pressuposto fundamental: *se os adultos que trabalham em escolas e em sistemas escolares complexos estão aprendendo ativamente sobre a relação entre seu trabalho e o trabalho entre professores e alunos na presença de conteúdo, então o apoio para a melhoria da prática pedagógica aumentará e se tornará mais eficaz e o trabalho de professores e alunos também se tornará mais eficaz.*

Quando declaramos que os adultos estão "aprendendo ativamente", queremos dizer, conforme esboçamos neste capítulo, que há contextos de rotina nos quais as pessoas podem praticar ativamente o conhecimento e as habilidades requeridos para se tornar um profissional mais eficiente, uma vez que aprendemos a fazer o trabalho fazendo o trabalho. Também queremos dizer que as condições organizacionais e culturais que envolvem o trabalho conduzem à aprendizagem e ao desenvolvimento: *se as pessoas distinguissem entre suas identidades e suas práticas; se as pessoas associassem sua aprendizagem não apenas com seu próprio crescimento e desenvolvimento, mas também com os de seus colegas e os de toda a organização; e se confiança e eficácia coletiva estiverem no centro das normas, então as condições conduziriam à aprendizagem adulta, que é um pré-requisito para a melhoria pedagógica.*

Nossa teoria também sugere que a aprendizagem e o desenvolvimento de adultos devem estar explicitamente conectados por meio de processos organizacionais à aprendizagem e ao desenvolvimento dos alunos nas salas de aula. As conexões aqui ocorrem principalmente pelo investimento em conhecimento e em habilidade no nível de sala de aula – investimento que resulta em níveis de entendimento mais altos dos professores a respeito do conteúdo e das estratégias de aprendizagem de seus alunos e em envolvimento mais ativo dos alunos na produção de trabalho cognitivo de alto nível. *As rodadas pedagógicas trabalham para melhorar as escolas e os distritos se resultarem em investimentos mais focados na habilidade e no conhecimento humanos na sala de aula.* Tornar os gestores mais inteligentes sobre o ensino não faz os alunos aprenderem mais, a menos que resulte em novos conhecimento e habilidade em sala de aula.

Consistente com nosso entendimento sobre as teorias da ação, essas declarações condicionais são sempre submetidas à revisão e à especificação à luz de novas evidências. Questionar a prática, como o membro do conselho fez na vinheta de abertura deste capítulo, não é algo ruim. Na verdade, questionar faz parte da prática. Cada uma de nossas redes rotineiramente questiona e revisa sua prática de rodadas, incluindo as normas, os processos e os protocolos que formam a "espinha dorsal" das rodadas.

Na Rede de Liderança de Cambridge, por exemplo, a rede revisa suas normas e seus compromissos uma vez por ano. Todos os anos, os membros da rede perguntam: "As rodadas ainda valem a pena?" e "Realmente precisamos ir às escolas?". E ainda refletem: "Talvez já tenhamos visto o suficiente. Talvez pudéssemos gastar menos tempo em reuniões se não fossemos às escolas". E, todos os anos, eles renovam o compromisso com o tempo, com as visitas às escolas e com os colegas. Eles também fazem ajustamentos que respondam às suas necessidades. No terceiro ano da rede, eles decidiram que queriam se aprofundar mais em problemas particulares que estavam enfrentando na matemática. Eles queriam manter a rede, mas também criar espaço para aprendizagem profissional mais diferenciada. Eles decidiram adicionar grupos de estudo a seu modelo de rodadas e usaram seu tempo de capacitação profissional para formar pequenos grupos com um foco particular na matemática (p. ex., educação especial, alunos de segunda língua, transição do ensino fundamental para o ensino médio). Os grupos planejavam e conduziam sua própria aprendizagem e, então, compartilhavam tal aprendizagem com os colegas em uma apresentação formal. A modificação dessa teoria da ação poderia ser algo como: *Se os adultos que trabalham em escolas e em sistemas complexos que circundam as escolas estão aprendendo ativamente sobre a relação entre seu trabalho e o trabalho que ocorre entre professores e alunos na presença de conteúdo,* e se eles têm escolhas sobre que áreas de *expertise* desenvolver, então eles aprofundarão a *expertise* do grupo e, por conseguinte, *os apoios para melhoria da prática pedagógica aumentarão e se tornarão mais eficazes e o trabalho dos professores e dos alunos se tornará mais eficaz.*

Esperamos que a teoria da ação desses membros mude na medida em que eles aprendem mais sobre o que os ajuda a aprender e o que os leva a aplicar sua aprendizagem de maneira mais eficaz nas escolas que eles conduzem. Ter uma teoria da ação final não é tão importante quanto possuir um contexto no qual testá-la. Essa é uma função vital das rodadas – fornecer o contexto no qual a organização possa desenvolver e, então, refinar uma teoria da ação sobre como melhorar o ensino e a aprendizagem.

■ ■ ■

Dicas e pontos importantes

Em resumo, aqui estão algumas estratégias fundamentais para facilitar a aprendizagem que acontece nas rodadas:

- *Mude do individual para o coletivo.* As rodadas pedagógicas dizem respeito a mudar a aprendizagem nas escolas e nos sistemas escolares de uma atividade individual para uma coletiva. No modelo-padrão, as escolas são caracterizadas pelo trabalho isolado nas salas de aula. O modelo de rodadas pedagógicas visa mover a aprendizagem para um espaço comum nas escolas e nos sistemas escolares e tornar essa aprendizagem acessível a todos cujo trabalho afete a prática da sala de aula.
- *Separe as pessoas da prática.* Focando a voz descritiva ao observar e analisar as salas de aula, as rodadas pedagógicas fornecem uma forma de separar a pessoa da prática. A aprendizagem profissional ocorre quando as pessoas desconectam sua prática de sua identidade individual, fazendo mudanças em sua prática de acordo com o *feedback* sobre seu trabalho, ao mesmo tempo, mantendo sua identidade individual e seu compromisso com o ensino e a aprendizagem intactos.
- *Cultive a confiança.* A confiança é central à aquisição de altos níveis de aprendizagem e desempenho nas escolas e nos sistemas escolares. O desenvolvimento de uma linguagem comum para descrever e analisar a prática pedagógica e as normas comuns para aprendizagem coletiva cria confiança entre os indivíduos.
- *Desenvolva a eficácia.* A prática repetida das rodadas pedagógicas cria eficácia coletiva entre os professores e os gestores em torno da aprendizagem dos alunos, e a eficácia coletiva está fortemente relacionada com a aprendizagem dos alunos nas escolas.
- *Encoraje as perguntas.* O questionamento repetido do valor das rodadas ao conectar a prática organizacional com a pedagógica é algo a ser adotado, não

evitado. Fazer perguntas difíceis sobre a própria prática é um meio primário de melhorá-la.

NOTAS

1 Ver BRYK, A.; SCHNEIDER, B. *Trust in schools*. New York: Russell Sage, 2002.
2 Idem.
3 Ver GODDARD, R.; HOY, W.; HOY, A. W. Collective efficacy beliefs: theoretical developments, empirical evidence, and future directions. *Educational Researcher*, v. 33, n. 3, p. 3-13, Apr. 2004.

9

Passando das rodadas para melhorias na prática em larga escala

Houve uma enxurrada de papéis quando os membros da rede retiraram o documento "Ensino e aprendizagem eficazes" de suas pastas. Era a última versão do gráfico de duas colunas que o grupo tinha iniciado em sua primeira visita. Uma coluna listava "O que os alunos estariam dizendo e fazendo"; e a outra "O que os professores estariam dizendo e fazendo". As pessoas correram os olhos pela folha para lembrar como o documento tinha mudado desde quando eles o tinham adicionado na última sessão.

Então, o facilitador conduziu o grupo por um processo de relacionar os comportamentos naquele documento aos comportamentos que eles gostariam de ver os líderes dos distritos exibir. Passo a passo, o grupo começou perguntando o que os secretários de educação precisariam fazer para ajudar os diretores a melhorar sua prática a fim de eles poderem, por sua vez, auxiliar os professores a melhorar sua prática, que levaria a maior aprendizagem para os alunos. "Se seu distrito for verdadeiramente uma organização de aprendizagem, o que os diretores estariam dizendo e fazendo nas reuniões? O que os secretários de educação estariam dizendo e fazendo?" As pessoas se debruçaram sobre as mesas para construir gráficos de "Liderança e aprendizagem eficazes".

"Bem, minhas reuniões de diretores vão ser diferentes por causa desta rede, com certeza", disse Rita, uma das vice-secretárias de educação.

"Você quer dizer que vai abranger mais sobre o núcleo pedagógico?", um colega perguntou.

"Quero dizer que vou parar de tentar 'abranger' o material e começar a pensar mais sobre se as pessoas estão aprendendo naquelas reuniões," Rita respondeu. "Se eu quiser que os diretores aprendam como apoiar os profes-

sores de maneira eficiente, tenho que parar de dizer como fazê-lo." Ela fez uma pausa e, então, refletiu: "Ainda não sei como vou fazer isso. Acho que vou ter que descobrir".

Uma secretária de educação de outro distrito ouviu o comentário de Rita e disse com um sorriso irônico: "Se essas reuniões da rede forem uma indicação, aposto que você vai usar um monte de gráficos!".

Nossa meta é ajudar as escolas e os distritos a desenvolver ensino e aprendizagem eficazes em larga escala, não apenas bolsões isolados de bom ensino no meio da mediocridade. Para isso acontecer, a aprendizagem das rodadas deve tornar-se mais do que simplesmente uma boa capacitação profissional individual, ela deve ir além de grupos de educadores trabalhando bem juntos. A melhoria em larga escala requer ir além da melhoria com professores ou gestores individuais para gerar um impacto em larga escala nas escolas e nos distritos. Esse incremento significa que as ideias e as experiências das rodadas – o foco no núcleo pedagógico, a construção de uma cultura de aprendizagem colaborativa, o uso de ideias como a teoria da ação para focar estrategicamente os esforços de melhoria – têm todas que se tornar centrais ao trabalho do distrito. Iniciar as rodadas pedagógicas e implantá-las sucessivamente nas escolas e nas salas de aula são passos necessários em nossa abordagem à melhoria em larga escala. Mas eles não são suficientes. Se essas ideias e abordagens permanecerem nas margens (onde as rodadas são apenas outra das muitas atividades orientadas à melhoria em um distrito) e não desencadearem mudanças profundas no núcleo, a melhoria pedagógica sistemática não ocorrerá. Fazer mudanças nessas condições organizacionais – como o distrito em todos os aspectos de seu funcionamento apoia a melhoria pedagógica – é o desafio central abordado neste capítulo.

O IMPACTO DAS RODADAS

Com a ajuda e o envolvimento dos educadores em quatro estados, desenvolvemos, refinamos e implementamos a prática das rodadas pedagógicas. Então, aprimoramos um pouco mais. Em muitos aspectos, a prática de rodadas tem sido muito bem-sucedida. Diretores, secretários de educação e professores descrevem rotineiramente a prática de rodadas como a melhor capacitação profissional que já tiveram. Os participantes nas redes de secretários de educação valorizam a experiência o suficiente para estabelecer as rodadas entre diretores e professores em seus próprios distritos. Todos os anos, ouvimos falar de mais estados e distritos que desejam iniciar suas próprias redes de rodadas. Os integrantes das redes relatam entusiasmo pelas oportunidades de aprendizagem colaborativa oferecidas pelas rodadas e por seu foco forte no ensino de sala de aula.

Ficamos impressionados pelo interesse, pelo entusiasmo e pela aprendizagem conjunta e mútua na qual os participantes das redes de rodadas e nós estamos envolvidos. Mas a realização bem-sucedida das rodadas leva a melhorias no ensino em larga escala? Estamos com frequência fazendo perguntas sobre impactos: "Fazer as rodadas aumentará a aprendizagem dos alunos? Elevará as notas das provas?".

A resposta curta é – por si só – não. O processo de rodadas não é uma solução milagrosa que levará *per se* a melhores resultados em escala para os alunos.

Entretanto, ele é um excelente acelerador dos esforços de melhoria da escola e do distrito. Seu foco no que acontece nas salas de aula ancora os esforços de melhoria no núcleo pedagógico e fornece uma fonte de dados fundamental e um circuito de *feedback* consistente para dizer aos educadores se seus esforços de melhoria sistêmica estão realmente alcançado os alunos. A abordagem de aprendizagem colaborativa usada nas redes de rodadas separa as pessoas de sua prática e cria normas que tornam possível a aprendizagem individual e organizacional. As rodadas incluem especificamente sugestões para os anfitriões da visita para *feedback* sobre como o nível da escola e do distrito pode apoiar melhor o aprimoramento do ensino. O próprio processo modela um ciclo de melhoria de planejar-fazer-avaliar que pode ser aplicado em todos os níveis de prática, incluindo as mudanças de liderança e organizacionais que são necessárias para refinar o ensino sistemicamente.

Contudo, tudo isso terá um impacto marginal se as ideias incorporadas e aprendidas nas rodadas não se tornarem centrais para configurar como o distrito trabalha para melhorar o ensino e a aprendizagem em larga escala. Este capítulo foca o que estamos aprendendo sobre esses impactos – a respeito de como as rodadas podem conectar-se com os esforços de melhoria das escolas e dos distritos, apoiá-los e evoluir organicamente deles e neles. Na próxima seção, delineamos três áreas amplas que os distritos devem tratar para aprimorar a forma como melhoram o ensino e a aprendizagem em larga escala – focando no núcleo, construindo uma cultura de aprendizagem colaborativa e concentrando-se estrategicamente nos esforços de melhoria – e descrevem como a condução bem-sucedida das rodadas contribui para cada uma dessas ações.

COMO OS DISTRITOS PADRONIZAM A MELHORIA PEDAGÓGICA: FAZENDO MUDANÇAS NO NÚCLEO

Os distritos que tentam ir além dos bolsões de excelência isolados e padronizar o bom processo de ensino e apredizagem precisam realizar três tarefas interligadas:

- Desenvolver um ponto de vista claramente articulado e amplamente apoiado e entendido sobre o que é ensino e aprendizagem de alta qualidade – uma visão que é moldada pelo melhor pensamento disponível (dentro e fora do distrito) sobre aprimoramento do núcleo pedagógico.
- Construir uma cultura de aprendizagem colaborativa que substitua a orientação de conformidade (para crianças e adultos) tradicional da maioria dos distritos por uma orientação de envolvimento, colaboração e aprendizagem contínua. Para ter êxito em facilitar a aprendizagem dos alunos e as habilidades de ordem superior de análise, indagação e resolução criativa de problemas, os distritos devem desenvolver e encorajar essas mesmas habilidades nos adultos.
- Desenvolver e implementar estratégias coerentes para todo o sistema que apoiem os tipos de ensino e aprendizagem que os distritos desejam em todas as suas salas de aula. Isso significa desenvolver uma teoria da ação que articule as crenças sobre como melhorar de maneira mais eficaz o ensino e a aprendizagem dos alunos, focando profundamente algumas estratégias-chave que deem vida a sua teoria da ação e, então, alinhando a alocação de recursos e apoio humano e financeiro e os sistemas de responsabilização a essas estratégias.

Para alcançar uma melhoria em escala, os distritos precisam fazer progressos em todas essas três condições. Melhorias em uma ou mesmo em duas áreas não serão suficientes. Esse requisito é semelhante a como melhorias em apenas um dos três elementos do núcleo pedagógico geram ganhos unilaterais e limitados. Por exemplo, um ponto de vista claramente articulado sobre o ensino sem uma cultura de aprendizagem colaborativa pode levar um distrito a conduzir excursões avaliativas nas quais os supervisores impõem a observância dos professores de uma lista de verificação de comportamentos de ensino, mas não focam de fato a melhoria do ensino.

Verificamos que as rodadas contribuem naturalmente para os dois primeiros aspectos e, com alguma atenção cuidadosa, pode apoiar de modo considerável o terceiro. Em um nível muito fundamental, as rodadas dizem respeito a desenvolver um entendimento comum do bom ensino e da boa aprendizagem. As redes cultivam uma cultura de aprendizagem colaborativa. Contudo, esses aspectos isolados não são suficientes. Você pode ter alguns grupos de pessoas fazendo as rodadas com satisfação, desenvolvendo uma visão compartilhada do ensino e vivenciando uma cultura de aprendizagem colaborativa. Mas você precisa do terceiro elemento – que medidas coerentes o distrito toma para apoiar sistemicamente as boas práticas de ensino e de aprendizagem – para construir os dois primeiros e produzir impactos em todo o distrito. Não surpreendentemente, esse aspecto de integração e implementação da melhoria requer a maior quantidade de trabalho e as mais profundas mudanças nas práticas de liderança e organizacionais do distrito.

Desenvolvendo um ponto de vista claramente articulado e amplamente apoiado e entendido sobre ensino e aprendizagem de alta qualidade

Pode parecer óbvio que alcançar um padrão de ensino e aprendizagem eficaz para todos os alunos requer ter e compartilhar uma visão de como deve ser. Se, afinal, você não concorda sobre onde está tentando chegar, é bastante desafiador chegar lá. Contudo, trabalhamos, coletiva e separadamente, em dezenas de distritos escolares onde não havia um ponto de vista comum sobre o ensino, onde 10 educadores do mesmo distrito podiam assistir a um vídeo de uma sala de aula de 15 minutos e ter 10 opiniões diferentes sobre sua qualidade, variando de altos elogios a críticas pungentes. Obter uma visão explícita e amplamente apoiada do que constitui bom ensino e aprendizagem em seu contexto é o primeiro passo para qualquer tentativa sistemática de elevar a qualidade. Nas palavras do grande filósofo educacional, Yogi Berra: "Se você não sabe para onde está indo, vai acabar chegando em outro lugar.".

Qual a contribuição das rodadas para um entendimento compartilhado

As rodadas mantêm a atenção focada no trabalho fundamental das escolas – a aprendizagem dos alunos – e em todos os três aspectos do núcleo pedagógico. As rodadas possibilitam que os educadores se baseiem em informação externa e conhecimento local para desenvolver um entendimento compartilhado de ensino e aprendizagem em um nível detalhado, bem como testem e refinem tal entendimento. As rodadas também são uma ótima fonte de dados que podem inspirar e motivar professores e gestores. Como disse uma professora: "As rodadas nos ajudam a mostrar por que precisamos mudar algumas das coisas que estamos fazendo. Se você quer mudar o comportamento das pessoas, você tem que mudar seu pensamento. As pessoas se comportam de certa forma por alguma razão – portanto, se você quer mudar o pensamento delas, você têm que dar razões a elas. O processo de rodadas encoraja a prática reflexiva – dá a meus colegas e a mim um olhar ao pensamento diferente. Se eu vir seu pensamento e suas evidência, então eu me comportarei diferentemente". À medida que a rede se desenvolve, suas ideias sobre ensino eficaz também evoluem.

O que as redes e os distritos podem fazer para reforçar esse entendimento

Temos observado que o foco intensivo, repetitivo e colaborativo no ensino e na aprendizagem naturalmente acelera a capacidade de um distrito reconhecer seu objetivo final: a aprendizagem dos alunos. Os distritos podem aumentar os efeitos disto, articulando clara e amplamente seu ponto de vista sobre ensino e aprendizagem e assegurando que esse ponto de vista seja conhecido e entendido além do grupo que está fazendo as rodadas. Ele deve ser conhecido e usado por todos no distrito que estão envolvidos no ensino – gestores fazendo avaliação e supervisão; responsáveis pela capacitação profissional e pelos testes; pais e alunos, cujos papéis mudam à medida que o nível do ensino se eleva, e assim por diante. Envolver mais educadores nas rodadas é uma forma tanto de construir a visão compartilhada de ensino e aprendizagem do distrito como de ampliar seu alcance.

Construindo uma cultura de aprendizagem colaborativa

As salas de aula, as escolas e os distritos são comunidades de aprendizagem aninhadas, cujas culturas estão estreitamente ligadas. Os professores que operam em um modo de conformidade com seus diretores provavelmente criarão nada além de um ambiente de conformidade para seus alunos. Como um ex-diretor em uma rede de rodadas colocou: "Os diretores não podem conduzir uma aprendizagem colaborativa se eles não a experimentaram". Os alunos provavelmente não assumirão riscos, não irão colaborar, não aprenderão juntos e não experimentarão tarefas de ordem superior a menos que seus professores estejam fazendo isso. Reconhecer esses relacionamentos ajuda os líderes em uma variedade de papéis a assumir a responsabilidade por conduzir a aprendizagem.

Qual a contribuição das rodadas para uma cultura de aprendizagem colaborativa

As rodadas contribuem para mudar as culturas da sala de aula, da escola e do distrito de várias formas. A cultura de rede que é fundamental para o sucesso das rodadas fornece um modelo experiencial muito concreto das formas significativas de adultos trabalharem juntos:

- A rede de rodadas mostra que tipos de tempo, recursos e estruturas organizacionais melhor apoiam esse trabalho colaborativo. Para educadores ocupados que podem pensar que as culturas de aprendizagem colaborativa são, em teoria, uma boa ideia, mas não podem ser implementadas em seu contexto, as rodadas fornecem a prova de que com estruturas e foco adequados, os educadores e seus colegas podem investir na aprendizagem colaborativa e beneficiar-se dela.
- A rede de rodadas modela o "espaço seguro" necessário para a aprendizagem pessoal e organizacional e ajuda os líderes a entender o que é necessário para alcançá-lo. Oferece um lugar onde professores e gestores podem deixar de lado seus comportamentos hierárquicos, orientados à conformidade usual e tentar outra cultura na qual seja seguro ser vulnerável e aprender. Como um líder sindical colocou: "É a segurança psicológica do processo de rodadas que permite que os professores abram as portas e deixem as pessoas entrar – o que é assustador – e ver seu trabalho e sejam capazes de obter esse *feedback* de uma forma não ameaçadora. Geralmente, não é dessa forma – na maioria das vezes é ameaçador. Isso nos permite abrir o ofício de um modo que não temos sido capazes de fazer há muito tempo".

- As rodadas oferecem um conjunto de normas e protocolos que apoiam o trabalho mudando ou substituindo a cultura de isolamento, a prática idiossincrásica e a autoproteção padronizadas por uma cultura de aprendizagem compartilhada. Como um membro da rede disse: "Na liderança compartilhada, compartilhamos as lutas. Portanto, não é mais apenas problema dos professores de sala de aula; não é problema do diretor. É trazer toda aquela fatia do distrito para compartilhar o problema e as dúvidas, a luta". Conforme aprofundam o trabalho e começam a ver mudanças nas salas de aula e nas práticas de liderança e organizacionais resultantes das rodadas, os participantes desenvolvem uma crença em sua eficácia coletiva, frequentemente em lugares onde pouco existia.

O que os distritos e as redes podem fazer para reforçar essa cultura

Os distritos podem deixar claro que as rodadas, como uma abordagem, separa as pessoas da prática e estudam todos os níveis da organização em apoio ao ensino e à aprendizagem. Não é um processo de corrigir os professores. Os líderes distritais podem modelar tal abordagem sendo eles próprios participantes públicos. Particularmente nas redes de papéis mistos, secretários de educação sérios aceleraram a aprendizagem dos membros de seu distrito quando se envolveram por completo no processo e compartilharam em âmbito público o que estavam aprendendo.

Os distritos podem encorajar ou "permitir" essas novas formas de relação colaborativa mútua para permear e lentamente mudar o distrito, não mantê-los isolados como microculturas separadas (como em: "É assim que nos comportamos e trabalhamos juntos quando estamos fazendo as rodadas, mas é assim que nos comportamos o resto do tempo"). Isso, com frequência, leva tempo, visto que relacionamentos hierárquicos e orientados à conformidade são fortemente enraizados na maioria dos distritos. Em alguns distritos com experiência mais longa com as rodadas e conforme o trabalho de rodadas decolou entre os diretores, novas formas de trabalhar uns com os outros e com a secretaria de educação começaram a se desencadear. Em Cambridge, por exemplo, os diretores e os gestores da secretaria de educação usam dados coletados nas rodadas para tomar decisões colaborativamente sobre as metas de capacitação profissional para o distrito. Esses tipos de propagações representam novas formas importantes de trabalhar uns com os outros e inevitavelmente encontram obstáculos à medida que se defrontam com velhos papéis e expectativas. Os líderes nos distritos e nas escolas podem garantir essas mudanças demonstrando em público sua própria disposição para adotar e se adaptar a novas culturas mais colaborativas.

É útil quando os líderes fazem publicamente conexões entre como a conformidade com os adultos leva à conformidade com as crianças. Em uma sessão da rede, uma vice-secretária de educação para currículo e ensino refletiu sobre o que os diretores precisam fazer para encorajar habilidades de pensamento de ordem superior nas salas de aula em um momento "de revelação" ("*aha*") público: "Se esperamos que os professores nas salas de aula falem menos e façam os alunos trabalhar mais, então os diretores em suas reuniões com os professores devem fazer o mesmo, da mesma forma que nós na secretaria de educação". Isso incentivou sua equipe a rever a estrutura e os métodos de capacitação profissional do distrito. Tais exemplos mostram como os distritos podem reforçar intencionalmente a cultura colaborativa a fim de apoiar as melhorias no ensino.

Desenvolvendo e implementando uma estratégia coerente para todo o sistema a fim de apoiar o ensino e a aprendizagem em todas as salas de aula

Embora tenhamos verificado que o processo de rodadas ajuda de modo natural nas duas primeiras tarefas que o distrito enfrenta – identificar uma visão comum para ensino e aprendizagem, e desenvolver uma cultura de aprendizagem colaborativa – esse terceiro elemento, embora igualmente importante, requer trabalho adicional. Para maximizar os impactos das rodadas, os distritos devem focar sua abordagem estrategicamente na melhoria do ensino e garantir que as rodadas estejam bem-alinhadas com ela. Ao mesmo tempo, aqueles que conduzem as rodadas, enquanto iniciam e mantêm um foco consistente no que acontece nas salas de aula, também devem olhar além das salas de aula. Eles devem examinar como as decisões organizacionais que os líderes da escola e do distrito tomam podem ajudar ou atrapalhar os tipos de práticas que estão tentando desenvolver nas salas de aula. Para melhorar o ensino em larga escala – mudando do trabalho individual nas salas de aula para o trabalho em todo o sistema – os participantes das rodadas precisam entender a conexão entre suas decisões e práticas diárias e o quadro mais amplo de como o sistema está melhorando.

Essas duas ideias – as práticas de liderança e organizacionais que emergem do exame das práticas de sala de aula e as estratégias de melhoria do distrito que geralmente são procedentes da secretaria de educação – precisam estar entrelaçadas. Para que as rodadas ajudem em tal integração, um distrito precisa ter – ou estar desenvolvendo ativamente – uma estratégia de melhoria coerente e focada. Essa é a intersecção de uma estratégia clara, uma teoria da ação cuidadosamente pensada e um processo de rodadas integrado que produza a melhoria pedagógica sistêmica.

Fazer as conexões entre as rodadas e as estratégias de melhoria do distrito focadas é desafiador, porque requer a integração de outros aspectos (o foco e a direção para o ensino e a aprendizagem, e o desenvolvimento de uma cultura colaborativa) de formas que exigem mudança profunda nas práticas de liderança – em muitos casos, mudando para áreas com as quais os líderes dos distritos e das escolas estão menos familiarizados. Assim como cremos que o ensino causa aprendizagem, acreditamos que liderança e estratégia distral coerente criam as condições para que um bom ensino e uma boa aprendizagem aconteçam. As rodadas podem ser um instrumento poderoso para melhorar o ensino e a aprendizagem, mas apenas se as práticas de liderança e organizacionais necessárias para apoiar o que foi identificado como bom ensino e aprendizagem forem adotadas em larga escala.

Qual a contribuição das rodadas para uma estratégia coerente para todo o sistema

As rodadas ajudam a desenvolver e implementar uma estratégia coerente modelando o pensamento da teoria da ação e aumentando a responsabilização lateral entre os educadores, ou seja, elas contribuem para uma estratégia coerente auxiliando os participantes a desenvolver teorias da ação, encorajando o uso das teorias e fornecendo *feedback* sobre sua eficácia. Nossa prática das rodadas incluem as seguintes tarefas:

- Requerer uma teoria da ação distrital, como um bilhete de entrada ou uma atividade inicial para uma rede.
- Apoiar os secretários de educação e as equipes distritais enquanto eles desenvolvem a teoria da ação do distrito.
- Modelar como desenvolver uma teoria da ação especificamente para as rodadas, instruindo os participantes a planejar a proposição se-então que embasa a relação entre as rodadas e o aumento na aprendizagem dos alunos.

- Instruir os participantes a associar as rodadas com outras estratégias de melhoria do distrito e a examinar sua teoria da ação para o trabalho de rodadas e tais estratégias paralelamente para garantir clareza e coerência entre elas.

O processo de rodadas fornece *feedback* valioso a respeito das estratégias do distrito refletindo sobre se e como os resultados esperados aparecem nas salas de aula. As observações nas salas de aula e a discussão do próximo nível de trabalho também sugerem o que poderia estar faltando na estratégia (ou em sua implementação) e o que a fortaleceria. Como uma vice-secretária de educação disse: "Por muitos anos trabalhamos, no nível distrital, para aumentar a capacidade dos professores de fazer perguntas para habilidades de pensamento de ordem superior. Quando fizemos as rodadas, vimos que muito daquilo não tinha funcionado nas salas de aula. As rodadas mostraram que ainda temos muito trabalho a fazer e estão nos dando algumas ideias sobre como fazê-lo".

O que os distritos e as redes podem fazer para reforçar essa estratégia

Reforçar a coerência de todo o sistema requer uma teoria da ação distrital clara, que inclua uma teoria específica sobre como as rodadas contribuem para a estratégia de melhoria do distrito e a aceleram. Simplificando: você ganha mais se tiver uma estratégia e se usar as rodadas pedagógicas para reforçá-la. Quanto maior a clareza e o foco da teoria da ação do distrito antes de iniciar as rodadas, melhor. Para os distritos que estão iniciando as rodadas sem uma teoria da ação, quanto mais cedo uma teoria for desenvolvida e quanto mais firmemente ela estiver conectada às rodadas, melhor. As rodadas podem ser, então, uma fonte de dados poderosa – lançando uma luz sobre o quanto suas práticas são consistentes (como secretário de educação ou como um distrito) e o quanto vocês estão trabalhando bem juntos como uma organização.

Além disso, os distritos precisam examinar como outros sistemas se alinham com os propósitos globais de sua estratégia e o que eles estão aprendendo sobre ensino com as rodadas – por exemplo, de que forma supervisão e avaliação, capacitação profissional e contratação de professores e gestores estão conectadas com qualquer visão emergente de bom ensino e boa aprendizagem? Como uma vice-secretária de educação colocou: "As rodadas me lembram de todas as peças que devem ser alinhadas no nível distrital se realmente queremos atuar bem em todas as escolas. Temos algumas escolas que estão indo bem, mas não por causa de alguma coisa que o distrito está fazendo. Precisamos que o distrito esteja atento para atuar bem em todas as escolas".

Os distritos precisam enviar uma mensagem clara sobre o que é importante e fazer um acompanhamento consistente. Um distrito que fala sobre valorizar a qualidade do ensino e da aprendizagem (e, às vezes mais especificamente, de, digamos, ensinar habilidades de pensamento de ordem superior para os alunos), mas considera os diretores responsáveis apenas por elevar rapidamente as notas das provas e manter a disciplina, envia uma mensagem mista. Os distritos também podem adotar a aprendizagem que vem das rodadas. Lembre o exemplo no Capítulo 2 das teorias da ação quando as rodadas de Cambridge revelaram algumas preocupações comuns sobre o ensino de matemática. Em vez de responder defensiva ou hierarquicamente, o distrito considerou uma oportunidade de aprendizagem e uma chance de melhorar a capacitação profissional.

ALCANÇANDO A MELHORIA PEDAGÓGICA EM LARGA ESCALA: QUANDO E COMO O TRABALHO DE RODADAS SE TORNA O TRABALHO DO DISTRITO?

Se toda essa conversa sobre o que é preciso para fazer mudanças profundas parece muito trabalho, é porque é. Obter todas as condições organizacionais do distrito para apoiar o núcleo pedagógico na sala de aula não é apenas um trabalho difícil; é *o* trabalho dos educadores. Encerramos com as ideias fundamentais que nós e os participantes das rodadas, com os quais trabalhamos, estamos aprendendo sobre as alavancas mais consistentes para apoiar tal mudança ao longo do tempo.

Envolva as pessoas certas

Para que as rodadas sejam mais do que uma atividade marginalizada que fornece uma boa aprendizagem para alguns e que sejam centrais ao trabalho do distrito, as figuras de autoridade e as partes interessadas devem estar envolvidas – e quanto mais cedo, melhor. É por essa razão que as redes nas quais iniciamos as rodadas pedagógicas sempre incluem os secretários de educação. Quando fomos convidados para trabalhar com equipes mistas em Ohio, insistimos no envolvimento dos secretários de educação e também recomendamos que professores, diretores e líderes sindicais estivessem envolvidos. Sem a inclusão das partes interessadas, as rodadas apresentam dificuldade para chegar ao núcleo. Ainda não participamos de redes de rodadas apenas de professores; esperamos que elas proporcionem aprendizagem individual e de grupo importante, mas teremos consideravelmente mais dificuldade em obter apoio para mudança distrital, a menos que elas façam parte de um sistema de redes em um distrito.

Não apenas as pessoas certas devem estar envolvidas inicialmente, mas cada vez mais pessoas precisam ser atraídas ao longo do tempo. Visto que as rodadas são uma aprendizagem altamente experiencial, uma parte explícita de incrementá-las é envolver no processo números cada vez maiores de educadores em uma escola ou um distrito. Uma forma que duas de nossas redes encontraram para fazê-lo é realizar uma sessão "plenária". Os participantes da rede trazem colegas de suas escolas ou distritos (p. ex., diretores trazem professores e diretores-assistentes; secretários de educação trazem pessoal da secretaria de educação e da escola) para uma sessão única, que inclui um panorama do núcleo pedagógico, a observação de vídeos de salas de aula e algum trabalho de equipe (p. ex., avaliar a responsabilização interna, esboçar uma teoria da ação). Essas sessões têm permitido que as redes compartilhem a prática de rodadas e gerem entusiasmo, bem como planos para iniciar novas redes no sistema.

Forneça expectativas explícitas quanto a aprendizagem individual, do grupo e do sistema e as aplicações do monitoramento

Descobrimos que precisamos ser mais conscientes ao traçarmos expectativas com as redes. Entretanto, é importante entender o equilíbrio entre as exigências para todos desde o primeiro dia e as expectativas que se desenvolvem ao longo do tempo, a partir de exemplos na prática individual ou da vontade coletiva da rede. A seguir, oferecemos alguns exemplos de como as expectativas se desenvolveram em diferentes redes.

Nossas redes nem sempre incluem expectativas para o que a escola anfitriã deve fazer quando a rede vai embora. Por exemplo, em uma rede, sem quaisquer expectativas claramente acordadas ou práticas estabelecidas sobre acompanhamento, quando perguntamos o que o diretor anfitrião tinha feito com os dados após a visita, recebemos respostas muito variadas. Um diretor mostrou as anotações contendo os dados brutos das visitas (informações que acompanhavam os baixos níveis de comportamentos de questionamento encontrados na taxonomia de Bloom) e conduziu os professores para a biblioteca para ver os dados. Outro diretor não tinha dito coisa algumas aos professores um mês depois. Um havia compartilhado o *feedback* positivo com seu pessoal e esperava em algum momento chegar a compartilhar o que poderia ser visto como refutável. Todas as três respostas foram reportadas para o grupo, sem um comentário real. Em resposta, o *"think tank"* da rede ajustou sua prática para aumentar as conexões de acompanhamento à melhoria da escola e do distrito. Sem expectativas claras, as melhorias que aconteceram na escola ou no distrito anfitrião foram acidentais, idiossincrásicas e não apoiadas pela rede – exatamente a cultura-padrão que as rodadas são projetadas para tratar.

Como resultado de sua experiência positiva nos primeiros trabalhos de rodadas em Connecticut e Cambridge, muitos participantes estabeleceram rodadas em seu próprio distrito (para os secretários de educação de Connecticut) ou em sua escola (para os diretores de Cambridbge) como uma forma de trazer mais de suas próprias partes interessadas para o trabalho. Contudo, muitos participantes não o fizeram. Alguns líderes usaram os protocolos e as estruturas que deliberadamente modelamos para fortalecer a aprendizagem adulta em suas escolas e seus distritos. Muitos não o fizeram. Os membros da rede fielmente vieram e valorizaram de modo claro sua própria participação, mas na ausência de qualquer mensagem ou de expectativas transparentes estabelecidas pela rede, consideraram uma excelente capacitação profissional para eles como indivíduos. Eles ficaram satisfeitos, mas não ficou claro – ou foi deixado a cargo deles – como e quanto da aprendizagem deles foi mais longe e em que medida era esperado que eles mudassem sua própria prática. Além disso, sem expectativas claras, não havia apoio claro e estruturado ou partilha de seu trabalho de acompanhamento. Os secretários de educação que tinham escolhido iniciar as rodadas entre os diretores e professores em seus distritos podiam conversar sobre elas durante o almoço com os outros, mas era por conta própria. Outros que tinham usado sua aprendizagem sobre as teorias da ação para formular e publicar suas próprias teorias e para pedir aos diretores em seus distritos que fizessem o mesmo, estavam também agindo por conta própria.

Contudo, quando há expectativas claras para o trabalho de acompanhamento, não apenas são criadas propagações sistêmicas mais eficazes, como as existentes podem ser apoiadas pela rede. Para a rede de Connecticut, as expectativas evoluíram ao longo do tempo e estão atualmente em vigor. Para outras redes formadas mais recentemente, as expectativas foram esclarecidas desde o início. Por exemplo, distritos que desejavam participar no primeiro ano da Ohio Leadership Collaborative chegaram com um compromisso explícito de desenvolver e implementar um modelo de rodadas, começando no segundo ano. Esse trabalho, que está agora repercutindo para afetar centenas de outros e para alinhar-se com melhorias estratégicas em quatro distritos urbanos, é estruturado e apoiado pela rede. Os distritos compartilham e recebem *feedback* sobre seus planos de implementação dos facilitadores e dos distritos de seus colegas e usam cada uma das reuniões de rede estaduais maiores para calibrar e aprimorar seu trabalho de rodadas.

As expectativas claras para acompanhamento individual e de grupo das rodadas têm outras implicações. Se, por exemplo, espera-se que um diretor siga as sugestões para o próximo nível de trabalho em sua escola, há – e deve haver – uma expectativa clara de apoio para o diretor do distrito e da rede. Entretanto, as sugestões da rede não terminam ali. Ao examinar o papel do distrito no próximo nível de trabalho, as rodadas requerem que os membros da rede estudem cada ligação em uma teoria da ação do distrito para identificar a aprendizagem e a melhoria exigida dos líderes pelo sistema. Os participantes examinam toda a cadeia de uma teoria da ação – a linha condutora que conecta o que acontece na secretaria de educação com a sala de aula – e reconhecem, juntos, que cada pessoa naquela cadeia está implicada. Cada um pode precisar aprender novas formas de operar para mudar o sistema a fim de apoiar as melhorias no núcleo pedagógico. Não apenas os impactos são maiores quando se espera que os participantes façam algo como consequência de ser parte das rodadas, mas a responsabilização e a aprendizagem mútuas crescem drasticamente.

Espere que a rede aprenda ao longo do tempo

Assim como os participantes individuais ficam melhores nas rodadas à medida que as praticam, as redes crescem com o tempo, aprofundando e adaptando sua prática e sua aprendizagem de forma cada vez mais ampla. Temos observado que as pessoas vêm para as rodadas por uma variedade de razões, como interesse pessoal, atração por fazer algo que tenha *status*, ser parte de um esforço concentrado de uma escola ou de um sistema, ou buscando aprender como melhorar a aprendizagem dos alunos. Alguns por decisão do sistema, digamos, que exige que todos os diretores participem. Os participantes em geral chegam com relativamente pouca compreensão do que vão fazer e apenas percebem mais tarde – por meio da prática recursiva – o que estão aprendendo. Um comentário frequente é: "Eu nunca entendi o que significava X (p. ex., problema de prática) até que fiz três vezes". A experiência cria um círculo virtuoso: À medida que fazem o trabalho, as pessoas aprendem e desempenham de modo mais acurado. Elas aprendem mais sobre o ensino e sobre seu papel em sua melhoria. Conforme elas e seus colegas começam a implementar as ideias geradas pelas rodadas, percebem pequenos ganhos que levam a aprendizagem contínua, experimentação e novos compromissos. Após alguns meses de rodadas bem-sucedidas, as pessoas com frequência descobrem que suas razões para participar mudaram e que estão mais coletivamente alinhadas.

Representamos isso graficamente com a curva de melhoria mostrada na Figura 9.1. Nos primeiros estágios, os participantes estão fazendo as rodadas principalmente no sentido técnico – seguindo orientações, aprendendo a prática. No próximo estágio das rodadas, à medida que os participantes entendem e se envolvem mais profundamente, eles usam as rodadas para mudar a cultura. Os ganhos dramáticos reais nesse modelo aparecem quando a cultura começa a guiar o trabalho. Em tal estágio, torna-se claro para todos os participantes que as rodadas *são* o trabalho de melhoria pedagógica, não algo que fica de lado e que é feito uma vez por mês.

Dois exemplos de Connecticut – a mais longa de nossas redes – ilustram esse amadurecimento e desenvolvimento continuado da cultura colaborativa. Diversos membros da rede disseram ao grupo que estavam preocupados com o tempo de espera antes de uma nova visita (2 a 3 anos). Em resposta, a rede decidiu que alguns meses antes de uma visita, dois voluntários acompanhariam pessoalmente o distrito do anfitrião.

Havia implicações técnicas para a rede, ou seja, a necessidade de desenvolver (e ajustar) os protocolos para o ciclo de revisitação, descobrir o que seria feito fora da rede e decidir como a rede aprenderia sobre o acompanhamento. Havia também desafios adaptativos mais profundos relativos à escolha consciente de aumentar a responsabilização lateral. De fato, um líder ponderado e antigo no grupo inicialmente se opôs à visita de acompanhamento dos pares: "Eu já sou responsável por muitas pessoas; não quero acrescentar mais". O grupo decidiu ir em frente (e o outrora cético é agora um dos maiores fãs da revisitação). Uma segunda decisão foi ajudar os secretários de educação a fazer ligações mais fortes nas práticas de liderança que conectam seu trabalho na secretaria e no que acontece nas salas de aula. Especificamente, muitos na rede compreenderam que ter equipes eficientes (equipes de liderança sênior e outras equipes em todos os níveis) era importante na implementação de suas teorias da ação sobre melhoria do ensino. A rede decidiu usar seu retiro anual para aprender mais sobre equipes e, então, votou por acrescentar uma observação de equipe (por vídeo ou pessoalmente) para ampliar seu protocolo de visita de sala de aula. Os secretários de educação leram sobre equipes, participaram de pesquisas e de discussões de acompanhamento sobre a eficácia das equipes em seus distritos e começaram a treinar uns aos outros para melhorar a dinâmica da equipe.

Ambas as histórias mostram aprendizagem e evolução da rede ao longo do tempo. Ambas as mudanças foram sustentadas por um clima de aprendizagem reflexiva, rica em dados. Sua implementação (mesmo com a oposição inicial em um caso) foi possível devido às fortes conexões e à confiança construídas entre os secretários de educação. Ao longo do tempo, os membros da rede assumiram riscos maiores e expuseram cada vez mais as suas práticas de liderança, mostrando como uma rede com uma cultura forte pode ser criativa e corajosa e coletivamente melhorar a liderança bem como o ensino.

Espere que novas formas de responsabilização se desenvolvam

Intimamente relacionada à curva de melhoria na Figura 9.1 está uma mudança no papel que as estruturas de autoridade e responsabilização desempenham nas rodadas. Em muitos distritos, a autoridade pode ser uma chave para começar. Uma equipe de secretários de educação ou de liderança decide fazer as rodadas, e os diretores e outros funcionários da secretaria estão nelas. Ou redes de secretários de educação existentes, como em Iowa, alistam-se para fazer as rodadas com "a equipe de Harvard", e os secretários aderem. No início, há o desejo expresso deles de fazer "certo" – de responder à credibilidade e à autoridade dos facilitadores (e talvez aos gestores de sua rede). Mas com o tempo, à medida que rodadas sucessivas acontecem, temos visto essa conformidade à autoridade diminuir e a cultura da melhoria mostrada na Figura 9.1 assumir o controle.

Quando a cultura de rodadas assume o controle e os participantes enxergam as rodadas como algo menos sobre responder à autoridade e mais sobre melhoria, outra mudança consistente ocorre conforme a responsabilização se torna menos vertical e mais lateral. Quando as equipes de rodadas desenvolvem um maior sentido de eficácia individual e coletiva, elas tendem a tornar os pares cada vez mais responsáveis – por manter as normas, por comprometer-se com o processo e por acompanhar a implementação dos pares do próximo nível de trabalho. Também temos visto mudanças no que têm sido tradicionalmente relacionamentos hierárquicos no distrito. Embora as estruturas de responsabilização vertical ainda possam estar em vigor, elas são complementadas por sistemas de responsabilização mútua e recíproca fundamentados na rede e guiadas mais por resultados e aprendizagem comum do que por classificação e posição.

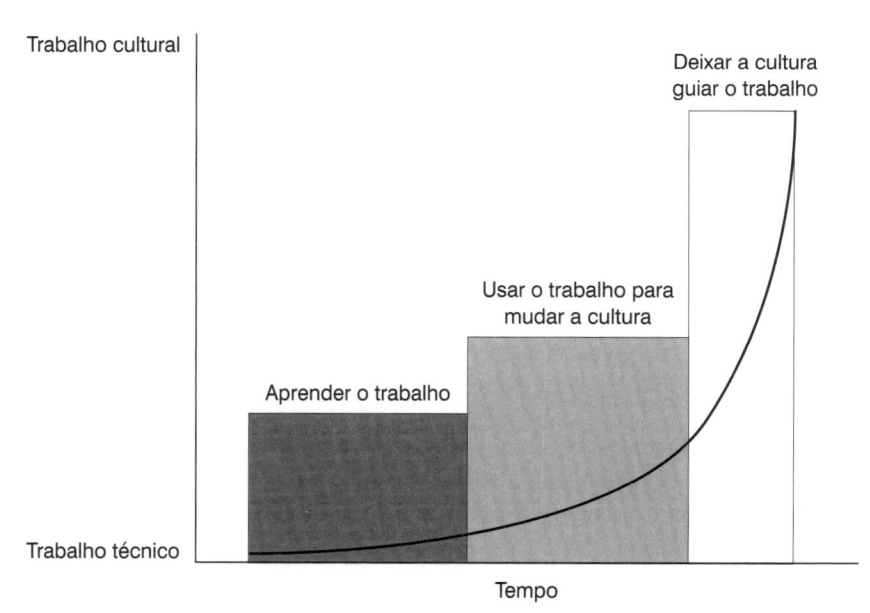

Figura 9.1 O trabalho de melhoria: do técnico para o cultural.
Fonte: Os autores.

■ ■ ■
Dicas e pontos importantes

As rodadas pedagógicas não são uma "varinha de condão", mas podem ajudar a melhorar a aprendizagem e o ensino em larga escala. As ideias principais deste capítulo incluem:

- Não se pode esperar que as rodadas pedagógicas, por si só, resultem em grandes melhorias para todo o sistema na aprendizagem e no desempenho dos alunos. As rodadas pedagógicas são uma prática específica incorporada em um sistema mais amplo. Elas funcionam melhor quando são associadas com um ponto de vista distrital claro e amplamente compartilhado sobre o que é um ensino eficaz; com uma cultura de aprendizagem colaborativa que valorize a habilidade e o conhecimento humanos como um aspecto central da melhoria da escola; e com uma estratégia de melhoria para todo o sistema clara e amplamente entendida.
- As rodadas pedagógicas podem acelerar a melhoria do ensino em larga escala fornecendo um contexto para criar acordos específicos sobre o que constitui o ensino efetivo; servindo como um local para aprendizagem individual e coletiva; e contribuindo para o desenvolvimento e testagem de uma teoria da ação de melhoria sistêmica clara.
- As rodadas pedagógicas são mais eficazes como um acelerador para a melhoria sistêmica quando deixam de ser uma atividade adicional para ser *o trabalho*. *O trabalho* é o corpo de rotinas e práticas estabelecidas que constituem as responsabilidades diárias das pessoas em uma organização. Conforme as rodadas pedagógicas se tornam uma atividade marginal ou opcional, é improvável que elas sejam eficazes para promover a melhoria sistêmica.
- As rodadas pedagógicas aceleram a melhoria do ensino em larga escala, conforme os participantes assumem o controle da prática e a mudam para satisfazer as demandas de seu trabalho.
- As rodadas pedagógicas são um meio de transformar a educação de um conjunto de profissionais mais ou menos independentes, aninhados em uma estrutura burocrática de uma profissão, com um conjunto de práticas compartilhadas, um corpo de conhecimento coletivo, e um conjunto de compromissos mútuos que definem a responsabilização profissional.

Epílogo

Uma profissão em busca da prática

Iniciamos este livro delineando três formas principais de pensar sobre as rodadas pedagógicas no contexto da agenda de reforma educacional atual: as rodadas como um *processo organizacional* no qual os educadores trabalham sistematicamente juntos, como colegas, para construir o conhecimento e a habilidade necessários para a melhoria do ensino; as rodadas como um *processo de construção da cultura,* no qual os educadores explicitamente desafiam as normas de privacidade da prática e usam de modo deliberado a linguagem para construir e sustentar uma cultura de melhoria pedagógica; e as rodadas como um *processo político,* que visa fortalecer e aprofundar o papel que os educadores desempenham no debate de reforma escolar mais amplo.

No mundo da reforma educacional, os educadores são principalmente as pessoas para as quais as coisas são feitas. O conhecimento do ensino e da aprendizagem, não importa o quanto possa ser promissor, raramente desempenha um papel visível no discurso dos legisladores de alto nível, da mesma maneira, por exemplo, que os conhecimentos médicos mais recentes desempenham um papel na formulação de políticas para os problemas da saúde. Quando o ensino e a aprendizagem entram nos debates políticos, são em geral, na forma de discursos breves facilmente digeríveis, muitos dos quais não têm base na evidência empírica. Nem o conhecimento detalhado de ensino e de aprendizagem desempenha muito mais do que um papel simbólico no discurso de gestores de alto nível no setor da educação. As pessoas que têm conhecimento profundo de como as crianças e os adultos aprendem raramente são consultadas sobre os detalhes das políticas e dos arranjos institucionais que afetam seu trabalho. O próprio ensino é considerado pelo público, e pela maioria das pessoas que participa dos debates políticos, como uma vocação nobre, um serviço à sociedade, que não requer um nível particularmente alto de conhecimento especializado ou habilidade técnica. As afirmações de que a educação exige uma ordem de conhecimento e de habilidade comparável às outras profissões na sociedade são geralmente tratadas nos debates políticos como defesas especiais pelos educadores com o objetivo de engordar seus contracheques.

Reconhecidamente, como educadores, em grande parte fizemos isso para nós mesmos. Somos apegados a uma forma de organização que torna extremamente difícil empregar nossas melhores ideias em larga escala. Toleramos um tipo de imprecisão benigna em como falamos sobre as funções centrais do ensino e da aprendizagem que privilegia as boas intenções acima da efetividade demonstrável em nossa prática. Aprovamos variações inaceitavelmente grandes no ensino de uma sala de aula para outra com retórica sobre o ensino como "estilo", "arte", ou "habilidade". E reforçamos os estereótipos do público sobre ensino e aprendizagem como uma prática de conhecimento fraco, recusando-nos em grande medida a exercer nada além do controle superficial sobre quem vai ensinar nas salas de aula e o que acontece às pessoas que são demonstradamente incompetentes.

Na história das profissões, posição social e autoridade política revertem em ocupações que se apossam delas, não para aquelas que aguardam pacientemente que as autoridades públicas as concedam. As profissões tornam-se profissões assumindo deliberadamente o controle dos meios de produção em sua esfera de autoridade, exercendo forte influência e controle sobre os termos e condições de sua prática e fazendo julgamentos sobre o que constitui níveis aceitáveis de conhecimento e habilidade para os profissionais. Neste momento, a educação está assentada em algum lugar entre uma ocupação e uma profissão, com um corpo de conhecimento sobre aprendizagem em desenvolvimento e as condições que o apoiam, mas com pouca ou nenhuma infraestrutura profissional para apostar tal conhecimento em algo que lembre uma prática profissional que poderia influenciar a forma como as crianças aprendem em larga escala. Ao mesmo tempo, o sistema político está desabando sobre as escolas com uma pressão externa cada vez mais rigorosa pelos sistemas de responsabilização e controle, que incorporam apenas o entendimento mais frágil sobre a aprendizagem e seus requisitos organizacionais. Os legisladores não se preocupam particularmente com o estado do conhecimento profissional na educação, em grande parte porque eles não têm que se preocupar. A profissão – como profissão, não como uma ocupação representada por grupos de interesses concorrentes, partidarizados – não detém autoridade social suficiente para que os legisladores a escutem ou, mais importante, a respeitem.

Tentamos, neste livro e em nossa própria prática, associar as rodadas pedagógicas o mais estreitamente possível com a cotidianidade de organizar, dirigir e manter as escolas e os sistemas escolares. Tentamos permanecer o mais próximos possível do núcleo pedagógico com base na teoria de que construir uma prática consistente de melhoria pedagógica requer imersão constante, rotineira e sistemática no trabalho árduo das salas de aula. Entretanto, existe o risco de que ao focarmos tanta atenção no ensino e ao organizarmos nossa prática em torno do núcleo pedagógico, a significância mais ampla da prática seja perdida e, como acontece com tantas práticas educacionais promissoras, ela seja neutralizada e domesticada pela estrutura institucional da educação escolar. O compromisso de permanecer próximo do núcleo pedagógico deve ser acompanhado por um compromisso igualmente forte com o propósito mais amplo de construir uma prática profissional em torno da melhoria do ensino.

Em sua base, as rodadas pedagógicas são uma tentativa de fortalecer a agência humana no campo da educação, construindo um compromisso comum com a aprendizagem adulta contínua que se reflete no trabalho dos adultos com as crianças. *Agência humana* é a capacidade de exercer controle sobre os termos e as condições da própria aprendizagem. É impossível para as escolas responder à crescente pressão dos legisladores e da sociedade como um todo por responsabilização sem aumentar dramaticamente a agência humana nos adultos e das crianças em torno da aprendizagem. É possível "fazer escola" no sentido burocrático de manter as aulas, seguir o currículo e dominar as rotinas processuais e a memória factual, sem alterar as condições atuais de agência humana. Pedir mais das escolas, além de simplesmente "fazer escola", requer que todos assumam maior responsabilidade e controle sobre sua aprendizagem.

Um tema recorrente neste livro foi a importância de mudar nossa concepção de aprendizagem nas escolas de um bem individual para um bem coletivo. As rodadas pedagógicas mudam a aprendizagem dos adultos e dos alunos da privacidade da sala de aula para o espaço público dos corredores, bibliotecas e auditórios. Elas mudam a aprendizagem de algo que os indivíduos fazem ou não fazem na privacidade das salas de aula isoladas e a tornam, acima de tudo, uma obrigação. As rodadas exigem que os participantes se envolvam e aprendam com os colegas. Além disso, a aprendizagem torna-se algo que as pessoas fazem juntas, em combinação, de forma estruturada para melhorar sua prática coletiva. Nesse sentido, as redes de rodadas pedagógicas alteram a prática dos indivíduos para a prática dos profissionais.

Portanto, oferecemos este livro com entusiasmo e esperança. Trabalhar com professores, diretores, secretários de educação, funcionários da secretaria, líderes da educação estaduais e formadores de pessoal comprometidos nas quatro redes foi inspirador para nós. Com a ajuda e o envolvimento deles, vimos a prática das rodadas pedagógicas se desenvolver, ao mesmo tempo apoiando o trabalho crítico de melhorar o núcleo pedagógico e tornar-se o tipo de profissão que os educadores merecem.

Apêndice

Exemplos de documentos das redes*

Apresentação A.1
Exemplo de documento distribuído às escolas antes do lançamento das redes no distrito
■
Rodadas profissionais: perguntas e respostas

P: *Como este processo está conectado ao plano de melhoria para toda a escola?*
R: Os participantes nas rodadas pedagógicas são membros da equipe de liderança da escola. Como tais, eles têm a responsabilidade de redigir o plano de melhoria para toda a escola e monitorar sua implementação. O desenvolvimento de um alto nível de conhecimento em relação ao ensino eficaz e de alta qualidade é essencial para o desenvolvimento de um plano efetivo, porque o ensino de sala de aula é o fator principal no aprendizado do aluno.

P: *Este processo substitui as visitas da CRT* (curriculum review team: equipe de revisão do currículo)**?*
R: As rodadas profissionais não substituem imediatamente as visitas da CRT. O processo requer um dia inteiro em cada escola, uma vez que é uma combinação de observações e capacitação profissional para o grupo. Devido ao número de escolas envolvidas e à maioria do grupo ser composto por diretores e professores, visitas trimestrais são impraticáveis. O grupo visitará cada escola participante apenas uma vez durante o ano.

---

* Este apêndice está disponível para *download* na página do livro em www.grupoa.com.br.
** N. de R.T. No contexto brasileiro, podem ser comparadas às visitas das equipes pedagógicas das secretarias ou diretorias de educação.

P: *Por que estamos fazendo isto?*
R: Um entendimento compartilhado de ensino rigoroso e altamente eficaz é essencial se quisermos que nossos alunos tenham ganhos efetivos no aprendizado. Décadas de pesquisa educacional identificaram claramente a qualidade do ensino em sala de aula como o fator mais importante no aprendizado do aluno. Necessitamos um entendimento profundo e compartilhado do que constitui o ensino de alta qualidade que seja consistente em todo o distrito. As rodadas refinam continuamente esse entendimento e colocam especialistas em cada escola. O grupo de rodadas passa a entender o rigor, as habilidades cognitivas complexas, o envolvimento do aluno e a relevância, e diferencia ensino de alta qualidade genuíno de "ocupação" e, consequentemente, será o instrumento para tornar o ensino de alta qualidade o padrão do distrito. Os participantes das rodadas ajudam a focar a atenção nas estratégias mais eficazes para inclusão no plano de melhoria de todas as escolas.

P: *Quantas pessoas estão envolvidas na visita de rodadas?*
R: Isto pode variar. Para os grupos menores de escolas, a rede tem aproximadamente 25 a 30 pessoas, incluindo dois professores de cada escola, o diretor de cada escola e outros gestores. Para o grupo maior de escolas, o número total pode ser em torno de 40 a 45. Não mais de seis pessoas visitam uma sala de aula de cada vez, em geral, são de 4 a 5, independentemente do tamanho total do grupo.

P: *Todas as salas de aula serão visitadas?*
R: Um processo de rodadas tradicional envolve várias visitas a todas as salas de aula regulares na escola. Quatro a cinco pessoas visitam ao mesmo tempo por cerca de 25 minutos. As salas de aula são visitadas 2 a 4 vezes cada por essas equipes. Se a escola for muito grande, pode não ser possível visitar todas as salas de aula, mas esta é a meta.

P: *O que precisarei fazer em relação à preparação para uma visita da equipe?*
R: Nenhuma preparação especial é necessária. Seria prudente providenciar quatro ou cinco cadeiras ou carteiras para os visitantes e algumas apostilas ou tarefas que estejam sendo trabalhadas pelos alunos durante a visita.

P: *Um grupo tão grande não seria tumultuoso para minha classe?*
R: Em nossa experiência com as rodadas, as salas de aula continuam a funcionar normalmente. O grupo será discreto se você estiver dando instruções para a classe. Se os alunos estiverem trabalhando em grupos, os membros da equipe podem visitar os grupos e perguntar sobre o que eles estão fazendo. Constatamos que os alunos em geral trabalham com mais afinco e processam seu trabalho mais profundamente com observadores atenciosos presentes.

P: *Posso optar por ficar de fora?*
R: Não. Os dias de ensino isolado, no qual os professores podem fechar a porta a estranhos e trabalhar independentemente, acabaram. A transparência do ensino e a colaboração são cruciais para melhorias efetivas no aprendizado dos alunos.

P: *Como vocês criarão um ambiente que respeite a segurança psicológica?*
R: O propósito primário das rodadas é a capacitação profissional da equipe visitante. O objetivo dela não é julgar a eficácia dos professores, mas diferenciar as práticas que envolvem, desafiam e resultam em aprendizagem dos alunos daquelas menos eficientes. Os membros da equipe visitante são essencialmente eles próprios alunos. Não é um grupo avaliativo querendo "pegar" alguém. O foco do grupo é desenvolver um entendimento profundo *do que está funcionando para os nossos alunos* e compartilhar essa informação amplamente. Quem está fazendo o que não é parte da discussão. Como exercício de observação, as discussões das rodadas omitem informações críticas sobre professores individuais.

P: *Posso apresentar uma reclamação se meu diretor usar o* feedback *para minha avaliação formal?*
R: É praticamente impossível que um diretor possa correlacionar informações sobre determinado ponto de dados observado a um professor em particular. Também é uma norma do grupo que as informações sobre as observações da escola, especialmente as observações de seus professores individuais, sejam confidenciais. Se qualquer informação das observações das rodadas fosse incorporada a uma avaliação formal seria chocante.

P: *Quais as normas que o grupo usa?*
R: Embora muitas das normas digam respeito ao funcionamento interno do grupo, como "telefones celulares no vibrador" e "permitir que todos no grupo compartilhem seus dados", o grupo também tem uma norma de sigilo (confidencialidade) rigorosa de que ninguém discuta qualquer observação específica com qualquer pessoa de fora da reunião de grupo. Além disso, qualquer sala de aula jamais é referenciada pelo número ou nome do professor durante as discussões internas. Os resultados gerais, o *feedback* e as recomendações para a escola são compartilhados com a liderança da escola, mas qualquer sala de aula individual jamais é discutida nessas consultas.

P: *Algum membro do grupo irá compartilhar* feedback *individual com meu diretor?*
R: Não. Isto é uma violação das normas do grupo. O grupo entende que isto seria uma violação da confiança das escolas que estão sendo visitadas e prejudicaria seriamente a credibilidade dele.

P: *Há um acordo formal entre o sindicato e os gestores em relação a este processo?*
R: Sim. Tanto o presidente como o vice-presidente do sindicato estão envolvidos no processo desde o início. Ambos participaram das visitas às escolas em vários distritos pelo estado, bem como das discussões que se seguiram às visitas. O processo tem o apoio entusiasmado da liderança sindical como uma metodologia para aumentar tanto o profissionalismo do ensino quanto a responsabilidade dos professores na melhoria das escola.

P: *Como o problema de prática é determinado?*
R: A equipe de gestores da escola decide sobre o problema de prática. Em geral, isto deve ser um componente importante do plano de melhoria da escola.

P: *"Roteirizar" soa como avaliação. Como posso ter certeza de que não estou sendo avaliado pessoalmente por esse grupo?*

R: A equipe está "roteirizando" para coletar evidências sobre o estado do ensino na escola. Isso é necessário para garantir que as conclusões e as recomendações sejam baseadas em evidências específicas e não apenas em sentimentos ou opiniões. Antes que qualquer evidência seja compartilhada com todo o grupo de rodadas, porções individuais de evidências das aulas observadas são transferidas para dezenas de etiquetes adesivas, que são coladas em quadros de papel como evidência para observações gerais específicas. Não há referência ao ano, ao número da sala ou ao professor nas anotações. As evidências de muitas classes são reunidas no quadro de papel, o que impossibilita atribuir uma observação específica a um professor individual.

Fonte: Adaptado, com permissão, de Columbus City Schools, Ohio.

Apresentação A.2
Formulário usado para os candidatos à rede de secretários de educação em Iowa

■

É hora de iniciar seu compromisso com a Rede de Secretários de Educação da Iowa Leadership Academy (ILA)!

- Torne-se um aluno líder em uma comunidade de alunos de todo o estado.
- Aprofunde sua base de conhecimento por meio de um educador internacionalmente conhecido cujo trabalho irá inspirar e desafiar.
- Reflita sobre sua prática de liderança.
- Crie ou refine seu Plano Individual de Capacitação Profissional do Gestor.

Qual é o propósito de uma rede de secretários de educação?

Desenvolvido pelo doutor Richard Elmore da Harvard University, o modelo de rede visa aumentar a capacidade dos secretários de educação em fornecer liderança para melhoria do ensino. As redes dão aos secretários um espaço seguro para lidar com questões difíceis relacionadas à melhoria do ensino e da aprendizagem.

O que é a Rede de Secretários de Educação da ILA?

Cada Area Educational Agency (AEA) oferecerá aos secretários uma oportunidade de participar de uma rede. Coordenadas pela Iowa Leadership Academy, as redes são apoiadas pelo sistema estadual AEA e pela Wallace Foundation. Parceiros colaborativos: AEAs, SAI, IASB, DE.

O formulário **Intenção de Compromisso**
resume as expectativas para participação.
Discuta seu envolvimento com seu conselho.

Expectativas dos participantes

- Participar de todos os encontros da rede.
- Hospedar e participar das visitas.
- Ser um discípulo ativo e envolvido.
- O compromisso combinado de tempo normal para as reuniões e visitas é um dia por mês.
- Respeitar as normas da rede e exibir as disposições dos participantes.

Disposições e habilidades dos participantes

- Concorda que o sigilo (confidência) não é negociável.
- Capacidade de dar e receber comunicação aberta e honesta com os colegas.
- Capacidade de apoiar os outros para uma mudança.
- Capacidade de confrontar fatos brutais.
- Disposição para assumir a responsabilidade com os outros.

Os formulários de compromisso devem-se à AEA (*qual?*) em (*data*).
Queira enviar o formulário assinado por fax, *e-mail* ou correio.

Intenção de Compromisso

Nome _____

Distrito _____

Em que área seu distrito está focando esforços para melhorar o ensino? _____
_____

Resumidamente, como você está se saindo em relação a este trabalho de melhoria?
_____

Onde você pode ser encontrado, mesmo durante as férias?

Telefone _____ E-mail _____

Telefone _____ Celular _____

Garantias – Secretário de educação

Estou comprometido com a Rede de Secretários de Educação da ILA e com nossa comunidade de alunos de todo o estado.
Eu:
- Comparecerei a todas as sessões (um dia por mês) e participarei das atividades de implementação de acompanhamento.
- Serei anfitrião de uma visita em meu distrito.
- Aplicarei a aprendizagem em minha prática de liderança.
- Participarei ativamente das conversas com meus pares.
- Respeitarei as normas da rede e exibirei as disposições dos participantes.

Assinatura do secretário de educação _____ Data _____

Garantias – Conselho

- Apoiamos o compromisso de tempo requerido do secretário de educação para participar totalmente da Rede de Secretários de Educação da ILA, reconhecendo que isso é uma parte central do seu trabalho como secretário de educação.
- Concordamos em iniciar um diálogo profissional com o secretário da educação sobre sua aprendizagem contínua e como ela se relaciona aos esforços de melhoria e a realização do distrito e da escola em nosso distrito.

Assinatura do presidente do conselho _____ Data _____

Envie o requerimento preenchido e assinado por correio ou fax para:
Nome do gestor-chefe
Endereço da AEA
Número do fax
Prazo do compromisso: (*data*), 16h.
Perguntas? Contato (*telefone e* e-mail *do gestor-chefe*)

Fonte: Usado, com permissão, da Iowa Leadership Academy Superintendents' Network.

Apresentação A.3
Modelo de planejamento fornecido aos facilitadores por órgão de convocação estadual

∎

Data de vencimento_____ Area Education Agency (AEA)_____

Iowa Leadership Academy Superintendents' Network (ILA) – Modelo de planejamento da AEA do sistema estadual

Instruções: Complete e submeta a (nome) em (data). Isso permitirá que os participantes da rede sejam identificados e tenham uma oportunidade de participar na tomada de decisão sobre sua rede.

Elementos comuns entre todas as AEAs

Elemento	Notas
Modelo de rodadas	Todas as redes de Iowa usarão um *modelo de rodadas médicas*, no qual os secretários de educação participam de visitas aos distritos uns dos outros. O secretário anfitrião apresenta um *problema de prática* e compartilha sua *teoria da ação* (uma declaração se-então descrevendo as suposições que levaram às ações de melhoria). Os colegas da rede, então, observam o ensino de sala de aula e fornecem *feedback* usando um protocolo descritivo, não crítico. Espera-se que cada participante seja anfitrião de uma visita dentro do ciclo da rede. Capacitação profissional adequada e treinamento no processo são fornecidos aos participantes. Os facilitadores ajudam os secretários anfitriões a identificar o problema de prática.
Rede consistente	Todas as redes *manterão uma associação consistente* de secretários de educação em exercício (em oposição a membros que aderem e desistem ou conduzem visitas em pares/trios, etc.). Novos membros podem ser acrescidos a uma rede existente no início de um ano escolar se forem fornecidos orientação e treinamento. As redes de secretários de educação de Iowa são apenas para secretários de educação em exercício (não para secretários de educação associados).
Compromisso do participante	Todas as redes usarão um *formulário de compromisso* estadual por meio do qual os secretários de educação indicarão sua concordância em participar plenamente e atender às expectativas da rede.
Processo facilitado	Todas as redes usarão *facilitadores* treinados em Harvard (os secretários de educação de Iowa agrupados com outros líderes educacionais) para coordenar a aprendizagem profissional, organizar as visitas, facilitar as conversas da rede e garantir fidelidade aos princípios básicos do modelo.

Elementos customizados para o contexto da AEA

Elementos estruturais (Os facilitadores criam o projeto inicial; os membros fornecem elementos para mudanças nos anos subsequentes por meio de um processo de "think tank".)	Considerações	Decisão da rede da AEA
Compromisso de tempo	Geralmente, um dia por mês é dedicado às visitas e/ou à capacitação profissional.	
Frequência das visitas	A cada dois meses permite mais tempo para capacitação profissional (ou visitas não mensais), mas reduz o número de distritos visitados.	
Tamanho da rede	Redes menores no primeiro ano permitem aos facilitadores aprenderem o trabalho. A rede deve ser pequena o suficiente para permitir que cada secretário de educação seja anfitrião de uma visita dentro do ciclo. O tamanho mínimo recomendado é de seis secretários.	
Permissão para o ingresso de novos membros	Não é recomendável no meio do ano. Considerações no início do ano: relacionamentos existentes, números, confiança, benefícios das novas perspectivas, capacidade de dar orientação e apoio extra, etc.	
Acompanhamento	Alguma forma de acompanhamento é necessária após o secretário de educação anfitrião receber recomendações (promove a responsabilização e respeita o trabalho). Algumas redes usam voluntários em tríade para conduzir uma visita de acompanhamento.	
Problema da prática comum com a "linha condutora"	Não é recomendável que os facilitadores estabeleçam isso; deve emergir dos problemas de prática identificados por membros individuais.	Sim/Não Se sim, qual é o problema de prática comum?

Normas de prática	Exemplos da rede de Connecticut	Decisão da rede da AEA
(Desenvolvidas pelos participantes da rede; os seguintes são áreas de exemplo; sua rede pode querer identificar normas em áreas diferentes ou adicionais.)	(Para uso somente dos facilitadores; não compartilhe com a rede, pois queremos que as normas venham dos membros.)	
Frequência	Todos comparecem a todas as reuniões.	
Envolvimento	Todos colocam o trabalho em discussão e se envolvem na disciplina de prática.	
Respeito pelo sigilo (confidencialidade)	Todos concordam em respeitar os desejos de um indivíduo de não discutir questões sensíveis fora do grupo.	
Sinceridade e humildade	Todos estão dispostos a ser francos sobre o melhor julgamento e conhecimento aplicados aos problemas apresentados. Também estão dispostos a reconhecer o que não sabem.	
Atenção	Todos os membros investem na escuta.	
Responsabilidade mútua	Todos concordam em usar e respeitar os protocolos e as práticas adotados pela rede.	
Compartilhamento	Os materiais produzidos especificamente pelos membros podem ser compartilhados fora da rede com a permissão do autor.	

Pessoa de contato em caso de dúvidas sobre este formulário: _____

Fonte: Usado, com permissão, da Iowa Leadership Academy Superintendents' Network.

Apresentação A.4
Como programar uma visita de rodadas: exemplo de anotações para uma escola anfitriã

■

Designe uma equipe de rodadas que assumirá o comando na preparação para a visita e no acompanhamento. Essa equipe ajudará a identificar o *problema de prática* e a decidir a melhor forma de obter informações da visita e de compartilhá-las com o resto da escola. A equipe pode ser formada por tantas pessoas quanto você desejar. Escolha 1 a 3 membros da equipe para juntar-se ao nosso grupo para a porção de rodadas do dia. Algumas possibilidades para ser membro da equipe de rodadas incluem diretor-assistente, membros de sua equipe de liderança pedagógica, o representante do sindicato na escola, e um instrutor pedagógico.[*]

Um facilitador reúne-se com a equipe de rodadas ou com um representante da equipe antes da visita. Nesse encontro, é discutido no que você gostaria que a rede focasse na visita. Isso será o problema de prática para nossa sessão. Também debatemos formas que você gostaria que os membros da rede usassem para coletar dados de observação. Também podemos abordar maneiras de envolver os professores nesse processo se fosse útil.

Em seguida, desenvolvemos uma lista de outros detalhes a considerar na preparação para uma visita a sua escola. Um facilitador vai examinar todos esses detalhes, mas você também deve sempre se sentir livre para fazer perguntas.

Agrupamento

Fazemos rodadas em oito grupos de cerca de quatro ou cinco pessoas. Geralmente, mudamos os grupos entre as visitas de rodadas. Quem está em qual grupo é decisão sua. Em geral, misturamos, mas se você deseja um tipo específico de agrupamento, aposte nisso. Também se assegure de designar os membros de sua equipe anfitriã aos grupos.

Programando visitas às salas de aula

Você precisa dos horários de cada professor para fazer a escala de rodadas (de modo a visar as áreas de conteúdo específicas se preferir e evitar intervalos, almoço, etc.). Aqui estão alguns aspectos para lembrar:
- Visitamos tantas salas de aulas diferentes em uma escola quanto possível. Em escolas menores, geralmente são todas as salas de aula. As salas de aula são geralmente visitadas por 1 a 3 grupos.
- Ao planejar a escala, é ótimo se você puder garantir que pares de grupos visitem as mesmas salas de aula. Por exemplo, os grupos 1 e 2 veriam ambos as salas 101, 102 e 103 (em horários diferentes) e poderiam visitar salas de aulas diferentes para suas outras observações; os grupos 3 e 4 visitariam as

---

[*] Frequentemente entregamos este documento, bem como um exemplo de escala, como aquela do Capítulo 5, para uma escola anfitriã a fim de ajudá-los a se prepararem para a visita das rodadas.

salas 201, 202 e 203, e assim por diante. Isso dará aos grupos algo em comum para discutir na sessão de balanço. Além disso, a menos que você esteja focando especificamente um único ano, pode ser útil garantir que os grupos visitem vários.
- Geralmente, cada grupo visita 4 a 5 salas de aula por 20 a 25 minutos. A hora na escala inclui o tempo de deslocamento. Se você tem uma escola grande, reserve 25 minutos para a observação a fim de que as pessoas tenham bastante tempo para se deslocar.
- Que anos cada grupo observa é decisão sua e de sua equipe. Às vezes, os grupos visitam todas as salas de aula de determinado ano ou dois ou três anos adjacentes. Outras vezes, os grupos visitam diversas turmas. A decisão é sua, dependendo do que faz sentido para seu contexto e problema de prática.
- A escala deve incluir o número da sala, o ano e o nome do professor (para podermos ter certeza de que estamos na sala correta).
- Considere se há outros aspectos que você gostaria que observássemos também, como as reuniões da equipe, as reuniões de instrutor-professor ou sua própria condução de uma reunião.

A escala para o dia geralmente se parece um pouco com a seguinte:

8h às 9h15	Boas-vindas, foco no problema de prática e capacitação profissional relacionada
9h15 às 10h45	Visitas às salas de aula
10h45 às 12h30	Reunião de balanço
12h30 às 13h15	Almoço
13h15 às 16h	Próximo nível de trabalho e trabalho colaborativo

A escala varia de acordo com a hora de início de sua escola.

Logística

Para que tudo corra bem e para poupar tempo, precisamos ter as seguintes informações de sua escola:
- Horário de início (aproximadamente 45 a 90 minutos antes das visitas começarem). O horário de início varia com o horário de sua escola, quando faz sentido iniciar a observação das classes e qual é a agenda para o dia – você toma tal decisão consultando um facilitador.
- Onde ir quando chegamos na escola. Há algum lugar seguro para deixarmos bolsas e casacos enquanto fazemos as rodadas? Onde nos encontramos antes de começarmos as visitas às salas de aula?
- Estacionamento. Há algum lugar específico onde devemos estacionar? Precisamos nós mesmos encontrar um lugar para estacionar?

Também precisamos do seguinte:
- Uma sala para usarmos durante todo o dia. Na maioria das escolas, a única sala disponível grande o suficiente para nosso grupo é a biblioteca. Seja qual

for a sala onde nos encontramos, só nós devemos estar dentro dela, e deve haver portas que possam ser fechadas, de acordo com as normas de sigilo (confidencialidade). Precisaremos da sala para a manhã de boas-vindas, a sessão de balanço, o almoço e aproximadamente por três horas de tempo adicional para a rede. Algumas escolas reservam a biblioteca para uso pelo nosso grupo naquele dia.
- Cópia das escalas de rodada para cada participante.
- Cópia de um mapa do prédio se for complicado se deslocar.
- Marcadores, um cavalete e quadro de papel para o dia. Frequentemente, também necessitamos de um computador ligado a um projetor e uma tela para apresentações em PowerPoint.

Outra preparação

Planeje um almoço para 42 pessoas, bebidas e lanches. Nada extravagante. Não teremos muito tempo para o almoço, portanto almoços em pratos prontos ou algo que seja razoavelmente rápido para as pessoas se servirem será útil.

Sinalizações na entrada da escola orientando as pessoas para onde devem ir são úteis. Algumas escolas também colocam sinais para identificar as salas de aula.

Sugestões

Consideramos úteis as seguintes sugestões para tornar as rodadas uma atividade produtiva e não estressante para todos os envolvidos.

- Seja cuidadoso sobre como envolver os professores nesse processo. Alguns diretores sondam informalmente os membros do corpo docente sobre qual deveria ser o foco da observação (problema de prática). Outros usam dados formais para apontar uma área de fragilidade. Então, eles compartilham com os professores para obter ideias sobre os dados que devem ser coletados das observações da sala de aula. Envolver os professores desde o início leva a um problema de prática melhor informado e a maior investimento no trabalho com os dados resultantes das observações.
- É importante lembrar (e possivelmente deixar o resto de sua escola saber) que a rede também está no meio de um processo de aprendizagem. À medida que o ano passa, nossos membros se tornam mais hábeis em observar o que escolas individuais pedem para observar.
- Você pode querer compartilhar a escala de rodadas que lista os números do grupo com o corpo docente pelo menos alguns dias antes da visita. Tendemos a não incluir os nomes dos visitantes quando compartilhamos a escala – os grupos frequentemente mudam no último minuto se alguém não pode comparecer, e pode ser preocupante para os professores se souberem que alguém que conhecem ou o secretário de educação está vindo. Compartilhamos a escala, em parte por respeito, para que os professores saibam quando esperar visitantes, em parte para tornar a visita menos intimidadora para os professores, e em parte porque é realmente importante que eles confirmem que estarão de fato em suas salas de aula quando um grupo estiver escalado para visitar. Se estiverem dando aula em algum outro lugar (p. ex., do lado de

fora ou no laboratório de informática) podemos ir até lá – apenas precisamos saber para fazê-lo. Você geralmente terá que fazer alguns ajustes na escala após mostrá-la para os professores. E você provavelmente terá de fazer mais ajustes pouco antes da visita porque... (ver próximo item).
- *Algo inesperado sempre acontece para estragar a escala cuidadosamente construída um ou dois dias antes da visita.* Espere porque isso acontece. Não entre em pânico. Uma professora estará ausente ou as crianças estarão em uma excursão, ou seja lá o que for. Sem problemas; somos líderes da escola; fazemos os ajustes.
- Às vezes, a equipe anfitriã pede que os professores modifiquem seus horários ligeiramente de modo que o grupo possa observar a sala de aula (p. ex., faça um intervalo um pouco mais tarde ou dê aula de matemática em vez de literatura às 9h). Esses pedidos ficam inteiramente a seu critério. Definitivamente, não queremos perturbar a aprendizagem em sua escola, mas se houver algo que você queira que nosso grupo observe e não estiver programado para acontecer enquanto estivermos lá, os professores podem ajustar os horários.
- Inclua o problema de prática e as perguntas de sua escola na escala para nos ajudar a lembrar e a focar nossas observações.

Leituras e recursos adicionais

ANDERSON, L. W. et al. *A taxonomy for learning, teaching, and assessing*: a revision of Bloom's taxonomy of educational objectives. New York: Longman, 2001.
BOUDETT, K. P.; CITY, E. A.; MURNANE, R. J. (Ed.). *Data wise*: a step-by-step guide to using assessment results to improve teaching and learning. Cambridge: Harvard Education, 2005.
BOUDETT, K. P.; STEELE, J. L. *Data wise in action*: stories of schools using data to improve teaching and learning. Cambridge: Harvard Education, 2007.
CITY, E. A. *Resourceful leadership*: tradeoffs and tough decisions on the road to school improvement. Cambridge: Harvard Education, 2008.
DUFOUR, R.; EAKER, R. *Professional learning communities at work*: best practices for enhancing student achievement. Bloomington: Solution Tree, 1998.
ELMORE, R. F. *School reform from the inside out*: policy, practice, and performance. Cambridge: Harvard Education, 2004.
GARMSTON, R. *The presenter's fieldbook*: a practical guide. Norwood: Christopher-Gordon, 2005.
HACKMAN, J. R. *Leading teams*: setting the stage for great performances. Boston: Harvard Business Review, 2002.
MARZANO, R. J.; KENDALL, J. S. *Designing and assessing educational objectives*: applying the new taxonomy. Thousand Oaks: Corwin, 2008.
PROJECT ZERO. *Making teaching visible*: documenting individual and group learning as professional development. Cambridge: Project Zero, 2003.
WENGER, E.; MCDERMOTT, R.; SNYDER, W. M. *Cultivating communities of practice*: a guide to managing knowledge. Boston: Harvard Business Review, 2002.
O *site Usable Knowledge* inclui artigos relacionados e um vídeo de Richard Elmore explicando a importância do núcleo pedagógico. Disponível em: www.uknow.gse.harvard.edu/leadership/leadership001a.html
O *site Is Yours a Learning Organization?* inclui um exemplo de levantamento para avaliar sua organização e um vídeo relacionado. Disponível em: http://hbr.org/2008/03/is-yours-a-learning-organization/ar/1

Protocolos

O seguinte livro contém uma grande coleção de protocolos para contextos escolares: MCDONALD, J. P. et al. *The power of protocols*: an educator's guide to better practice. 2nd ed. New York: Teachers College, 2007.

A National School Reform Faculty mantém uma enorme coleção de protocolos úteis em seu *site*. Disponível em: www.nsrfharmony.org/resources.html

O *site Education Trust* inclui o protocolo *Standards in Practice* visando especificamente ajudar professores ou outros grupos a examinar a tarefa designada para os alunos. Disponível em: http://www.edtrust.org/dc/resources/for-educators/standards-in-practice

O *site Looking at Student* fornece uma excelente coleção de protocolos (e conselhos sobre como fazer) para ajudar um grupo a examinar o trabalho dos alunos. Disponível em: www.lasw.org

Um *site* para o livro de Richard Hackman, Leading Teams, inclui protocolos de instrução úteis. Disponível em: www.leadingteams.org/open/ToolsfordCoaching.htm

Vídeos de ensino e aprendizagem

Estamos sempre à procura de vídeos que ensinem as habilidades de observar e subir a "escada da inferência". Muitas escolas e muitos distritos desenvolvem videotecas de suas próprias salas de aula. Aqui estão algumas outras fontes que usamos para videoclipes:

Frequentemente mostramos vídeos do livro de por WEST, L.; STAUB, F. C. *Content-focused coaching*: transforming mathematics lessons. Portsmouth: Heinemann, 2003. O livro vem com vídeos de três professores, todos de matemática do ensino fundamental. Os vídeos também incluem algumas sequências de instrutores trabalhando com professores.

Os vídeos *Trends in International Math and Science Study* (TIMSS) vem no formato de quatro CDs de lições de matemática do oitavo ano – sete países, quatro lições por país. Você precisa ter persistência para acompanhá-los. Os vídeos de ciências do TIMSS também são proveitosos.

Para vídeo de Ciências Humanas do ensino médio, ver BARLOW, A.; MACK, H. *Looking for an argument*. New York: Teachers College, 2004. Tanto o vídeo como o texto que o acompanha estão disponíveis em www.amazon.com até a impressão deste livro.

Vídeos de alfabetização de por Dorn, L. J.; Soffos, C. *Teaching for deep comprehension*: a reading workshop approach. Portland: Stenhouse, 2005.

O seguinte *site* tem uma variedade de vídeos sobre ensino (todos os níveis e matérias) e outros materiais sobre prática do ensino. Disponível em: http://gallery.carnegiefoundation.org/insideteaching.

Índice

Acompanhamento, 171
Agência humana, 219
Alunos
　conversando com, durante a observação, 137-138
　envolvimento, 30, 48-50
　foco nos, durante a observação, 138
　no núcleo pedagógico, 41-42, 45
　tarefas pedagógicas e aprendizagem, 47-53
Ambientes de aprendizagem coerentes, 27
Análise, 54
Anotações, no processo de rodadas, 117-119, 161-162
Aprendizagem de ciclo duplo, 62, 75-78
Aprendizagem de ciclo simples, 62, 76-78
Aprendizagem do aluno, 16, 20-21, 27-28, 32, 42-47, 52, 110, 146, 148
Argyris, Chris, 61-62
Auditorias de implementação, 133
Autonomia, 21
Avaliação, 54
Avaliação formativa, 60-61
Avaliações internacionais das escolas, 20

Cambridge Leadership Network, 33, 72, 85, 183
Capacitação profissional, 16, 25-26, 28, 40, 43, 45, 56, 64, 65, 67-68, 70-73, 75, 88-89, 92, 123, 128, 132, 150-151, 153-155, 158-164, 167, 183, 189-190, 195, 199, 200, 203, 205-206, 208-209, 211
　confiança e cultivação do grupo, 173-178, 190-193

City, Elizabeth, 32-33
Colaboração
　estratégias de melhoria do distrito, 207-208
　no desenvolvimento de teorias da ação, 75-76
Concretude, das ações, 63-70, 74
Confiança relacional, 192
Confiança transacional, 191-192
Confidencialidade (sigilo), 77, 79, 97-98, 190
Connecticut Superintendents' Network, 33, 77-78, 87, 87, 89, 93, 97-98, 155
Consenso, desenvolvimento de, 203-204
Credibilidade, 118-119
Crenças e suposições, na observação, 109-110, 112
Cultura de aprendizagem colaborativa, 199, 201-204, 206, 216
Cultura, escola
　rodadas e, 33-34, 36, 41, 82, 84, 88, 91, 94

Desordem organizacional, 65-67
Doyle, Walter, 42, 51

Educadores. *Ver* Professores
Elmore, Richard, 32-33
Ensino, de alta qualidade, 21
"Escada da inferência", 109-141
Escola Kendall, 40
Escolas anfitriãs, troca de informações, 122-125, 150, 230-233
Escolas Pleasanton, 60-61
"Estacionamentos", 171

Estratégias, de melhoria, 71. *Ver também* Teorias da ação
Evidência, no processo de rodadas. *Ver também* Observação, nas rodadas
  anotações, 117-119
  aprendendo a citar, 112-114
  descrição refinada *vs.* grosseira, 115, 117-118
  "escada da inferência", 109, 111, 113, 114, 121
  importância, 120-121, 179
  jogo de bola "Qual é a Evidência", 111-112
  na reunião de balanço (*debriefing*), 143
  utilidade da, 116-119
  vídeo, no processo de treinamento, 111-112
Expertise, 26, 69-70, 188, 190, 195

Facilitação, rede de rodadas
  cofacilitação, 164
  dirigindo a rede, 169-173
  facilitador da rede, 164-165
  planejamento e preparação, 164-168
  planejando o modelo de documento, 160-164
  sobre, 70, 92-94, 96, 104, 159
Fase do próximo nível de trabalho, nas rodadas, 149-152
Fiarman, Sarah, 33-33
Forsythe, Helen, 60-61
Fowler-Finn, Tom, 72
Gestores, de escola. *Ver também* Melhoria do distrito
  apoio e responsabilização, 68
  humildade na supervisão, 54-55
  liderança pedagógica, 44
  melhorando as habilidades de liderança de, 52-53
  responsabilização e, 28
  supervisão e avaliação de professores, 22, 44, 54-55
Gráficos *plus*/delta, 170
Granger, Pat, 40

Hawkins, David, 41-42, 45
Humildade, 54-55

Inspeções, 22, 84
Iowa Leadership Academy Superintendents' Networks, 33, 90, 89, 93, 95-98, 164

Jargão, 149

Lewis, Randall, 122

Liderança, rede de rodadas. *Ver* Facilitação, rede de rodadas
Linguagem descritiva, no processo de rodadas 54, 55, 112, 176, 185, 186, 188, 192

McCarthey, Sarah, 32-33
Melhoria da escola
  apoiando o ensino e a aprendizagem, 206-209
  aprendizagem em rede na, 212-214
  e problemas de prática, 127
  e responsabilização, 23-24, 28, 214-215
  e rodadas pedagógicas, 183-184
  expectativas explícitas de, 210-212
  impacto das rodadas sobre, 199-201
  pessoal envolvido, 210
  sobre, 199, 201-201
  teorias da ação, 57, 61-63, 66, 67-71, 74-76, 78-79, 83, 97, 100, 123, 174, 194-195, 207, 211, 214
  visão de consenso de ensino e aprendizagem de alta qualidade, 203-204
  visão *vs.* ação, 61-63
Melhoria do distrito
  apoiando o ensino e a aprendizagem, 206-209
  aprendizagem em rede na, 212-214
  e soluções propostas, 150
  expectativas explícitas de, 210-212
  pessoal envolvido, 210
  responsabilização na, 214-215
  sobre, 23-24, 199, 201-201
  várias estratégias de, 65-67
  visão de consenso de ensino e aprendizagem de alta qualidade, 201, 202-203

No Child Left Behind, 17, 20
Núcleo pedagógico
  e prática profissional, 219
  observação e, 106, 110-111, 137-138
  problema de prática, 127
  sete princípios, 34, 42-58
  sobre, 41, 58

Observação, nas rodadas, 22. *Ver também* Evidência, no processo de rodadas
  dificuldades de interpretação, 186
  diretrizes da observação, 136-138
  habilidades no processo de rodadas, 110-114
  lista de exemplos de observação, 117-119
  tamanho da equipe, 137
Ohio Leadership Collaborative, 33, 37, 85, 86, 88, 89, 93, 97-98, 153, 165
Otimismo, 64-65

Padrões
  de conteúdo e desempenho, 43
Personalidade, 100
Pesquisas, 170, 214
Peterson, Penelope, 32-34
Pierce Middle School, 19
Política da educação, 217-218
Práticas de agrupamento, alunos, 43, 55-56
Previsão, 54, 147-148
Problemas de prática
  desafios no desenvolvimento, 130-135
  desenvolvendo, 127-130
  identificando, 127
Processo e prática de rodadas
  como prática, 184-187
  descritivo, não normativo, 185, 186
  diretrizes das observações, 136-138
  evidência e utilidade, 114-119, 116
  evidência na observação, 110-114, 143, 179, 186
  exemplo de escala, 230-233
  exemplo de lista de observação, 118-119
  facilitação de, 160
  fase próximo nível de trabalho, 149-152
  prática dos professores separada da pessoa, 99-100, 186-189
  reunião de balanço (*debriefing*) das observações, 142-148
  sobre, 106-107
  troca de informações da escola anfitriã, 122-125, 150, 230-233
Professores
  apoio e responsabilização, 68
  autonomia e isolamento, 21, 51, 83
  consideração do público pelos, 217-218
  estereótipos de, 31
  prática separada da pessoa, 99-100, 186-189
  práticas profissionais compartilhadas, 22, 53
  profissão docente, 217-219
  requisitos de conhecimento e habilidades de, 30-31, 44-45
  supervisão e avaliação de, 22, 44
  variabilidade do ensino real, 47-50
Protoloco *Esperanças e Medos*, 173

"Qual é a Evidência", jogo de bola, 111, 112

Rede de rodadas
  afiliação, 86-87
  agenda de lançamento, 102
  aprendizagem pelos membros da, 152-155, 160-164, 171-172, 189-190, 212-214
  avaliação e comprometimento dos membros, 91
  capacitação e recrutamento de membros, 90
  estrutura básica, 88-90
  exemplo de decisões de lançamento, 89
  exemplo de documentos, 221-233
  exemplo de formulário de requerimento, 225-226
  facilitação, 94-96, 96, 111, 129-130, 144, 158-180, 227-229. *Ver também* Facilitação, rede de rodadas
  informação do anfitrião, 230-233
  iniciando, 83-85
  liderança. *Ver* Facilitação, rede de rodadas
  metas de aprendizagem, 102
  modelo de documento de planejamento, 227-229
  orientação, 101, 102
  participação, 144, 191
  pré-requisitos de habilidade, 136
  recursos de materiais e espaço, 93
  recursos financeiros, 93
  tamanho, 87-88
  tempo do participante, 92-93, 165-166
Redes, melhoria da escola
  sobre, 23-24
Reflexão na ação, 62
Responsabilidades, 96, 129-130, 143-144
Responsabilização lateral, 173, 175-177, 207
Responsabilização, escola, 20, 26, 28, 51-53, 68
Responsabilização, pares, 175, 214-215
Reunião de balanço (*debriefing*) das observações nas rodadas
  amostra, 145-146
  análise, 142-145
  descrição, 142-142
  notas, 161-162
  previsão, 147-148
  sobre, 141
Rodadas médicas, 21, 52, 53, 92
Rodadas pedagógicas
  como processo de aprendizagem, 27-29
  como processo de construção da cultura, 29-30, 214-215, 217
  como processo organizacional, 26-27, 217
  como processo político, 30-32, 217
  como trabalho de estratégias de melhoria do distrito, 209-215, 214
  cultura, 83-84
  documento de perguntas e respostas, 221-224
  e cultura de colaboração, 74

e iniciativas de melhoria da escola, 183-184
exemplo de escala de visitas, 131
expectativas e normas da rede, 96-101
gestão de recursos da rede, 92-98, 165-166
impacto nos distritos, 199-201
inicialização da rede, 86-91, 89
metas das, 123-125
princípios das, 184-194, 186
problema de prática, 125-136
quatro elementos das, 123-124
resumo do processo, 24-26
sobre, 21-24
teoria da ação das, 194-195

Salas de aula, autonomia e isolamento, 21, 51, 83
Salas de aula, observação nas. Ver Observação, nas rodadas
Schön, Donald, 61-62
Secretários de educação, distrito escolar, 86
Soluções e recomendações. Ver Fase do próximo nível de trabalho, nas rodadas

Tarefas pedagógicas, 47-53
Taxonomia de Bloom, 142-143, 145, 153, 211
Tecnologia, 165
Tecnologias disruptivas, 41
Teitel, Lee, 32-34
Tempo social, 174-175
"Terra da Simpatia", 99-100, 113, 149, 192
Teorias da ação
 como hipótese falsificável, 69, 70-75
 como modelo de eficácia coletiva, 193-194
 das rodadas pedagógicas, 194-195
 e implementação das rodadas, 209
 relações causais nas, 63-70, 69, 111
 sobre, 61-63, 77-79
Teorias em uso, 61-62
"Think tanks", 170
Tomada de riscos, 76, 173-174, 203-204
Toner, Paul, 183
Transferência de agência, 176-178

Vídeo, em observação, 111-112
Visão, 61-63, 71